Faßbender/Kluge
Perspektive Deutschland

Heino Faßbender
Jürgen Kluge

Perspektive Deutschland

Was die Deutschen wirklich wollen

Econ

Econ ist ein Verlag der Ullstein Buchverlage GmbH

ISBN-13: 978-3-430-12671-7
ISBN-10: 3-430-12671-1

Gesetzt aus der Minion und der Franklin Gothic bei LVD GmbH, Berlin
Druck und Bindung: Bercker Graphischer Betrieb, Kevelaer
Printed in Germany

Inhaltsverzeichnis

Vorwort 7
Einführung: Deutschland Perspektive geben 11

Kapitel 1 Krise ohne Ausweg? 24
Kapitel 2 Unvermutete Stärken: Die Deutschen in einem anderen Licht 33
Kapitel 3 Leistung und Solidarität: Gesellschaftsentwurf der Zukunft 41
Kapitel 4 Arbeitsmarkt: Ohne Fleiß kein Preis 52
Kapitel 5 Soziale Sicherung: Handeln, bevor das Netz zerreißt 66
Kapitel 6 Familie: Mehr Kinder will das Land! 80
Kapitel 7 Bildung: Alle wollen schlauer werden 93
Kapitel 8 Gesellschaftliches Engagement: Zwischen Wollen und Handeln 104
Kapitel 9 Deutschlands Regionen: Ungenutzte Potenziale 115

Nachwort von Richard von Weizsäcker: Perspektive-Deutschland: Auf dem Weg zur sozialen Leistungsgesellschaft 147

Regionenatlas 151

Anhang 237
Hinweise zu den verwendeten Methoden 239
Danksagung 247
Abbildungsverzeichnis 251
Sachregister 253

Vorwort

Warum »Perspektive-Deutschland«, warum dieses Buch?

Mehr denn je braucht Deutschland eine Perspektive – das Land steht nach Jahrzehnten aufgeschobener Reformen vor einem Umbruch, der alle Lebensbereiche der Menschen betrifft: von der Arbeit über Alters- und Gesundheitsvorsorge, Steuern und Abgaben bis hin zur Familien- und Bildungsförderung. Die sicherlich nötige politische Auseinandersetzung um diese Themen bestimmt die Diskussion – was aber sagt der Souverän, das Volk? Mit einer neuartigen Befragung wollten wir herausfinden, was die Bürger bewegt, was sie sich zutrauen, wie sie sich die Gesellschaft von morgen vorstellen und welche konkreten Wünsche und Vorschläge sie haben.

Um ein scharfes und zugleich differenziertes Bild zu erhalten, wollten wir möglichst viele Menschen zu Wort kommen lassen. Mit der üblichen Stichprobe von tausend oder zweitausend Befragten hätten wir unser Ziel nicht erreichen können: bis in die einzelnen Segmente der Bevölkerung und die verschiedenen Regionen unseres Landes hineinzuleuchten. Wir wollten auf diese Weise Unterschiede ermitteln, nicht bloß hochaggregierte statistische Durchschnitte. Wir wollten aus der Streuung zusätzliche Erkenntnisse gewinnen.

Wie groß musste eine solche Stichprobe sein? Allein das Kalkül, für mindestens zehn Bevölkerungssegmente in mehr als hundert Regionen jeweils mehr als hundert Antworten auswerten zu können, erforderte eine Teilnehmerzahl von deutlich über hunderttausend. Der Aufwand dafür war, wie wir meinten, der Bedeutung des Themas angemessen. Denn Deutschland steht vor dem größten Reformprozess nach dem Zweiten Weltkrieg. Mit den traditionellen Methoden der Demoskopie wäre die für unsere Fragestellungen erforderliche Stichprobengröße nicht erreichbar gewesen.

So entstand bei McKinsey im Frühjahr 2001 die Idee, unter dem Titel »Perspektive-Deutschland« mit Hilfe des Internets in eine neue Befragungsdimension vorzustoßen. Zu diesem Zeitpunkt war bereits ein gutes Drittel der Bevölkerung »am Netz«, daher erschien uns dieses Experiment Erfolg versprechend. Der Einsatz einer zukunftsträchtigen Technologie sollte gleichzeitig ein Zeichen sein: Es ging uns um die Zukunft Deutschlands, um Reformen, um Innovation. Das Echo auf das Projekt übertraf unsere kühnsten Erwartungen: Perspektive-Deutschland wurde auf Anhieb zur weltgrößten gesellschaftspolitischen Umfrage. An den fünf Durchgängen von September 2001 bis Februar 2006 haben 1,3 Millionen Menschen teilgenommen, viele von ihnen in mehreren Jahren, so dass insgesamt über 2 Millionen auswertbare Online-Fragebögen vorliegen. Die Teilnehmer widmeten Perspektive-Deutschland im Schnitt jedes Mal eine halbe Stunde Zeit, um am Computer unseren Fragebogen zu beantworten. Sehr schnell oder nicht plausibel ausgefüllte Fragebögen wurden nicht ausgewertet. Alle Datensätze wurden für weitere wissenschaftliche Auswertungen im Zentralarchiv für Empirische Sozialforschung, Universität Köln, hinterlegt.

Wir haben damit gerechnet, dass unser Projekt unter Demoskopen eine lebhafte Diskussion und kritische Fragen auslösen würde. Vor allem konnten sich manche nicht so recht vorstellen, dass auf einem solchen Weg repräsentative Ergebnisse zu gewinnen seien – schließlich bringt schon der Internetzugang als Teilnahmevoraussetzung eine Verzerrung mit sich, ganz abgesehen davon, dass jeder Teilnehmer selbst entscheidet, ob er mitmacht oder nicht, so dass im Endeffekt Menschen mit Internetzugang und Interesse an der Fragestellung überrepräsentiert sind. In Kooperation mit weltweit führenden Wissenschaftlern der Ökonometrie gelang es, mit Hilfe einer jährlich gleichzeitig durchgeführten Repräsentativbefragung die Online-Antworten durch Umgewichtung in einen Zustand zu bringen, der repräsentative Aussagen zulässt. In der parallelen Umfrage legten Interviewer den gleichen Fragenkatalog jährlich 2.400 bis 10.000 zufällig ausgewählten Personen vor.

Die große und damit sehr trennscharf auswertbare Stichprobe mit hunderttausenden Befragten jährlich ist nicht der einzige Vorteil der Internetbefragung. Es zeigte sich auch, dass das Antwortverhalten am Bildschirm häufig ehrlicher war als gegenüber einem

Interviewer. Unvermeidbar leiden konventionelle Umfragen unter diesem so genannten Moduseffekt, wenn die Teilnehmer dem persönlich anwesenden Interviewer beispielsweise »sozial erwünschte« Antworten geben, auch wenn sie nicht so ganz ihrer wahren Meinung entsprechen.

Perspektive-Deutschland liefert unerwartete Ergebnisse, die die Deutschen in neuem Licht erscheinen lassen und den Politikern sehr viel weitere Gestaltungsspielräume aufzeigen. Die Datenbasis aus fünf Jahren Perspektive-Deutschland gibt jedem, der an den Reformfronten des Landes und seiner Regionen mitwirken will, Einsicht in die Vorstellungen der Menschen vor Ort. Demoskopie ist nicht dazu da, unmittelbar in Politik umgesetzt zu werden; sie ist nicht der Autopilot fürs Regieren. Gute Politik braucht mehr als das, was intelligente Methoden der Umfragetechnik ermöglichen. Aber die Datenbasis verrät, wo die Politik die Menschen abholen kann, welche Richtung sie wünschen und welche Verbesserungsvorschläge sie haben – trennscharf und in feiner regionaler Auflösung. Um die Diskussion über die Zukunft des Landes zu bereichern, haben die Initiatoren die Menschen selbst zu Wort kommen lassen: in größerer Zahl als mit herkömmlichen Verfahren, über einen längeren Zeitraum und differenzierter als mit dem Kreuz auf dem Stimmzettel. Perspektive-Deutschland ist ihr Sprachrohr; dieses Buch fasst ihre Botschaft zusammen. Es will zu einer Politik beitragen, die den Bürgern genauer zuhört – und deshalb besser ist.

Das Buch stellt die wichtigsten Erkenntnisse vor. Weitere detaillierte Ergebnisse, auch zu den einzelnen Regionen, sind im Internet frei zugänglich unter www.perspektive-deutschland.de und unter www.perspektive-deutschland.de/regionen.

Neben McKinsey als Hauptinitiator von Perspektive-Deutschland waren von Anfang an engagierte Partner als Co-Initiatoren beteiligt: Das Magazin »Stern« von 2001 bis 2006, T-Online im Jahre 2001, das ZDF seit 2002, AOL von 2002 bis 2004 und Web.de 2005/06. Das Projekt profitierte vom Rat seiner Schirmherren: 2001 Prof. Dr. h.c. Lothar Späth und seit 2002 Bundespräsident a.D. Dr. Richard von

Weizsäcker, der dem Projekt und seinen Verantwortlichen Impulse weit über das Übliche hinaus gab. Für zusätzlichen Anschub sorgten zahllose Sponsoren, die das Ihre dazu beitrugen, dass sich so viele Bürger an den Befragungen beteiligten.

Perspektive-Deutschland musste wissenschaftliches Neuland betreten, um aus einer weltweit einzigartigen Datenbasis seriöse und repräsentative Schlüsse ziehen zu können. Über die Jahre verpflichten uns unsere wissenschaftlichen Begleiter und Ratgeber zu tiefem Dank – ohne sie hätten wir unser Ziel nicht erreichen können. In den verschiedenen Jahresbefragungen unterstützten uns die Professoren Jutta Allmendinger, Axel Boersch-Supan, Thiess Büttner, Hans Gersbach, Klaus Schmidt, Gerhard Schulze, Joachim Winter und der Nobelpreisträger Daniel McFadden; in den Basisanalysen für dieses Buch außerdem die Professoren Jens Alber, Nicole Burzan, Wolfgang Glatzer und Chris Welzel.

Dank gebührt aber auch den zahlreichen Teammitgliedern bei McKinsey, bei den Initiatoren, Sponsoren, Providern wie TNS Infratest, die professionelle demoskopische Zuarbeit lieferten (Fragebogen-Gestaltung, Durchführung der parallelen Offline-Repräsentativerhebung, Online-IT-Unterstützung). Herzlich danken wir unserem Partner-Kollegen Dr. Thomas Mitschke, der mit uns die Führungsverantwortung für Perspektive-Deutschland getragen hat. Außerdem geht ein Dank an Hans Otto Eglau, der an der Konzeption des Buches und der Entstehung des Manuskripts maßgeblich beteiligt war, sowie an das Econ-Verlagsteam, allen voran Jürgen Diessl als frühen Förderer der Buchpublikation und Silvie Horch, die betreuende Lektorin.

Das größte Dankeschön gilt den Befragungsteilnehmern, die sich die Zeit genommen haben, mit Geduld und Verstand unsere manchmal nicht einfachen Fragen zu beantworten. Perspektive-Deutschland ist ihre Botschaft.

Heino Faßbender und Jürgen Kluge
April 2006

Einführung

Deutschland Perspektive geben

Von der Globalisierung überrollt, von öffentlicher Schuldenlast erdrückt, an Überalterung gebrochen – »Deutschland Superstar« stirbt täglich tausend Medien-Tode. Kein anderes Land in Europa zelebriert den eigenen Abstieg so hingebungsvoll öffentlich, nirgendwo sonst manifestiert sich die Trübsal seiner Bewohner so brutal wie in den öffentlichen Zustandsberichten über die eigene Nation. Aus dem einstigen Musterschüler, der die Legende vom »Wohlstand für alle auf ewig« schuf, wurde der Inbegriff des Verlierers. Vereint, so scheint es, ist das Land nur im allgemeinen Stimmungstief. Doch das wahre Bild der Deutschen sieht anders aus.

Einstweilen hat Selbstmitleid Konjunktur. Gabor Steingarts Bestseller »Deutschland – der Abstieg eines Superstars« wurde zum Prototyp schwarz malender Literatur, ein Grabgesang von der ersten bis zur letzten Seite. Dazwischen verendet das Land, hilflos wie ein Dinosaurier, dem das Rezept zum Leben verloren ging.

Welche Bewunderung schlug der jungen Bundesrepublik einst entgegen! Mit ihrem Konzept und ihren Erfolgen, mit sozialer Marktwirtschaft und Wirtschaftswunder verwandelte sie das historisch belastete Land zum neuen Vorbild eines freien, modernen Europa. Das »Wunder von Bonn« brachte den Nachkriegsdeutschen Wohlstand und Anerkennung in der ganzen Welt. Jetzt macht sich vielerorts nur noch Entsetzen breit. Das früher so erfolgreiche Modell verschwindet im Nebel der Geschichte – und alle schauen zu: »Zeitzeugen eines in seiner Dramatik nicht zu unterschätzenden Vorgangs«. Eine »Chronologie des Niedergangs« resümiert »Die Zeit« in ihrer Rezension des Steingart-Titels, »ein Buch wie ein Gewittervogel, der eine neue Wetterlage ankündigt«. Beileibe nicht der einzige.

»Ist Deutschland noch zu retten?«, fragt der renommierte Münchner Wirtschaftsprofessor und Ifo-Chef Hans-Werner Sinn – und beäugt argwöhnisch das vom Wohlfahrtsstaat verführte Volk beim »Tanz auf dem Vulkan«. Buchthema des Bonner Sozialforschers Meinhard Miegel ist »Die deformierte Gesellschaft«. In ihr haben sich – in den Worten der »Süddeutschen Zeitung« – sowohl die Westdeutschen mit ihrer Rückwärtsfixierung auf die goldenen Überflussjahre als auch die Ostdeutschen mit ihrer tief verwurzelten Planwirtschaftsgläubigkeit kuschelig eingerichtet. »FAZ«-Mitherausgeber Frank Schirrmacher sieht in seinem Buch »Das Methusalem-Komplott« die Alterung der Gesellschaft wie einen Schock auf das Land zurollen, »der mit dem der Weltkriege vergleichbar ist«. Im Fortsetzungsbuch »Minimum« nimmt er sich besonders die junge Generation in ihrer familiären Vereinsamung vor und charakterisiert ihren Wertemix als untauglich zum Überleben der Gesellschaft – Deutschland in der demografischen Zwickmühle zwischen Überalterung und Kinderarmut.

Kein Wachstum, keine Ideen, keine Zukunft. Stattdessen Rekordarbeitslosigkeit, Rekordverschuldung, Rekordverrentung. Deutschlands Abstieg ist greifbar, überall, und die meisten der Analysen mit negativem Befund stimmen leider. Seit über einem Jahrzehnt hat der Wohlstand weiter Teile der deutschen Bevölkerungsmehrheit nicht mehr zugenommen. Beim Wirtschaftswachstum ist das Land im europäischen Vergleich Dauergast auf den letzten Plätzen. Gemessen am Kaufkraft bereinigten Volkseinkommen pro Kopf, rangiert der Durchschnittsdeutsche im OECD-Ranking nur noch auf Platz 18. Die Lücke zum Spitzenreiter USA beträgt inzwischen satte 30 Prozent. Die Arbeitslosigkeit ist mit einer Quote von mehr als 10 Prozent unerträglich hoch. Deutsche Arbeitskosten gehören zu den höchsten der Welt, während die geleisteten Arbeitsstunden sowohl pro Beschäftigten als auch pro Kopf der Bevölkerung so niedrig sind wie in kaum einem anderen Industriestaat. Zwar könnten entsprechende Produktivitätsgewinne den niedrigen Arbeitseinsatz ökonomisch ausgleichen, doch gilt auch hier: Es reicht nicht mehr.

Nullwachstum beim verfügbaren Einkommen und Angst um die finanzielle Zukunft sorgen dafür, dass in immer mehr privaten

Haushalten Geiz nicht geil ist, sondern schlichte Notwendigkeit. Kein Wunder, dass der private Konsum seit Jahren stagniert und die Wirtschaft abbremst Die Lage der öffentlichen Kassen mit einem hartnäckigen Defizit jenseits der im Euro-Vertrag erlaubten Höchstgrenze trägt das Ihre zur Vertrauenskrise bei. Ohne strukturelle Reformen werden die Sozialversicherungsbeiträge – vor allem demografiebedingt – bis 2050 von 40 auf über 60 Prozent der Lohnsumme steigen und damit Beschäftigung in Deutschland unfinanzierbar machen. Rente, Gesundheit, Pflege, Steuern – Dauerbaustellen ohne Ende.

Das Bildungssystem, einst Blaupause für die Welt, kann den Schülern nur noch zu bescheidenen Mittelplätzen in internationalen Vergleichen verhelfen. Die Aufwendungen für Forschung und Entwicklung pro Kopf der Bevölkerung, Gradmesser für die Innovationskraft einer Volkswirtschaft, hinken deutlich hinter denen der wichtigsten Konkurrenten USA und Japan hinterher. »Deutschlands klügste Köpfe verlassen ihr Heimatland«, schlägt der »Focus« Alarm. »Für qualifizierte Wissenschaftler ist Deutschland ein Auswanderungsland« – so die »FAZ«. »In Deutschland sehe ich derzeit für mich keine Perspektive«, klagt z.B. im »Stern« eine deutsche Wissenschaftlerin, mittlerweile Research Fellow in Harvard. Attraktive Arbeitsbedingungen, bessere Karriereperspektiven und überlegene Möglichkeiten im eigenen Forschungsfeld sind nach einer Studie des Bundesbildungsministeriums die drei wichtigsten Gründe, warum zahlreiche deutsche Wissenschaftler vor allem in die USA gehen – und oft auf Dauer dort bleiben.

Wahr ist: Deutschland gleicht einem Sanierungsfall. Wahr ist aber auch: Der Welthandel boomt – und Deutschland boomt mit. Während der Staat vor einem wachsenden Berg ungelöster Hausaufgaben sitzt, fassen deutsche Unternehmen im Kampf um Weltspitzenplätze wieder Tritt. Manchmal mutet es an, als habe das Reformgeschehen seinen Aktionsschwerpunkt von der politischen Bühne auf die betriebliche Ebene verlagert. Seit drei Jahren ist das Land unangefochtener Weltmeister im Export von Waren. Die deutsche Wirtschaft fuhr 2005 sogar den höchsten Exportüberschuss aller Zeiten ein, mit 160 Milliarden Euro zudem den größten weltweit – doppelt so hoch wie der Japans. Anfang 2006 revidierten Wirtschaftsforscher erstmals seit Jahren ihre Wachstumsprognosen moderat nach oben. Der Ifo-Geschäftsklima-Index erreichte den höchsten Wert seit Mai 2000. Die Gesellschaft für Konsumforschung ermittelte eine »Verbraucherstimmung so gut wie seit 2001 nicht mehr«.

Voll ungewohnten Lobes widmete der Londoner »Economist« bereits im August 2005 seine Titelgeschichte »Deutschlands überraschender Wirtschaft«, vor allem dem Wiedererstarken deutscher Konzerne nach erfolgreicher Restrukturierung. Vom Rest der Welt fast unbemerkt habe »Deutschland, lange der teuerste Standort Europas, seinen Wettbewerbsvorsprung gegenüber Frankreich, Italien, den Niederlanden und sogar Großbritannien zurückgewonnen«. Sieben Monate später äußert dasselbe Blatt allerdings angesichts der anhaltenden strukturellen Probleme deutlich gedämpfte Stimmung: »Waiting for a Wunder«. Das Land befinde sich zwar im Aufschwung. Doch die ungelösten strukturellen Probleme könnten dem schon bald wieder einen heftigen Dämpfer verpassen.

Eine Nation im Wechselbad der Gefühle. Seit Jahren bis ins Kleinste von berufenen und selbst ernannten Experten analysiert, überwiegt immer noch Unsicherheit über die richtige Therapie. Über den »Patienten Deutschland« (»Bild«) gebeugt, stehen die Politiker um den Untersuchungstisch herum, nur vereint in ihrem Widerspruch.

Im Kern geht es um einen Dissens, der gelöst werden muss, bevor dem Patienten die Kräfte vollends schwinden. Strittig ist, warum die Erkrankung bislang nicht geheilt werden konnte: Liegt die Ursache bei den Politikern, die fortwährend therapeutische Kunstfehler begehen, oder beim Patienten selbst, der sich jedweder Therapie, weil unangenehm, verweigert? Oder schrecken die Politiker vor einer wirksamen Therapie zurück, weil sie den Patienten – womöglich zu Unrecht – für nicht einsichtig halten?

Perspektive-Deutschland zeigt: Es gibt bis heute ein klares Erkenntnisdefizit darüber, was »das Volk« will, kann und zu tun bereit ist. Bessere Politik wird erst möglich, wenn dieses Erkenntnisdefizit beseitigt ist. Bislang bestimmen Vermutungen, Einzelergebnisse aus Befragungen, widersprüchliche und missverstandene Signale die Diskussion. Über lange Zeit signalisierten die Politiker den Menschen, der Staat garantiere Wohlstand auf Dauer, die Zeiten harter Arbeit seien vorbei. Viele haben sich darin eingerichtet – und zurückgemeldet, Einschnitte in den Besitzstand seien mit ihnen nicht zu machen, sonst drohe Abwahl. So entstand das Bild vom therapieresistenten Deutschen. Gleich ob als Buchautor, Talkshow-Diskutant oder Mitstreiter in privaten Gesprächsrunden: Jeder hat notgedrungen, mangels umfassender Diagnose, seine Privat-Demoskopie vor Augen – und argumentiert auf dieser Basis.

Doch reicht das, wenn es um Weichenstellungen geht, die fundamentaler kaum sein könnten? Wenn der Patient auf der Intensivstation um seine Genesung kämpft? Jedwede Therapie auf Basis einer Diagnose, die kurz unterhalb des Bestmöglichen bleibt, ist schlicht unverantwortlich. Das ist zwar unbestrittene Norm in der Medizin, wird aber missachtet im Ernstfall von 80 Millionen Menschen, die großenteils um ihre Zukunft bangen und politisch-therapeutische Führung vermissen.

Die Menschen brauchen eine Plattform, um sich differenzierter, umfassender zu artikulieren – besser, als es mit gelegentlichem Wahlstimmzettel oder in Ad-hoc-Umfragen möglich ist. Den Menschen zuzuhören, so gut es geht, ist eine Pflicht, gerade für eine Demokratie im Informationszeitalter. Perspektive-Deutschland hat deshalb zusätzlich zu konventionellen Umfragen das Internet genutzt, um anhand eines umfangreichen Fragebogens von möglichst vielen Bürgern zu erfahren, wo sie stehen, wohin sie wollen und welchen Weg sie bereit sind mitzugehen.[1] Sie sollten nicht in der Vorurteilsecke stehen gelassen werden, womöglich zu Unrecht ab-

1 Parallel wurde der gleiche Fragebogen auch in konventionellen Befragungen eingesetzt, um die Online-Ergebnisse zu kalibrieren und ihre Repräsentativität sicherzustellen (siehe Anlage zur Methodik).

qualifiziert als Mitglieder einer Spaß- und Ellenbogengesellschaft, als Freizeitpark-Bewohner, als in die Jahre gekommene und träge gewordene Besitzständler. In den fünf Befragungen von Perspektive-Deutschland seit 2001 hatten mehr Einwohner als in irgendeinem anderen Land der Welt zuvor die Chance, eine Botschaft zu artikulieren, die weit über das Kreuz auf dem Stimmzettel hinausgeht. Es entstand ein neues Bild der Deutschen, das so gar nicht in das Negativklischee moderner Stimmungsinterpreten passen will.

Aus den Wunschträumern, die unbeweglich und satt ihren Glanzzeiten »made in Germany« nachtrauern, ist ein Volk von besorgten Realisten geworden, das die Lage viel ernster einschätzt, als es Politiker – vergeblich beschönigend – erahnen. Die Deutschen machen sich größte Sorgen um sich und die Zukunft ihres Landes. Sie erkennen die Brisanz der Globalisierung und die Folgen des harten Wettbewerbs um Märkte, Kapital und Arbeit für ihr persönliches Schicksal. Auch die Folgen der demografischen Entwicklung stehen ihnen deutlich vor Augen. Aber sie sind trotz des gewachsenen Problembewusstseins zugleich überraschend konstruktiv, leistungswillig und zu durchgreifenden Reformen bereit. Sie haben längst eingesehen, dass sie wieder mit anpacken müssen. Ihnen ein »Weiter so, Deutschland« vorzugaukeln, grenzt an Beleidigung. Sie stellen sich viel eher als Teil der Lösung denn als Teil des Problems dar.

All das ist keine Momentaufnahme, etwa gestützt durch die positivere Grundstimmung in der Bevölkerung nach dem Regierungswechsel 2005. Diese Erkenntnisse sind vielmehr seit Jahren stabil. Seit 2001 ermittelt Perspektive-Deutschland ein Bild der Deutschen, …

- … *die hoch zufrieden sind mit ihrem Leben:* Eine überraschend deutliche Mehrheit von mehr als 60 Prozent der Befragten antwortet Jahr für Jahr auf die Frage, wie man in Deutschland leben könne, mit »gut« oder »sehr gut«; nur 7 Prozent vergeben wirklich schlechte Noten. Bezogen auf den eigenen Wohnort fällt die Zufriedenheit sogar noch besser aus – fast 70 Prozent. Im internationalen Vergleich sind diese Werte Spitze. In Italien (49),

Großbritannien (48) oder Polen (10) sind die Werte deutlich niedriger. Sogar die Grande Nation Frankreich liegt 8 Prozentpunkte hinter Deutschland. Besonders ermutigend: Die Jugend fühlt sich wohl. In der Altersgruppe der 16- bis 19-Jährigen sind 78 Prozent der Befragten zufrieden mit der Region, in der sie leben.

– *... die die Kluft zwischen Ost und West allmählich überwinden:* Viele haben den Osten abgeschrieben, die Ostdeutschen selbst offenbar nicht. Eineinhalb Jahrzehnte nach der Wiedervereinigung ist mehr als jeder zweite Ostdeutsche mit dem Leben an seinem Wohnort zufrieden, bis 2003 waren es um die 40 Prozent, eine Zunahme, die auch nicht annähernd durch den Wegzug der Unzufriedenen erklärt werden kann. Sachsen liegt bei der Einschätzung der künftigen Zufriedenheit bereits vor dem einen oder anderen westlichen Bundesland. Fleiß, Ehrgeiz oder soziales Engagement sind Ost- wie Westdeutschen ähnlich wichtig. Beide sind mehrheitlich überzeugt: Mehr Markt bringt sie weiter als mehr Staat – auch wenn der Osten in dieser Frage etwas hinterherhinkt.

– *... denen Leistung viel bedeutet, aber mit sozialem Augenmaß:* Fast 80 Prozent der Menschen wollen mehr arbeiten. Ebenso viele bevorzugen Arbeitsplätze, die höhere Anforderungen stellen, gegenüber einem bequemen Job. Ihnen sind Fleiß und Ehrgeiz wichtig – auch den Jungen. Selbst wenn sie es finanziell nicht nötig hätten, würden zwei Drittel trotzdem arbeiten wollen. Sie glauben, Arbeit gehöre dazu, um ein vollwertiges Mitglied der Gesellschaft zu sein. Zugleich entwickeln sie ein ausgesprochenes Gespür für soziale Gerechtigkeit, 2005 mehr noch als in den Vorjahren. Hätte es nicht Nachteile an anderer Stelle, z.B. beim Wirtschaftswachstum, würden sie sich mehr soziale Gleichheit wünschen. Ein reines Marktmodell amerikanischer Prägung befürwortet eine Minderheit von 12 Prozent; das andere Extrem, der allmächtige Vollversorgungsstaat, findet mit 2 Prozent sogar noch weniger Zuspruch.

– *... die der Bildung hinter dem Thema Arbeit/Wirtschaft die zweithöchste Dringlichkeit beimessen, weit vor Umweltschutz oder* *innerer Sicherheit:* Bereits bei der frühkindlichen Bildung beanstanden sie beispielsweise die systemimmanente Unterforderung in Deutschlands Kindergärten. In den Schulen möchten sie einheitliche Leistungsstandards zur Verbesserung der Qualität. Seit Jahren beklagen sie den in ihrer Wahrnehmung häufigen Unterrichtsausfall. Eine deutliche Mehrheit wünscht mehr Gewicht auf Allgemeinbildung und sozialer Kompetenz. Zugleich soll stärker auf Fleiß, Ordnung und Disziplin geachtet werden. An den Hochschulen schließlich soll Studierenden mehr praxisrelevanter Lehrstoff vermittelt werden und die Vergütung der Lehrenden soll stärker leistungsorientiert sein.

- *... die Kinder als gewünschten Teil ihres Lebens ansehen:* Die meisten wollen Kinder, zu wenige bekommen welche. Nicht Kinderfeindlichkeit und Hedonismus sind laut Perspektive-Deutschland die entscheidenden Gründe. Hinderlicher sind beeinflussbare äußere Bedingungen wie beispielsweise der Mangel an Betreuungsmöglichkeiten – und damit die oft komplizierte Vereinbarkeit von Beruf und Familie, mit zusätzlichen finanziellen Problemen. Im statistischen Durchschnitt kommen in Deutschland auf 10 Frauen gerade einmal 13 Kinder. Ginge es nach den persönlichen Wünschen, wären es immerhin 19, bei Männern 18. Akademikerinnen treibt der Wunsch nach eigenen Kindern entgegen landläufiger Meinung ebenso um wie alle anderen Frauen auch – nur fällt es ihnen sehr viel schwerer, den Wunsch zu verwirklichen. Am meisten vermissen potenzielle Eltern Krippen- und Kindergartenplätze. Der größte Hebel ist eine verbesserte Ganztagsbetreuung. Fast ein Viertel der Frauen, die bislang keine Kinder haben wollen, geben an, dass sie sich dann für Nachwuchs entscheiden würden.
- *... deren Zukunft sich mehr als gemeinhin angenommen auch in den Regionen entscheidet:* Das Zukunftspotenzial ihrer Stadt, ihres Kreises sehen die Menschen eher als Ergebnis regionalen Gestaltungswillens denn als Wirkung zentraler Vorgaben. Hier sind sie »nah dran«, hier wird Engagement unmittelbar spürbar. Zwar ist der Spielraum durch naturgegebene oder bundesweit bis

international gesetzte Rahmenbedingungen begrenzt, doch er ist immer noch groß genug für mutige, weitsichtige Gestalter vor Ort.

Ist damit das Eis gebrochen? Ist die Wunschvorstellung vom mündigen Bürger Wirklichkeit, der durch bessere Einsicht in veränderte Verhältnisse auch individuelle Konsequenzen zieht, seien sie auch noch so unbequem? Kann die Politik nach dem Wahlausgang vom September 2005 jetzt auf große Reformen statt auf parteiübergreifenden Minimalkonsens umschalten, die abgeschliffene Reformrhetorik mit Inhalten füllen, deren Vollzug den Bürgern noch viel mehr abverlangen wird, als sie ahnen? Haben sie verstanden, endlich?

Nicht ganz, so scheint es. Perspektive-Deutschland hat nicht etwa lauter Helden entdeckt, aber mehrheitlich aufgeschlossene Menschen, mit denen ein fruchtbarer Dialog möglich sein sollte – wenn ihn denn jemand aufgreift. Nein, sie sind keine Helden, sie sind nur Menschen, denen man ihre Vorgeschichte im extensiven Sozialstaat noch anmerkt. Viele von ihnen hängen einer Vergangenheit nach, in der Generationen von Politikern unbedrängt den Anschein erwecken konnten, der Staat, ausgestattet mit schier unerschöpflichen Mitteln, könne für immer die Rolle des Überversorgers spielen. Daher kommt das Festhalten am Wunschbild des Staates, der dem Einzelnen die grundlegenden Risiken des Lebens abnimmt. Trotz Riester-Rente oder Rürup-Vorsorge: Fast jeder Dritte sieht den Staat noch immer als Reparaturbetrieb, der etwa durch Überweisungen aus Steuermitteln für die sichere Rente sorgen muss. Auch beim Thema Gesundheit bleiben die Deutschen konservativ: Nur jeder Zweite ist bereit, für einen drei Jahre lang sicheren Job auf 10 Prozent des Lohns zu verzichten. Es sollen keine Leistungen gestrichen werden, selbst wenn dafür die Beiträge der gesetzlichen Krankenversicherung steigen.

Nur langsam entwickelt sich – etwa wenn es um einen sicheren Arbeitsplatz geht – persönliche Verzichtbereitschaft, auch solche, die schmerzt. Erst ein Drittel zeigt sich zumindest aufgeschlossen, ein weiteres Drittel der Befragten ist klar dagegen, der Rest unentschieden. Besonders ernüchternd ist die geringe Bereitschaft von Arbeitslosen, größere Einschnitte für einen neuen Job in Kauf zu nehmen. Nur jeder Zweite ist bereit, für einen drei Jahre lang sicheren Job auf 10 Prozent des Lohns zu verzichten. Nur jeder Dritte würde dafür weiter als 100 Kilometer umziehen, nur knapp 40 Prozent würden in Kauf nehmen, lediglich am Wochenende zu Hause zu sein. Mehr als die Hälfte der Arbeitslosen lehnt es ab, täglich zwei Stunden lang zwischen Wohnung und Betrieb hin und her zu pendeln.

Dass immerhin ein Drittel der Beschäftigten angibt, zu schmerzhaften und bislang tabuisierten Einschnitten bereit zu sein, dürfte auch mit dem besseren Verständnis der Ursachen für die Arbeitsplatzmisere zusammenhängen. Hohe Lohn- und Lohnnebenkosten werden seit zwei Jahren als Hauptgrund für nicht entstehende oder abgebaute Arbeitsplätze genannt, gefolgt von abnehmender Nachfrage, Missmanagement oder Rationalisierungsmaßnahmen. Noch vor wenigen Jahren hatten die Befragten hauptsächlich die Globalisierung und den rasanten technischen Fortschritt dafür verantwortlich gemacht. 2003 standen die hohen Arbeitskosten gerade einmal an sechster Stelle.

Restbestände der Wohlfahrtsstaat-Mentalität zeigen sich auch beim Thema Bildung. Kaum jemand ist bereit, eigenes Geld für mehr Bildung aufzubringen. So wenden sich beispielsweise die meisten Studierenden vehement gegen Studiengebühren – eine Selbstverständlichkeit in Ländern, die zu den bevorzugten Adressen deutscher Studienauswanderer gehören.

Auch ist die Mehrheit der Deutschen vor allem mit sich selbst und dem eigenen Familien- und Freundeskreis beschäftigt. Zwar möchte sich knapp die Hälfte der Befragten sozial engagieren, aber nur ein Viertel tut es wirklich – berufliche und familiäre Verpflichtungen sowie Abneigung gegen bindende Vereinsmeierei werden als Gründe für diese Zurückhaltung angeführt. An Einsicht und Neigung mangelt es nicht, eher an passenden Angeboten. Ähnlich sieht es beim politischen Engagement aus. Das Interesse ist hoch, tatsächlich machen aber nur 6 Prozent damit Ernst. Parteien schrecken eher ab. Kaum etwas anderes ist den Deutschen so suspekt, und das schon seit Jahren. Nur 3 Prozent vertrauen ihnen.

Doch alles zusammengenommen zeigt Perspektive-Deutschland: Die Bürger bieten der Politik einen größeren Lösungsraum an, als sie bisher wahrgenommen hat, denn sie signalisieren ihre Bereitschaft, die Ärmel hochzukrempeln, statt bloß Forderungen zu stellen. Sie wollen keinen Sozialstaat alter Prägung, der den Bürgern die Eigenverantwortung abnimmt und sich zusehends als Wohlstandsillusion und Wachstumsbremse entpuppt. Zwar artikulieren sie weiterhin Ansprüche. Doch haben sie erkannt: Internationaler Wettbewerb und demografischer Wandel erfordern Konsequenzen, die bei ihnen selbst beginnen. Mehr Leistung muss sein. Politik kann sich nicht mehr hinter dem vermeintlich trägen und reformresistenten »Michel« verstecken. Der Ball liegt in ihrem Feld.

Das Spiel hat neue Regeln. In Stein gehauene Gegensätze haben offenbar ausgedient. Die Entscheidungsmuster sind nicht mehr links oder rechts, sozial oder liberal, solidarisch oder individualistisch. Die Zeiten des blockierenden Entweder-oder sind vorbei. Was jetzt zählt, ist das Sowohl-als-auch, keineswegs als fauler Kompromiss, sondern als Muster für intelligente Antworten auf neue Herausforderungen: Leistung zeigen und honoriert bekommen, *aber auch* zum sozialen Ausgleich beitragen; mehr private Vorsorge *und trotzdem* staatliche Grundsicherung; Kinder *und* Beruf; Spielen *und* Rechnen im Kindergarten; Wissen *und* soziale Kompetenz in der Schule; die Eliten fördern *und* die Solidargemeinschaft stärken – so schreiben es die Teilnehmer ins Pflichtenheft der Politik. Sie muss das Bürger-Sein neu definieren: mit individueller Freiheit und sozialer Solidarität nicht als entgegengesetzten, sondern komplementären Werten. Möglich wird das alles zusammen, weil die Menschen wieder bereit sind, selbst ihren Beitrag zu leisten. Das ist ein wichtiges Signal der Teilnehmer von Perspektive-Deutschland. »Geben und Nehmen« scheint die lange vorherrschende einseitige Anspruchshaltung abzulösen. Ein breiter Konsens zeichnet sich ab – über einen neuen, eigenen Weg für

Deutschland, möglicherweise für Europa: die »soziale Leistungsgesellschaft«.

Nur eine Minderheit will beim Status quo verharren. Je nach Fragestellung wollen 80 bis 90 Prozent der Deutschen den Wandel, mehrheitlich mit mehr Tempo. Obwohl die wenigsten meinen, von den bisherigen Reformen profitiert zu haben, halten fast alle eine Fortsetzung des Reformprozesses für notwendig. Immerhin: Nach der Regierungsbildung im November 2005 glaubt jeder zweite Deutsche, dass die Regierung, nun eine große Koalition, konkrete Reformen sogar »energisch weiter vorantreiben wird«. Vor der Regierungsbildung waren nur 44 Prozent dieser Meinung.

Hohe Erwartungen also an die Bundespolitik. Und wie sieht das Bild auf der anderen Handlungsebene aus, die Perspektive-Deutschland beleuchtet hat: in den Regionen? Auch dort zeichnen sich Gestaltungschancen ab, auch dort vergrößert sich der Lösungsraum für Verbesserungen. Quer durch alle Regionen ist die Zuversicht da besonders groß, wo starke Führungspersönlichkeiten aus Politik, Wirtschaft und Verwaltung reibungslos zusammenarbeiten, auf der Grundlage einer klaren Regionalstrategie und ausgestattet mit dem Mut zum Wandel. Offensichtlich ist dies aus Sicht der Bevölkerung ein wichtiger Schlüssel für wirtschaftlichen Erfolg und die Schaffung von Arbeitsplätzen, während eine ineffiziente Verwaltung, ablesbar etwa an zu langsamen Genehmigungsverfahren, als eines der großen Hindernisse genannt wird. Was erfolgreiche Regionen weiterhin auszeichnet, ist neben guten Arbeits- und Wirtschaftsbedingungen ein attraktives Bildungs- und Kinderbetreuungsangebot. Jeder zweite Bundesbürger wünscht sich in seiner Region mehr Ganztagsschulen, Ganztagskindergärten und Krippen. Zwei Drittel halten eine Erweiterung des Freizeitangebots für Jugendliche für dringend geboten. Dies sind nur wenige Beispiele.

In der Datenbasis von Perspektive-Deutschland, sortiert nach 117 Regionen, findet jeder, der Führung vor Ort zeigen will, konkrete Fingerzeige seiner Mitbewohner: Hinweise auf den größten Verbesserungsbedarf der Region ebenso wie Vorschläge, wie ihre Stärken genutzt und ihre Schwächen vermindert werden können.

Allzu oft bleibt der Spielraum für solche regionalen Verbesserungen ungenutzt. Was in Betrieben längst geschieht, das Lernen von den Besten – Best Practice und Benchmarking genannt –, sollten auch die Verantwortlichen vor Ort für ihre Region nutzen.

Gleich ob auf Bundes- oder Regionalebene: Perspektive-Deutschland zeigt, dass das Reformpotenzial höher und die Reformchancen größer sind als gemeinhin angenommen. Gefordert sind damit alle, die der Gesellschaft Orientierung geben können.

»Die Eliten des Landes sind heute von der Notwendigkeit einer grundlegenden Reform überzeugt – nur das Volk nicht«. So lautet eine These in Steingarts Buch »Deutschland – der Abstieg eines Superstars«.

Fünf Jahre Perspektive-Deutschland beweisen das Gegenteil: Das Volk ist von dieser Notwendigkeit längst überzeugt. Wichtiger noch: Das Volk macht ein Angebot. Es präsentiert sich als dialogfähiger Partner im Reformprozess, ohne Illusionen, tatkräftig und leistungsbereit – nur die Eliten sehen es vielfach noch nicht.

Kapitel 1

Krise ohne Ausweg?

Hohe Arbeitslosigkeit, bescheidenes Wirtschaftswachstum, leere öffentliche Kassen, Kürzungen bei den sozialen Leistungen und kein Ende in Sicht – wen wundert's, wenn die Krise von Wirtschaft und Wohlfahrtsstaat auf die Gefühlslage der Deutschen durchschlägt. Überraschend ist dennoch das Ausmaß, in dem sich viele Menschen um die weitere Entwicklung des Landes sorgen – und vor allem um ihre persönliche Zukunft. Die Bevölkerung hat den Ernst der Lage erkannt. Aber ausgerechnet in der Krise fehlt den Bürgern das Vertrauen in die politische Führung.

Die deutsche Wirtschaft und mit ihr der deutsche Wohlfahrtsstaat stecken nach wie vor in einer tiefen Krise. Zwar schien zu Beginn der fünften Erhebungswelle von Perspektive-Deutschland im Oktober 2005 zumindest die Talfahrt fürs Erste gestoppt zu sein, doch die Wirtschaft ist noch nicht auf klarem Wachstumskurs. Die Zahl der offiziell registrierten Arbeitslosen bewegt sich weiterhin um die 5-Millionen-Marke. Seit Beginn der ersten Erhebung im September 2001 ist sie um 1,3 Millionen gestiegen.

Die Deutschen, deren Eltern und Großeltern noch das Wirtschaftswunder zu Stande gebracht haben, sehen ihr Land in der internationalen Liga der Wirtschaftskraft Jahr für Jahr weiter abrutschen. Wie in der Einführung erwähnt, rangiert Deutschland im regelmäßig ermittelten OECD-Ranking des Bruttoinlandsprodukts pro Kopf mittlerweile nur noch auf Platz 18 – hinter Ländern wie Norwegen, Irland, Österreich, den Niederlanden oder Belgien. Selbst die alte Bundesrepublik stünde kaum besser da. Ein Brite verfügt heute über 10 Prozent mehr Wirtschaftskraft als ein Deutscher; Anfang der neunziger Jahre war das Verhältnis noch umgekehrt.

Die sozialen Sicherungssysteme, die ein ganzes Jahrhundert lang funktioniert haben, sind finanziell am Ende. Statt kleinerer Korrekturen ist dringend eine radikale Erneuerung nötig. Aber die Politik erweist sich angesichts all dieser Herausforderungen bisher als weitgehend hilflos: Auch mit der von Gerhard Schröder auf den Weg gebrachten Agenda 2010 und dem schwarz-roten Koalitionsvertrag kann noch keine Rede davon sein, dass der lähmende Reformstau überwunden wäre.

Es gibt nichts zu beschönigen: Das Land befindet sich in einer prekären Lage. Da ist es verständlich, dass der Blick auf das aktuelle Stimmungsbarometer alles andere als Zuversicht offenbart. Seit 2003 hat Perspektive-Deutschland die Bürger jährlich gefragt, wie sich ihrer Meinung nach in den kommenden Jahren die Situation auf zentralen Feldern in Deutschland verändern werde. Die Zahl der Pessimisten war stets deutlich höher als die der Optimisten, in der Regel um ein Vielfaches (siehe Abbildung 1): Im Jahr 2005 erwarteten bei der sozialen Sicherung 60 Prozent der Befragten eine Verschlechterung und nur 6 Prozent eine Verbesserung. Ähnlich wurde die Lage auf dem Arbeitsmarkt gesehen: Fast die Hälfte der Befragten rechnete mit einer weiteren Zuspitzung. Nur 10 Prozent glaubten an eine Besserung. Bei den Lebensbedingungen für Familien und Kinder sowie im Bildungssektor fiel die Einschätzung nicht viel besser aus. Zwar hat sich das Bild im Jahr 2005 etwas gebessert, nachdem 2004 offenbar ein Stimmungstiefpunkt erreicht worden war. Doch es besteht kein Zweifel daran, dass die Menschen die Lage als dramatisch empfinden.

Ein rasches und deutliches Aufhellen des düsteren Bildes ist kaum zu erwarten. Schließlich haben wir es mit einer Abwärtsspirale aus Angst, Nachfrageschwäche, steigender Arbeitslosigkeit und steigenden Lohnnebenkosten zu tun, deren Drehtempo von der Berichterstattung in den Medien noch verstärkt wird. Investoren und Konsumenten haben ihre Kaufentscheidungen erst einmal vertagt. Als Folge der schwachen Binnennachfrage steigt der Druck auf die Unternehmen, sich noch schneller von Mitarbeitern zu trennen, als es der Kostendruck ohnehin schon verlangt. All das schürt den Pessimismus weiter. Würde Deutschland als Exportweltmeister im Warenverkehr und als Vizeweltmeister, wenn man auch die Dienstleistungen betrachtet, nicht von der Wachstumsdynamik anderer

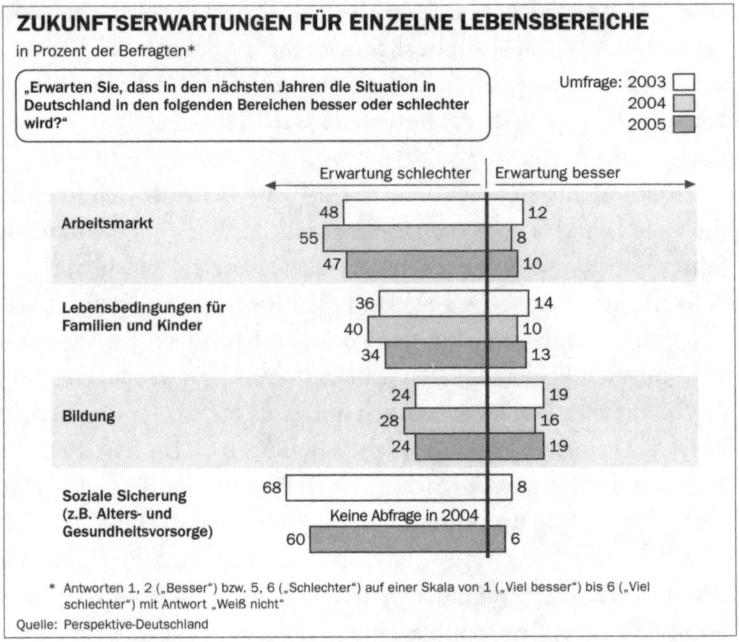

Abb. 1 Zukunftserwartungen für einzene Lebensbereiche

Regionen auf der Welt profitieren, wäre die Lage noch sehr viel schlechter.

Umso beunruhigender ist, dass die leichte Entspannung in der Einschätzung der Gesamtlage noch nicht zu einem entsprechenden Aufatmen bei den einzelnen Menschen geführt hat. Denn die persönlichen Sorgen bestimmen unmittelbar die Nachfrageentscheidungen und damit das Drehtempo der Abwärtsspirale. Fast 60 Prozent der Befragten befürchteten 2005, dass sich ihre finanzielle Lage verschlechtern werde, ebenso groß ist die Angst, »im Alter für Lebensunterhalt und Gesundheitskosten nicht aufkommen« zu können. Knapp die Hälfte befürchtete, ihren Arbeitsplatz zu verlieren oder keine neue Stelle zu finden (siehe Abbildung 2). Insgesamt sind die persönlichen Sorgen zwischen 2003 und 2004 gewachsen und haben sich seither nicht signifikant verringert.

Die Altersgruppe der »Leistungsträger« – das sind die 30- bis 49-Jährigen – ist besonders pessimistisch. Ein Alarmsignal, denn sie sind diejenigen, die Kinder aufziehen, die die Mittel für die Alterssicherung der Rentner aufbringen und gleichzeitig mit ihrem Einkommen die Stütze des Konsums bilden. Fast zwei Drittel dieser Bürger mittleren Alters befürchten eine Verschlechterung ihrer finanziellen Lage. Beinah genau so viele haben Angst, dass ihnen im Alter das Geld ausgeht. Sogar unter den 16- bis 29-Jährigen treibt knapp 60 Prozent diese Sorge um. Bei den über 50-Jährigen ist es immer noch jeder Zweite. Kein Wunder, wenn der Konsum schwächelt, mit vielen negativen Auswirkungen besonders für die Beschäftigung.

Ein so weit verbreiteter Pessimismus hat wohl vor allem diesen Grund: Den Bürgern wird immer deutlicher, wie stark der Staat –

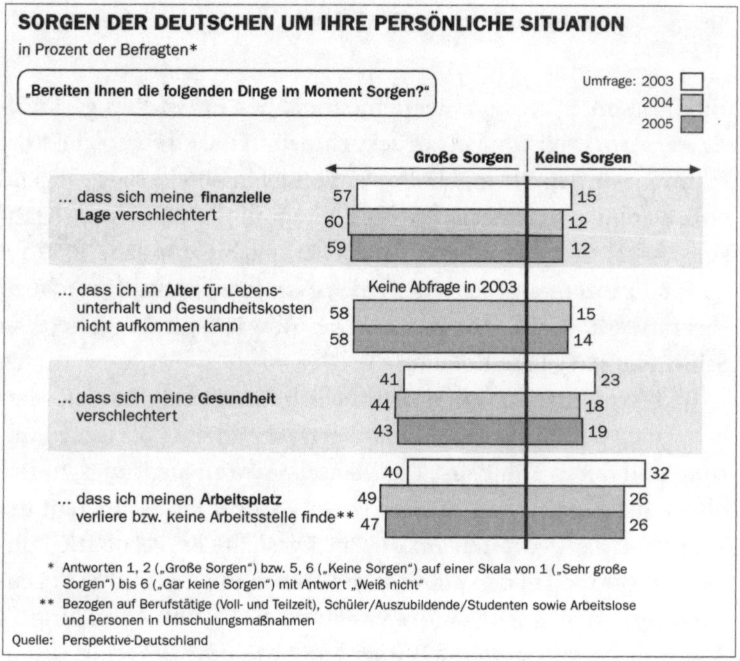

Abb. 2 Sorgen der Deutschen um ihre persönliche Situation

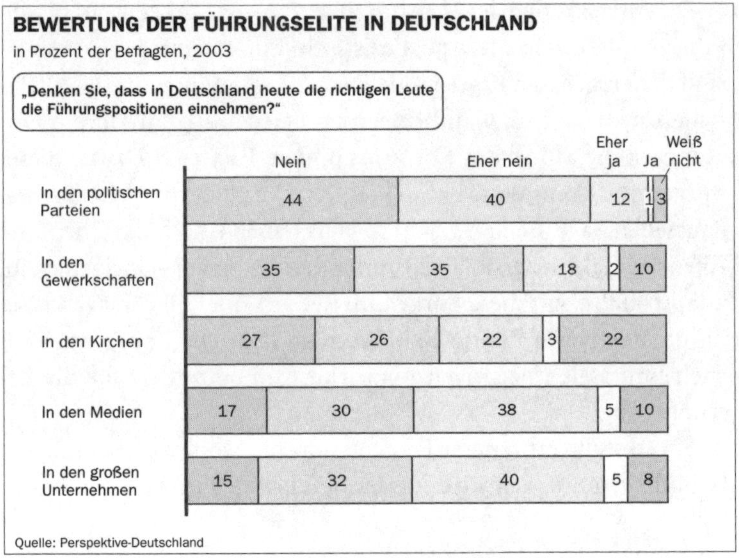

Abb. 3 Bewertung der Führungselite in Deutschland

auch als Konsequenz aus der demografischen Entwicklung – künftig seine Sozialleistungen zurücknehmen muss. Ohne solche Korrekturen würden die mit 42 Prozent ohnehin bereits beängstigend hohen Lohnzusatzkosten, also die Beiträge für Rentenkassen, Kranken-, Arbeitslosen- und Pflegeversicherung, bis zum Jahr 2050 auf über 60 Prozent anwachsen – eine gesamtwirtschaftlich nicht zu verkraftende Größenordnung. Die Abwärtsspirale geriete in Schwindel erregende Rotation.

In dieser Situation wären Aufbruchstimmung und Mut erforderlich. Doch den Bürgern fehlt das Vertrauen in die politische Führung und deren Fähigkeit, die Menschen kompetent und konsequent aus der Krise zu führen: Nicht weniger als 84 Prozent der Teilnehmer antworteten auf die 2003 gestellte Frage, ob die Führungspositionen in den politischen Parteien mit den richtigen Leuten besetzt sind, mit »Nein« oder »Eher nein« (siehe Abbildung 3). Allerdings honorieren die Bürger zumindest die Reformanstrengungen. 2003 glaubte nur eine Minderheit von knapp 30 Prozent der Befragten, die Reformfähigkeit der Politik werde sich bessern. 2004 drehte sich das Bild: Aus der Minderheit wurde eine Mehrheit von gut 50 Prozent. Nach den Bundestagswahlen 2005 lag der Anteil der Optimisten wieder niedriger. Während der Laufzeit der fünften Befragung vom 13. Oktober 2005 bis zum 31. Januar 2006 stieg dann das Vertrauen, die neue Regierung werde den Reformprozess energisch vorantreiben, deutlich an. Seit dem 22. November 2005, dem Tag der Vereidigung der neuen Regierung, haben die Optimisten erneut die Oberhand.

Die politischen Institutionen stehen bei den Bürgern nicht hoch im Kurs: 2005 gaben nur 3 Prozent der Befragten an, dass sie den

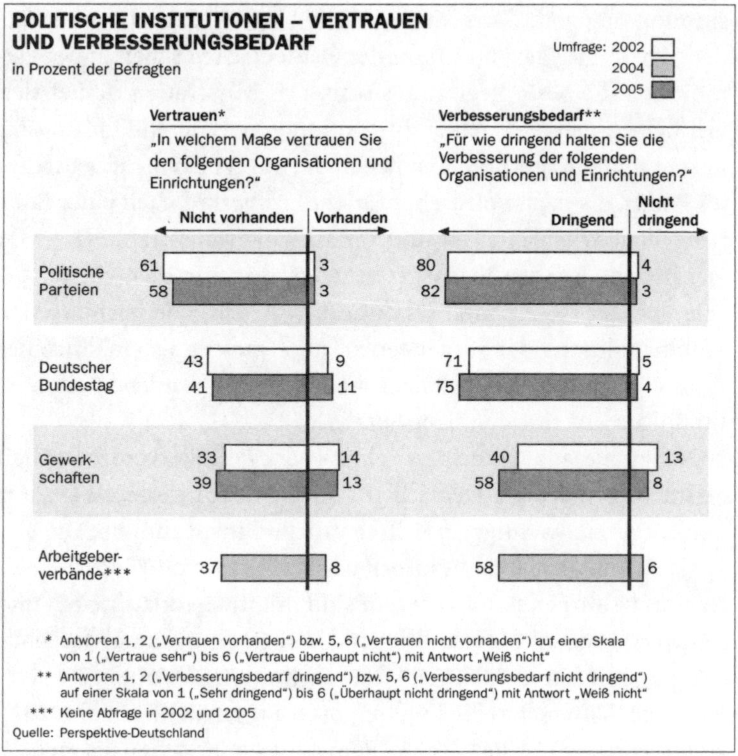

Abb. 4 Politische Institutionen – Vertrauen und Verbesserungsbedarf

Parteien vertrauen, fast 60 Prozent äußerten sich gegenteilig. Mehr als 80 Prozent reklamierten »dringenden Verbesserungsbedarf«. Besser, aber für eine funktionierende Demokratie nicht gut genug, war die Meinung der Befragten über den Deutschen Bundestag. Nur etwa 10 Prozent der Teilnehmer bekundeten ihr Vertrauen in die Arbeit des Parlaments, gut 40 Prozent dagegen ihr Misstrauen. Drei Viertel der Befragten reklamierten dringenden Verbesserungsbedarf (siehe Abbildung 4).

Das sind bedenkliche Zahlen. Sie offenbaren mitten in einer der kritischsten Phasen des Landes ein weit verbreitetes Misstrauen der Bürger in die Regelungskompetenz der Politiker und in die staatlichen Institutionen.

Nicht dass es den Deutschen prinzipiell an demokratischer Gesinnung mangelt. Ganz im Gegenteil: Über 90 Prozent der Westdeutschen und fast 80 Prozent der Ostdeutschen sehen in der Demokratie die beste Regierungsform. Das Misstrauen richtet sich vielmehr gegen die erlebten Institutionen und deren Führungsfähigkeit in der Krise. Offenbar haben die Bürger ein nicht befriedigtes Bedürfnis nach politischer Orientierung und nach einer Führung, die Ehrlichkeit, Mut und Verlässlichkeit ausstrahlt. Drei von vier Befragten gaben an, dass es in Deutschland an Menschen mangele, die der Gesellschaft Orientierung geben. Die nachlassende Wahlbeteiligung der vergangenen Jahre spricht als ein stummer Protest gegen das von vielen als ineffizient empfundene politische Establishment eine deutliche Sprache.

Neben dieser allgemeinen Politik- oder Politikerverdrossenheit offenbart Perspektive-Deutschland auch eine zunehmende Distanz der Bürger zu wichtigen gesellschaftlichen Institutionen. Die Gewerkschaften genießen nur noch das Vertrauen von 13 Prozent aller Bundesbürger, fast 40 Prozent sind mit ihnen unzufrieden und knapp 60 Prozent fordern dringend Verbesserungen (siehe Abbildung 5). Mit fast identischen Werten schnitten die Arbeitgeberverbände ab. Unterschwellig könnten diese Einschätzungen eine Mitverantwortung für die Lage auf dem Arbeitsmarkt signalisieren.

Selbst die beiden christlichen Kirchen sehen sich mit einem er-

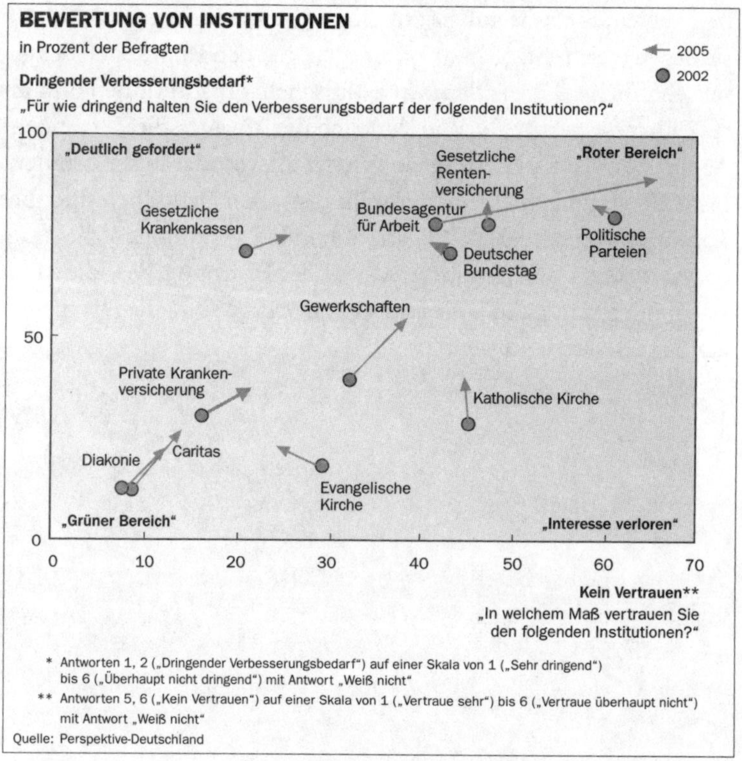

Abb. 5 Bewertung von Institutionen

staunlich großen Vertrauensmangel konfrontiert. Nur rund 20 Prozent der Bürger haben Vertrauen zur evangelischen Kirche, rund 25 Prozent sagen klar, sie hätten zu ihr »kein Vertrauen«. Der katholischen Kirche vertrauen 11 Prozent, kein Vertrauen haben sogar um die 45 Prozent. Allerdings konstatieren nur wenige Menschen größeren Verbesserungsbedarf. Hier liegt der Schluss nahe, dass beide Kirchen derzeit offenbar bei vielen Menschen kein besonderes Interesse genießen.

Noch einmal auf den Punkt gebracht: Die Deutschen blicken sorgenvoll und eher pessimistisch in die Zukunft. Sie haben zum weit überwiegenden Teil die Lage des Landes klar erkannt. Sie haben verstanden, was auf sie zukommt, wenn nichts geschieht, und sie hegen gleichzeitig Misstrauen gegenüber den Fähigkeiten der gesellschaftlichen – vor allem der politischen – Institutionen und ihres Führungspersonals. Wie lässt sich die Abwärtsspirale stoppen? Auch wenn das viel besungene Wirtschaftswunder unter den heutigen Umständen nicht wiederholbar ist – den Deutschen sind ihre Tugenden von damals nicht ganz abhanden gekommen – dies zeigt das nächste Kapitel. Es gibt Anlass zu der Hoffnung, dass die Menschen in diesem Land willens und in der Lage sind, die Dinge wieder zum Besseren zu wenden.

KAPITEL 2

Unvermutete Stärken: Die Deutschen in einem anderen Licht

Nicht gerade schmeichelhaft sind viele der Beschreibungen, die wir in den vergangenen Jahren über die Deutschen und ihre Befindlichkeit lesen mussten. Vom leistungsscheuen Besitzständler ist da die Rede, von sozialer Kälte, von einem Mangel an Identifikation mit dem eigenen Land, gar von mentaler (und tatsächlicher) Auswanderung. Perspektive-Deutschland zeigt: Von alledem ist nur wenig wahr. Deutschland ist in den Augen seiner Bewohner ein lebenswertes Land: Sämtlichen Zukunftsängsten zum Trotz sind deutlich mehr als zwei Drittel der Befragten mit dem Leben in ihrer Region zufrieden – das ist eine höhere Quote als bei unseren europäischen Nachbarn. Wo ist die oft kolportierte deutsche Spaß- und Ellenbogengesellschaft? Perspektive-Deutschland hat sie nicht gefunden. Stattdessen Menschen, die leistungsbereit sind, die traditionelle Tugenden noch nicht verlernt haben und deren soziales Gewissen sich vernehmlich meldet.

Die im ersten Kapitel beschriebene Gefühlslage der Deutschen macht es nicht einfach, so etwas wie eine allgemeine Aufbruchstimmung zu erkennen. Doch das Bild, das die Befragten in Perspektive-Deutschland von sich selbst und von ihren Grundeinstellungen zeichnen, gibt Anlass zu Optimismus.

Noch nie konnten so viele Menschen ihre gesellschaftspolitischen Einstellungen und Wünsche offenbaren wie in Perspektive-Deutschland. Drei positive Überraschungen sind das Ergebnis. Erstens: Die Deutschen sind mit dem Leben in ihrem Land und ihrer Region sehr zufrieden. Sie bekennen sich zweitens zur Leistungsorientierung. Und drittens lassen sie statt einer Ellenbogenmentalität ein hohes Maß an sozialem Bewusstsein erkennen. Drei Erkenntnisse, die Mut machen.

Die Einstellung der Menschen zum Leben in Deutschland und der Region überrascht vor allem deshalb so positiv, weil die Deutschen – nicht zuletzt historisch bedingt – ein doch eher kompliziertes Verhältnis zu ihrem Land haben. »Ein schwieriges Vaterland« nannte es der frühere Bundespräsident Gustav Heinemann. Bis zum heutigen Tag gelten die Deutschen bei der Suche nach ihrer nationalen Identität als zutiefst verunsichertes Volk. Dabei bedeutet es für die Zukunft einer vom Erfolgskurs abgekommenen Volkswirtschaft eine Menge, wie die Bewohner zu ihrem Land stehen: Menschen, die gerne in ihrem Land leben, die es mit allen seinen Stärken und Schwächen lieben, werden sich eher für eine grundlegende Erneuerung einsetzen.

Umso erfreulicher sind die Ergebnisse von Perspektive-Deutschland: Danach befragt, wie gut man in Deutschland leben kann, vergaben Jahr für Jahr mehr als 60 Prozent der Teilnehmer auf einer Skala von 1 bis 6 die Noten »sehr gut« oder »gut« (siehe Abbildung 6). Allen Unkenrufen zum Trotz ist Deutschland also ein Land, in dem sich die Menschen mehrheitlich sehr wohl fühlen. Nach dem Leben an ihrem Wohnort und in ihrer eigenen Region gefragt, gaben im Jahr 2005 sogar knapp 70 Prozent an, zufrieden bzw. sehr zufrieden zu sein. Auch dieser Wert liegt seit Beginn der Umfrage in derselben Größenordnung.

Unsere größten Nachbarländer, in denen Perspektive-Deutschland im Jahr 2003 zum Vergleich dieselben Fragen stellte[2], verzeichneten deutlich niedrigere Werte: In Frankreich wurden etwa auf die Frage nach der Zufriedenheit am Wohnort 62 Prozent Zustimmung erreicht, in Großbritannien und Italien weniger als 50 Prozent und in Polen ganze 10 Prozent. In Deutschland lagen die Zustimmungswerte 2003 wie auch in den anderen Jahren bei 70 Prozent. Diese im internationalen Vergleich überdurchschnittlich positive Grundeinstellung der Deutschen zum Leben in ihrem Land und ihrer Region ist als Grundstein und Ausgangspunkt für alle Reformen von nicht zu unterschätzendem Wert.

---

2 Im Jahr 2003 fand einmalig in Frankreich, Großbritannien, Italien und Polen eine Repräsentativbefragung mit einem Auszug aus dem Fragenkatalog statt. Hierzu wurden in diesen Ländern zeitgleich jeweils 1.000 Interviews geführt.

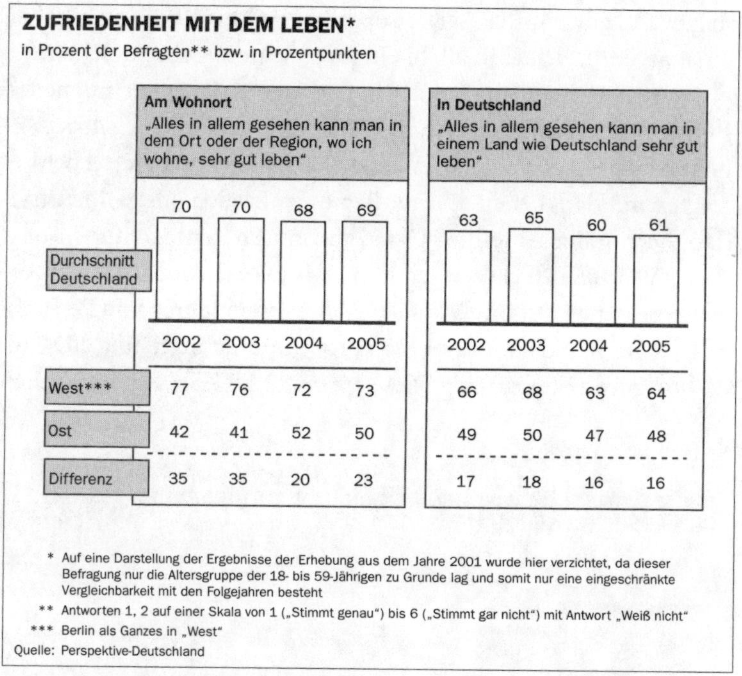

Abb. 6 Zufriedenheit mit dem Leben

Wovon hängt es ab, ob sich Menschen dort, wo sie in Deutschland leben, wohl fühlen oder nicht? Von zahlreichen vorgegebenen Einflussfaktoren wurde der Arbeitsmarkt mit 48 Prozent am häufigsten genannt, danach folgten der Freizeitwert »Natur, Ruhe, Landschaft« mit 45 Prozent und das soziale Umfeld mit 41 Prozent. Die hohe Zufriedenheit wird also geprägt von »Land und Leuten« – in des Wortes buchstäblicher Bedeutung. Deutliche Abstriche sind überall dort festzustellen, wo die schlechte Arbeitsmarktlage auf die allgemeine Stimmung drückt (siehe Abbildung 7).

Trotzdem waren im Jahr 2005 noch 45 Prozent der Arbeitslosen (gegenüber gut 70 Prozent der Erwerbstätigen) der Meinung, man könne in ihrer Region »gut oder sehr gut leben«, nur knapp 20 Prozent meinten, dies treffe nicht zu. Überdurchschnittlich positiv ist die Jugend gestimmt: Fast 80 Prozent der 16- bis 19-Jährigen gaben an, man könne »alles in allem« in ihrer Region »sehr gut leben«.

Die unterschiedliche Beschäftigungslage in den alten und neuen Bundesländern spiegelt sich in einem entsprechenden Zufriedenheitsgefälle wider. Waren im Westen 2005 knapp drei Viertel der Befragten mit dem Leben in ihrer Region zufrieden oder sehr zufrieden, betrug der Anteil im Osten nur 50 Prozent. Dennoch liegt dieser Wert seit 2004 deutlich höher als in den Vorjahren. Der Abstand zwischen Ost und West lag in den ersten Jahren von Perspektive-Deutschland konstant bei 35 Prozentpunkten; er ging 2004 auf 20 Prozentpunkte zurück. Diese sprunghafte Konvergenz hat sich

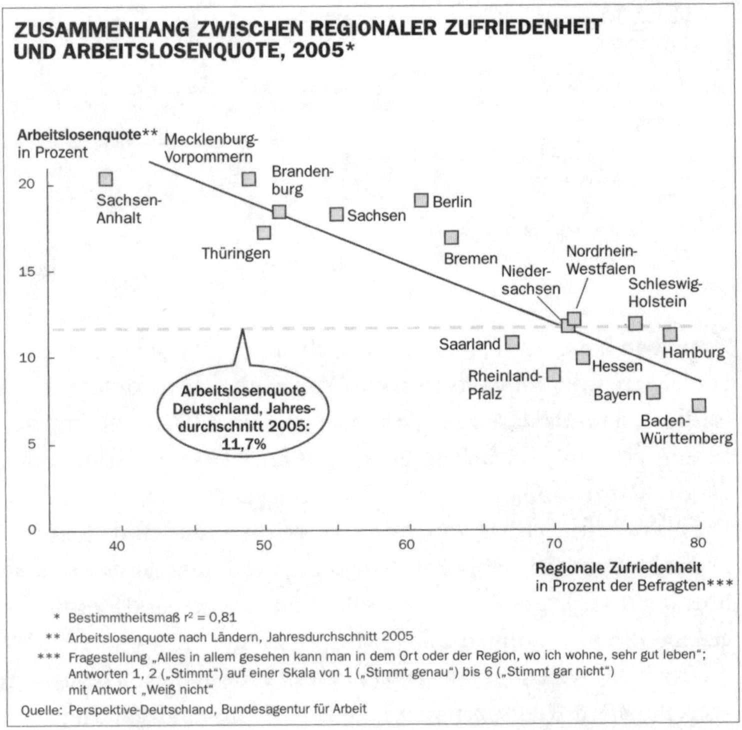

Abb. 7 Zusammenhang zwischen regionaler Zufriedenheit und Arbeitslosenquote, 2005

zwar 2005 nicht weiter fortgesetzt, die Lücke ist im Gegenteil wieder etwas größer geworden. Doch haben sich die Unterschiede seit zwei Jahren deutlich verringert. Seither vergibt auch im Osten Deutschlands die Mehrheit der Menschen für das Leben in ihrer Region die Noten »sehr gut« oder »gut«.

Insgesamt hat die anhaltend schlechte wirtschaftliche Lage die Zufriedenheit mit dem Leben in Deutschland in den Jahren 2004 und 2005 gedämpft – offenbar unter dem Eindruck einer sich verstetigenden Arbeitsmarktkrise. Sollte eine nachhaltige Wende zum Besseren ausbleiben, droht ein Rückgang der strukturell hohen Zufriedenheit. Dem Reformprozess würde dann ein wichtiger psychologischer Rückhalt fehlen, weil er jenen Menschen Opfer abverlangen müsste, die ihre Lebensumstände weniger bejahen.

Die Teilnehmer von Perspektive-Deutschland offenbarten neben der Zufriedenheit eine weitere wichtige Erfolgsvoraussetzung für den Reformprozess des Landes: Sie äußerten eine überraschend hohe Leistungsbereitschaft. Noch 1993 warnte der damalige Bundeskanzler Helmut Kohl: »Wir können die Zukunft nicht dadurch sichern, dass wir unser Land als einen kollektiven Freizeitpark organisieren.« Heute würde er dafür wohl mehr Beifall ernten als damals. Zwar sprechen die Statistiken dafür, dass sich viele im Freizeitpark eingerichtet haben. Kaum ein Volk arbeitet so wenig wie die Deutschen: Nur 35,2 Arbeitsstunden wöchentlich verbringen die Beschäftigten an ihren Arbeitsplätzen, nur wenige Länder leisten sich so viele Feiertage wie die Deutschen. Doch spiegeln diese Fakten offenbar nicht oder nicht mehr die Einstellung der überwältigenden Mehrheit zu Arbeit und Leistung wider. Seit Beginn von Perspektive-Deutschland 2001 offenbaren die Teilnehmer durchgängig in unterschiedlichen Fragestellungen ein überraschend hohes Leistungsethos. Fast 80 Prozent wollen mehr arbeiten, ebenso viele zielen einen anspruchsvollen Arbeitsplatz einem bequemen vor. 2003 erhielt beispielsweise die Aussage »Deutschland ist ein Land, in dem sich Menschen anstrengen, wenn sie es zu etwas bringen wollen« den weitaus stärksten Zuspruch aus einem vorgegebenen Katalog möglicher Stärken.

Bei den Wertvorstellungen rangiert Berufserfolg vor Lebensgenuss, bei den Jüngeren noch mehr als bei den Älteren. Für mehr als 70 Prozent der Befragten ist es wichtig oder sehr wichtig, »fleißig und ehrgeizig« zu sein, nur 3 Prozent bezeichnen dies als unwichtig. Bei den 16- bis 29-Jährigen fällt das Bekenntnis zu Fleiß und Ehrgeiz mit 76 Prozent wiederum am deutlichsten aus. Die Renaissance traditioneller Werte dürfte ein Ausdruck dafür sein, dass die Menschen die Zeichen der Zeit erkannt haben: Die Jahre ständig steigenden Wohlstands sind vorbei. Wer sich nicht zügig den Spielregeln unserer Leistungsgesellschaft anpasst, geht das Risiko des sozialen Abstiegs ein. Die Jüngeren, die ihr Erwerbsleben zum großen Teil noch vor sich haben, sind in diesem Anpassungsprozess anscheinend dem Rest der Gesellschaft sogar ein gutes Stück voraus.

Dem neuen Arbeitsethos entspricht die Überzeugung, Leistung solle mehr als bisher materiell anerkannt werden. Mehr als 80 Prozent der Befragten waren 2005 der Meinung, dass Personen, die »viel leisten«, »stärker« bzw. »viel stärker« belohnt werden sollten als heute. Sogar Geringverdiener, Personen ohne Ausbildung und solche mit Hauptschulabschluss bekannten sich mit jeweils über 80 Prozent zu einer leistungsorientierten Entlohnung.

Für eine Rückbesinnung auf die eigenen Kräfte spricht auch ein gesundes Selbstbewusstsein beim Bewältigen neuer Herausforderungen: Fast zwei Drittel trauen sich zu, »immer eine Lösung zu finden«, auch wenn sie »in der Klemme stecken«. Mehr als die Hälfte der Deutschen sagt von sich: »Ich setze meine Ziele und Erfolgsvorstellungen in die Tat um.«

Die dritte Überraschung aus Perspektive-Deutschland: Die Teilnehmer zeigen eine große Aufgeschlossenheit gegenüber sozialer Verantwortung. Die Deutschen haben sich keineswegs zu einem unsolidarischen Volk entwickelt, das in einem Klima sozialer Kälte den Ausweg aus der Krise sucht. Solidarität mit Schwächeren und mit Hilfsbedürftigen steht weiterhin hoch im Kurs. Fast die Hälfte der Befragten sieht in dem Aspekt »Menschen in Not unterstützen« eine Stärke, auf die Deutschland bauen kann (siehe Abbildung 8). Nur rund 10 Prozent tun dies nicht. Damit ist das solidarische Fürein-

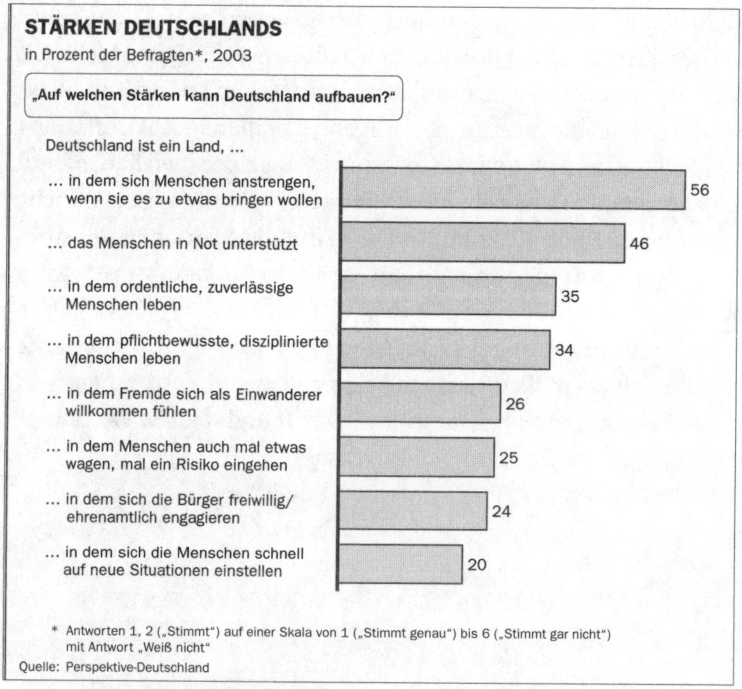

Abb. 8 Stärken Deutschlands

andereinstehen in den Augen der Deutschen gleich hinter einem ausgeprägten Leistungsethos die zweitwichtigste Stärke unserer Gesellschaft. Und genau diese Mischung aus Leistungsorientierung und sozialem Verantwortungsbewusstsein spricht nach Ansicht der Deutschen für ihr Land.

Folgerichtig betrachten die Befragten soziales Engagement auch in starkem Maße als persönliche Verpflichtung. 2005 bekannte fast die Hälfte, es sei für sie persönlich wichtig, »sozial Benachteiligten und Randgruppen zu helfen«, für nur 8 Prozent war dies unwichtig.

Alle drei Aspekte zusammen zeigen: Das Klischee der Spaß- und Ellenbogengesellschaft und des gestörten Verhältnisses zum eigenen Land zeigt ein Zerrbild der Deutschen. Eine überwältigende

Mehrheit in allen Schichten und Altersgruppen genießt ein hohes Maß an Zufriedenheit mit dem Leben hierzulande. Diese Mehrheit würde gern mehr leisten, um sich mehr leisten zu können, ohne dabei die soziale Balance aus den Augen zu verlieren. Zukunftsangst und Pessimismus, wie wir sie in Kapitel 1 angesprochen haben, sind vor allem auf die nun schon seit Jahren anhaltende wirtschaftliche Schwäche zurückzuführen. Im Kern sind die Menschen selbstbewusst und positiv gestimmt, mit besten Voraussetzungen, etwas zu bewegen.

Bleibt die Frage, in welche Richtung sich nach ihrer Meinung die Gesellschaft entwickeln soll. Sind sie sich darin ebenso einig wie in ihrem Bekenntnis zu Leistungsbereitschaft und sozialer Gerechtigkeit?

Kapitel 3

Leistung und Solidarität: Gesellschaftsentwurf der Zukunft

Wie stellen sich die Deutschen die Zukunft der Gesellschaft vor? Sind sie in ihrer Entscheidung für »mehr Staat« oder »mehr Markt« gespalten, oder gibt es als Vorgabe an die Politik das konsensfähige Modell einer zeitgemäßen Aufgabenteilung zwischen privatem und öffentlichem Sektor? Perspektive-Deutschland ermittelte einen erstaunlich eindeutigen Stimmungstrend: Die Zeit ist reif für mehr Eigenverantwortung und private Initiative. Ob jung oder alt, berufstätig oder arbeitslos – damit es wieder mehr zu verteilen gibt, die Wirtschaft wieder wächst und die Steuern sinken, wären etwa zwei Drittel der Deutschen bereit, ein höheres Maß an Lebensrisiken selbst zu tragen und größere soziale Unterschiede ebenso hinzunehmen wie einen schnelleren gesellschaftlichen Wandel. »Mehr Markt in Maßen« lautet die Devise! Sie wollen eine Gesellschaft, die Leistung belohnt, aber Solidarität nicht vergisst. Keineswegs möchten sie den Staat aus seiner Verantwortung entlassen, vor allem dann nicht, wenn es um Schulbildung, innere Sicherheit und Absicherung der Lebensrisiken geht.

Jahrzehnte hindurch war die »soziale Marktwirtschaft« ein Synonym für wirtschaftlichen Erfolg, eine Art Zauberformel, mit der die Bundesrepublik Deutschland 1949 ihren beispiellosen ökonomischen Aufstieg begann. »Wohlstand für alle« hatte Ludwig Erhard den Deutschen versprochen. Und sie wurden so wohlhabend wie niemals zuvor in ihrer Geschichte. Sie kauften Waschmaschinen, Musiktruhen und ihren ersten VW-Käfer, buchten Pauschalreisen an die Costa Brava und verwirklichten sich mit einem Bausparvertrag ihren Lebenstraum vom Eigenheim im Grünen. Die Wachstumskraft der jungen Marktwirtschaft war stark genug, um zugleich auch anspruchsvolle soziale Ziele zu befriedigen: Umverteilung und Absicherung gegenüber den großen Lebensrisiken. Doch mit immer neuen sozialen Wohltaten, oft als Wahlgeschenk dargeboten, stieg bei vielen die Erwartungshaltung an den Staat. Die Bereitschaft zu eigener Leistung und Vorsorge nahm ab. Vielleicht wollte die Politik ja nur den wachsenden Wohlstand gerecht verteilen. Doch übersah sie die Kehrseite der von ihr gewählten Methode der Sozialpolitik. Sie schuf Anreize, die den Arbeitswillen vieler Menschen bremsten, Leistung bestrafte und Nichtleistung belohnte. Gleichzeitig reduzierten die steigenden Lohnnebenkosten die Arbeitsnachfrage. Die Ausdehnung der sozialen Komponente minderte zunehmend die Wachstumskraft der Marktwirtschaft, die sich außerdem immer mehr im globalen Wettbewerb behaupten musste, ganz zu schweigen von der demografischen Herausforderung. Die »soziale Marktwirtschaft« heutiger Prägung kann keines der beiden Ziele mehr erfüllen, weder das soziale noch das wirtschaftliche.

Seit langem nimmt der Sozialstaat moderner Prägung fast die Hälfte der gesamtwirtschaftlichen Wertschöpfung für seine Ziele in Anspruch. Der Anteil der Staatsausgaben (einschließlich der obligatorischen Sozialleistungen) am Bruttoinlandsprodukt, die so genannte Staatsquote, hat deutlich zugenommen. Lag sie 1960 noch bei 33 Prozent, so stieg sie bis 1975 auf rund 50 Prozent und bewegt sich seither zwischen 45 und 50 Prozent. Fast jeder zweite Euro, den ein Bürger verdient, wird ihm im Durchschnitt mittels Steuern und Abgaben wieder entzogen und durch den Staat an anderer Stelle in den Wirtschaftskreislauf zurückgeführt. Eine Wirtschaft jedoch, die zur Hälfte von der unsichtbaren öffentlichen Hand gelenkt wird, erreicht nicht den Grad an Effizienz, Vitalität und Wachstumsdynamik wie unter den Bedingungen größerer individueller Eigenverantwortung. Es mangelt ihr vor allem dann an Durchschlagskraft, wenn sie infolge falscher Anreize Menschen davon abhält, mehr zur Wertschöpfung beizutragen.

Jetzt, da das Land von seinem Erfolgskurs abgekommen ist, wird klar, dass das Gemenge sozialer und wirtschaftlicher Ziele und Wege neu sortiert werden muss. Wo soll die Grenze zwischen staatlicher und privater Verantwortung verlaufen? Wo, wie stark und mit welchen Instrumenten soll der Staat eingreifen? Wie muss die »soziale Marktwirtschaft« künftig ausgestaltet sein, um unter den veränderten Rahmenbedingungen erneut ihrem Namen gerecht zu werden? Oder um mit Ralf Dahrendorf zu fragen: »Wie viel Soziales erträgt eine wettbewerbsfähige Marktwirtschaft?«

Perspektive-Deutschland wollte herausfinden, wie die Bürger zu dieser Frage stehen. Bevor die Teilnehmer zu konkreten Reformbaustellen befragt wurden – hiervon handeln die folgenden Kapitel – sollten sie sich zunächst zwischen den beiden grundsätzlich möglichen Entwicklungsrichtungen unserer Gesellschaft entscheiden: Wollen sie »mehr Markt« oder »mehr Staat«?

Zwei Modelle mit neutralen Namen, Modell A und Modell B, sollten die beiden Entwicklungsrichtungen beschreiben. Modell A in reiner Form stand dabei für eine viel stärkere Ausprägung des Wohlfahrtsstaates. Viel mehr Lebensrisiken werden vom Staat getragen, entsprechend verlangt der Staat erkennbar höhere Abgaben und Steuern. Die sozialen Unterschiede sind dabei deutlich geringer als heute. Leistung wird weit weniger belohnt, der gesellschaftliche Wandel vollzieht sich spürbar langsamer. Am anderen Ende des Spektrums stand Modell B für mehr Markt – mit denselben Merkmalskategorien gesellschaftlicher Entwicklung wie Modell A, aber quasi mit umgekehrtem Vorzeichen: Hier entwickelt sich die Gesellschaft insgesamt eindeutig dynamischer, fordert aber vom einzelnen Bürger entsprechend mehr Eigeninitiative. Deutlich mehr Lebensrisiken werden vom Einzelnen getragen, dafür sind Steuern und Abgaben erheblich niedriger, die sozialen Unterschiede dementsprechend größer, der gesellschaftliche Wandel vollzieht sich in schnellerem Tempo und Leistung wird viel stärker belohnt. Zwischen diesen Extremmodellen konnten die Teilnehmer auch Abstufungen wählen: »Eher Modell A« oder »Eher Modell B«. Möglich waren auch die Antworten, alles solle so bleiben, wie es ist, oder nichts davon.

Die überwältigende Mehrheit der Teilnehmer wünscht sich Veränderungen gegenüber der heutigen Situation. Lediglich 7 Prozent möchten, dass alles so bleibt. Mehr als jeder Zweite (genau: 54 Prozent) sprach sich für mehr marktwirtschaftliche Elemente in unserer Gesellschaft aus. Diesen 54 Prozent stehen nur 13 Prozent gegen-

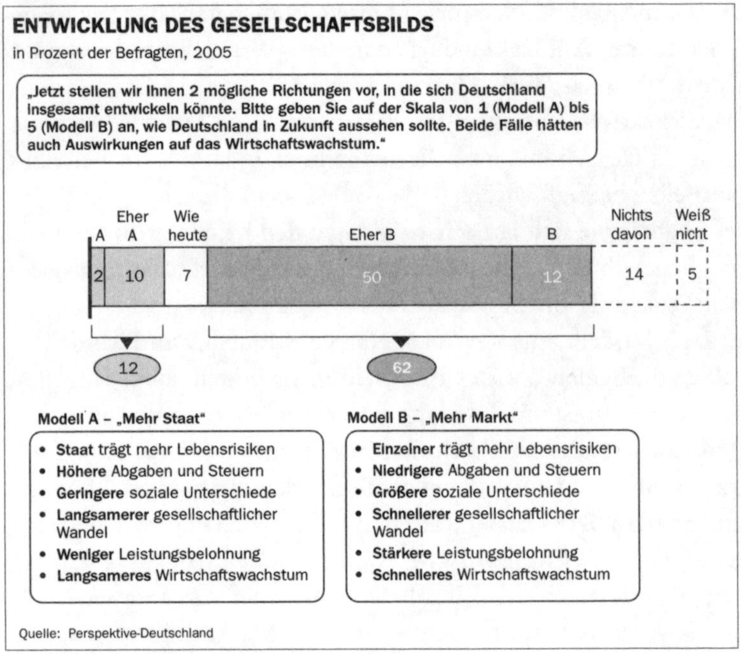

Abb. 9 Entwicklung des Gesellschaftsbilds

über, die mehr staatliche Elemente befürworteten: 2 Prozent votierten uneingeschränkt für Modell A, 11 Prozent wählten die Antwort »Eher für Modell A«. 21 Prozent wollten keines der beiden Modelle, aber ebenso wenig den heutigen Zustand; die übrigen stimmten mit »Weiß nicht«.

Wir haben es also mit einer klaren Richtungsentscheidung zu tun, die durch die Antworten auf eine Ergänzungsfrage noch bestätigt wird. Darin wurde die zusätzliche Bedingung eingeführt, dass beide Modelle Auswirkungen auf das Wirtschaftswachstum haben könnten. Statt 54 sprachen sich 62 Prozent für mehr marktwirtschaftliche Elemente aus, wenn dadurch auch die Wirtschaft stärker wächst, umgekehrt waren statt 13 nur noch 12 Prozent für mehr staatliche Elemente, wenn sie dabei ein geringeres Wirtschaftswachstum in Kauf nehmen müssten (siehe Abbildung 9).

»Mehr Markt« heißt somit der von einer großen Mehrheit favorisierte Kurs, doch lassen die Menschen andererseits auch keinen Zweifel daran, wie weit sie diesen Weg zu gehen bereit sind: Innerhalb der knappen Zweidrittelmehrheit bevorzugen nur 12 Prozent eine Marktwirtschaft »pur«. Deutlich mehr – 50 Prozent – möchten sie in moderater Form.

Bemerkenswert ist auch dieses Ergebnis: Das Richtungsvotum »Mehr Markt in Maßen« wird grundsätzlich quer durch die Bevölkerung von allen Gruppen geteilt. Wer erwartet hatte, die Teilnehmer in den neuen Bundesländern täten sich auf Grund der dortigen höheren Arbeitslosigkeit schwerer mit einem staatsferneren Wirtschaftssystem, sieht sich eines Besseren belehrt. Der Ost-West-Unterschied ist mit 2 Prozentpunkten marginal.

VORLIEBE FÜR STAAT ODER MARKT NACH PARTEIPRÄFERENZ

in Prozent der Befragten, 2005

„Jetzt stellen wir Ihnen 2 mögliche Richtungen vor, in die sich Deutschland insgesamt entwickeln könnte. Bitte geben Sie auf der Skala von 1 (Modell A)bis 5 (Modell B) an, wie Deutschland in Zukunft aussehen sollte. Beide Fälle hätten auch Auswirkungen auf das Wirtschaftswachstum."

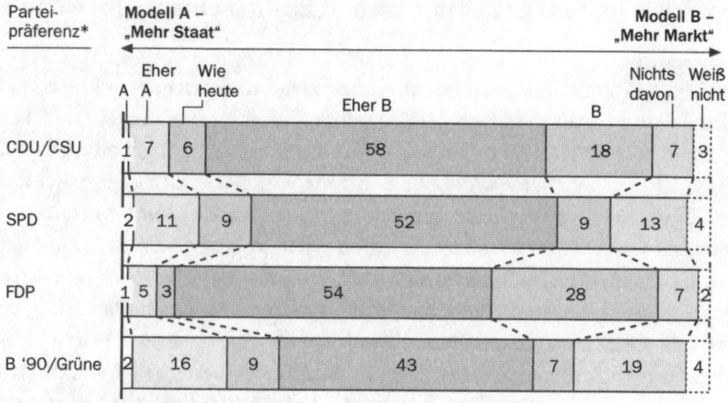

* Teilnehmer, die auf die Frage „Welcher der folgenden Parteien stehen Sie politisch nah? Bitte wählen Sie bis zu zwei Parteien aus" jeweils eine bestimmte Parteipräferenz abgegeben haben; Antwort „Keiner" war auch möglich

Quelle: Perspektive-Deutschland

Abb. 10 Vorliebe für Staat oder Markt nach Parteipräferenz

Auch zwischen den Altersgruppen zeigten sich kaum nennenswerte Differenzen. Zudem hätte man vermuten können, dass Geringverdiener oder Menschen mit einfachem Bildungsniveau relativ gesehen ein stärkeres Bedürfnis nach wirtschaftlicher Absicherung durch die Solidargemeinschaft äußerten. Doch sie entschieden sich mit klarer Mehrheit für das Marktmodell. Selbst innerhalb der verschiedenen parteipolitischen Orientierungen zeigen sich die gleichen Mehrheitsverhältnisse – lediglich mit Nuancen in der erwarteten Richtung (siehe Abbildung 10). Zwei gängige Thesen finden sich nicht bestätigt: Weder ist die Bevölkerung in zwei Lager von auch nur annähernd gleicher Größe gespalten, noch sind die Parteien lupenreine Repräsentanten der einen oder anderen hier zur Abstimmung gestellten Richtung.

Die gleichen klaren Mehrheitsverhältnisse existierten schon in den Vorjahren: 2003 ebenso wie 2004 plädierten etwa zwei Drittel der Teilnehmer in der Bewertung der Modelle für eine stärker marktwirtschaftliche Ausrichtung unserer Gesellschaft.[3]

Die Merkmale, die Modell A und Modell B charakterisieren, hat Perspektive-Deutschland auch einzeln abgefragt, also aus dem Gesamtzusammenhang ihrer gegenseitigen Abhängigkeiten herausgenommen – so, wie es der politischen Realität entspricht, wenn es

3 2003 hatten sich die Befragten zum ersten Mal zu ihrem bevorzugten Gesellschaftsbild äußern können; 69 Prozent wünschten sich hier eine stärkere marktwirtschaftliche Ausrichtung, wobei das Merkmal »Abgaben und Steuern« nicht aufgeführt wurde. Die Umfrage von 2003 nutzte eine viel aufwendigere Abfragemethode für Präferenzen: das Conjoint-Verfahren – übrigens weltweit erstmals im Rahmen einer so großen Online-Umfrage (zur Conjoint-Methode siehe Anhang). Im Jahr 2004 stellte Perspektive-Deutschland den Befragten die exakt gleichen Modelle wie 2005 zur Auswahl. Ohne einen expliziten Hinweis auf die Folgen für das Wirtschaftswachstum entschieden sich 64 Prozent für eine stärkere marktwirtschaftliche Orientierung; unter den gegebenen Folgen für die Entwicklung der Wirtschaft waren es sogar 67 Prozent. Das etwas höhere Zustimmungsniveau von 2004 gegenüber 2005 erklärt sich durch eine leichte Modifikation bei den Antwortoptionen: Waren 2004 die Antwortoptionen »Keines des genannten Modelle« und »Weiß nicht« noch zusammengefasst, wurden sie 2005 in zwei separate Antwortmöglichkeiten aufgeteilt.

zu Entscheidungen kommt. Denn Parlamente entscheiden über Einzelthemen, beispielsweise die Reform der Krankenversicherung, und nicht über die generelle Entwicklungsrichtung der Gesellschaft. Perspektive-Deutschland wollte herausfinden, ob die Meinung der Menschen zu den einzelnen Merkmalen der beiden Gesellschaftsmodelle mit der Entscheidung über die Modelle als Ganzes übereinstimmt. Dabei zeigten sich einige interessante Abweichungen. Dies gilt weniger für die Merkmale »Geschwindigkeit gesellschaftlichen Wandels« und »Leistungsbelohnung«; auffällig sind jedoch die Abweichungen bei den Merkmalen »private oder staatliche Absicherung« und »soziale Gleichheit«.

Im Jahr 2005 waren 62 Prozent für einen schnelleren bzw. viel schnelleren Gesellschaftswandel, nur 17 Prozent für eine Tempodrosselung; der Rest bevorzugte die heutige Geschwindigkeit (14 Prozent) oder konnte sich zu keiner Aussage durchringen (7 Prozent). Dieselben Mehrheitsverhältnisse galten auch in den Vorjahren. Die Bevölkerung wünscht also eine Beschleunigung des Wandels, egal ob einzeln oder im Kontext des Gesamtmodells befragt.

Bei der Leistungsbelohnung zeigt sich ein noch klareres Bild: Mehr als vier von fünf Befragten wollten 2005, dass sich Leistung wieder lohnt, nur 5 Prozent waren gegenteiliger Meinung. Das heutige Ausmaß an Leistungsbelohnung fanden nicht einmal 10 Prozent in Ordnung, nur 3 Prozent der Befragten hatten zu diesem Thema keine Meinung. Ähnlich klare Ergebnisse zeigten sich in den Vorjahren. Somit deckt sich auch hier die Einzelabstimmung mit dem Ergebnis zu den Gesamtmodellen.

Bei der Frage, ob der Staat oder der Einzelne mehr Lebensrisiken als heute tragen sollte, gehen die Meinungen dagegen stärker auseinander und weichen von der Gesamtentscheidung ab. 2005 stimmten 37 Prozent für eine stärkere private Absicherung; mit 38 Prozent sahen ebenso viele den Staat in der Verantwortung. 2003 hatte die Hälfte für »mehr privat« votiert und nur knapp 30 Prozent für mehr staatliche Absicherung. Diese Zahlen markieren einen klaren Trend: weg von einer mehrheitlich gewünschten stärkeren Eigenverantwortung hin zu einem Patt der beiden Entwürfe. Wesentlichen Anteil an dieser Pattsituation haben bei dieser Frage die ausnahmsweise gegensätzlichen Positionen von Ost und West. Im Westen gibt es seit 2003 eine Mehrheit für eine stärkere private Absicherung, die sich allerdings verringert hat, während im Osten eine anfangs hauchdünne Mehrheit für stärkere staatliche Risikoübernahme deutlich zugenommen hat. Insgesamt ist in Deutschland eine stärkere Eigenverantwortung in der sozialen Sicherung also nur dann mehrheitsfähig, wenn sie von den Menschen im Kontext eines Gesamtszenarios gesehen wird. Als Einzelmaßnahme hingegen hat sie Anhänger verloren. Die den Deutschen offenbar eigene Risikoaversion kam 2005 an dieser Stelle wieder stärker zum Ausdruck.

Am deutlichsten zeigt sich die Diskrepanz zwischen der isolierten Bewertung der Merkmale und der Bewertung im Kontext des Gesamtmodells bei der Akzeptanz sozialer Unterschiede: Wenn »mehr Gleichheit« quasi keinen Preis hätte, also keine Nachteile in anderen Bereichen mit sich brächte, wünschen sich drei Viertel der Befragten geringere soziale Unterschiede als heute, nur gut 10 Prozent würden größere soziale Unterschiede akzeptieren. Ebenso viele sind mit dem gegenwärtigen Zustand einverstanden, 3 Prozent haben keine Meinung. Hier zeigt sich: Solidarität hat im Wertekanon der Deutschen einen hohen Stellenwert.

Allerdings ergibt sich ein Mehrheitsvotum für mehr Gleichheit nur, wenn es nicht mit Nachteilen in anderen Bereichen erkauft werden muss. Wird nach diesem Merkmal im Zusammenhang mit den anderen Merkmalen der Modelle A und B gefragt, ändert sich die Entscheidung. Modell B, das größere soziale Unterschiede vorsieht, fand in allen Jahren die überwältigende Mehrheit gegenüber Modell A. Diese Diskrepanz zeigt, dass die Menschen die Zusammenhänge verstehen und klare Prioritäten setzen. In erster Linie kommt es ihnen darauf an, die Wirtschaft anzukurbeln, selbst wenn dies über eine gewisse Zeit mit größeren sozialen Unterschieden einhergeht. »Nicht gleich arm, sondern gleich reich«, so lautet offenbar die Botschaft.

Sie gibt der Politik ein klares Signal: Die Menschen wollen den Wandel – allerdings mit sozialem Augenmaß. Sie akzeptieren grö-

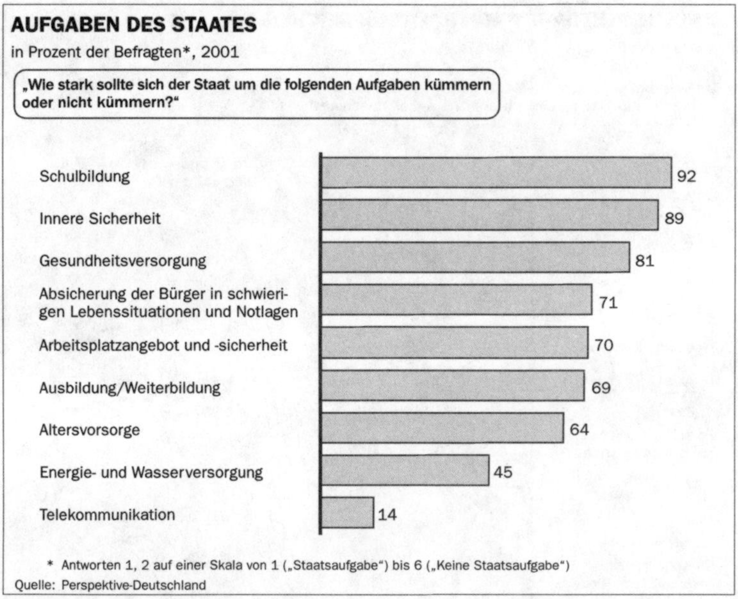

Abb. 11 Aufgaben des Staates

ßere soziale Ungleichheit nur dann, wenn diese dazu dient, den Kuchen für alle zu vergrößern. Hierfür wollen sie auch mehr leisten: eine »soziale Marktwirtschaft« als »soziale Leistungsgesellschaft«.

Doch in welcher Rolle sehen die Menschen, die in überwiegender Mehrheit mehr marktwirtschaftliche Elemente wollen, den Staat? Wollen sie ihn aus seiner traditionellen Verantwortung entlassen? In Perspektive-Deutschland haben die Bürger diese Frage bundesweit mit einem klaren »Nein« beantwortet. Sie lehnen Extremmodelle wie einen Turbokapitalismus mit dem Staat in der Rolle des »Nachtwächters« ab. Sie wollen keinen Rückzug des Staates aus den Aufgabenbereichen, in denen er heute Verantwortung trägt.

Eine weitreichende Privatisierung der Bildung beispielsweise ist nicht im Entferntesten mehrheitsfähig: 92 Prozent erklären Bildung zur Staatsaufgabe (siehe Abbildung 11). 81 Prozent halten das Gesundheitswesen für eine Angelegenheit des Staates. Ähnliches gilt für die Absicherung der Bürger in Notlagen (71 Prozent), Arbeits-

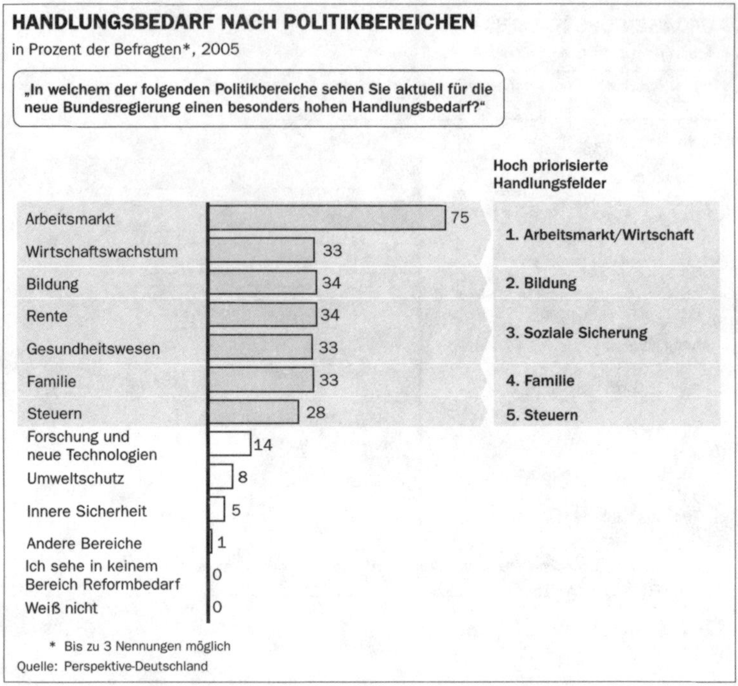

Abb. 12 Handlungsbedarf nach Politikbereichen

platzangebot und Arbeitsplatzsicherheit (70 Prozent), Aus- und Weiterbildung (69 Prozent) sowie die Altersvorsorge (64 Prozent).

Dies ist umso erstaunlicher, als derselbe Staat, den die Bürger unverändert in die Pflicht nehmen wollen, in ihren Augen seine Aufgaben längst nicht zufrieden stellend erfüllt. Auf die Frage, in welchem Politikbereich sie »aktuell für die neue Bundesregierung einen besonders hohen Handlungsbedarf« sähen, nannten die Teilnehmer Arbeitsmarkt/Wirtschaft an erster Stelle, gefolgt von Bildung, sozialen Sicherungssystemen (Rente und Gesundheit) sowie Familie. Mit etwas Abstand folgt das Thema Steuern, während andere Bereiche wie Forschung, Umwelt oder innere Sicherheit deutlich seltener genannt werden (siehe Abbildung 12). Die Bürger wollen den Staat nicht aus seinen heutigen Verantwortungsbereichen entlassen. Sie wollen aber, dass er seine Aufgaben besser erfüllt. Und sie sind bereit, selbst mehr Verantwortung zu übernehmen. Sie sehen eine Partnerschaft mit neuer Aufgabenverteilung zwischen Staat und Bürger, aber keine vollständige Verlagerung.

Die im Jahr 2005 aufgeflammte Kapitalismusdebatte war wohl ein Vorbote der Auseinandersetzung um die zukunftsfähige Form des Sozialstaates . Die »soziale Marktwirtschaft«, von Kritikern abschätzig als »Schönwetter-Veranstaltung« abgeschrieben, wird dabei völlig neu definiert werden müssen. Die Politiker sind gut beraten, den Menschen genau zuzuhören: Es gibt deutliche Mehrheiten für eine Entwicklungsrichtung – übrigens durchaus im Sinne Ludwig Erhards. In seinem Longseller »Wohlstand für alle« schrieb er über das Verhältnis von Bürger und Staat:

»Eine freiheitliche Wirtschaftsordnung kann auf die Dauer nur dann bestehen, wenn und so lange auch im sozialen Leben der Nation ein Höchstmaß an Freiheit, an privater Initiative und Selbstvorsorge gewährleistet ist. Wenn dagegen die Bemühungen der Sozialpolitik darauf abzielen, dem Menschen schon von der Stunde seiner Geburt an volle Sicherheit gegen alle Widrigkeiten des Lebens zu gewährleisten, das heißt, ihn in einer absoluten Weise gegen die Wechselfälle des Lebens abschirmen zu wollen, dann kann man von solchen Menschen einfach nicht mehr verlangen, dass sie das Maß an Kraft, Leistung, Initiative und anderen besten menschlichen Werten entfalten, das für das Leben und die Zukunft der Nation schicksalhaft ist und darüber hinaus die Voraussetzung einer auf die Initiative der Persönlichkeit begründeten ›sozialen Marktwirtschaft‹ bietet. [...] Wo aber sollen wir hinkommen und wie wollen wir den Fortschritt aufrechterhalten, wenn wir uns immer mehr in eine Form des Zusammenlebens von Menschen begeben, in der niemand mehr die Verantwortung für sich selbst zu übernehmen bereit ist und jedermann Sicherheit im Kollektiv gewinnen möchte.«

Ludwig Erhard schrieb diese Sätze 1957, also vor fast einem halben Jahrhundert, aber sie haben nichts von ihrer Aktualität verloren. Noch heute reflektieren sie, wie sich die große Mehrheit der Menschen die Weiterentwicklung ihrer Gesellschaft wünscht.

Kapitel 4

Arbeitsmarkt: Ohne Fleiß kein Preis

Fünf Millionen registrierte Arbeitslose, viele weitere in Ein-Euro-Jobs, Ich-AGs oder anderen arbeitsmarktpolitischen Programmen – die Vollbeschäftigung der Wirtschaftswunderjahre erscheint wie ein Märchen aus vergangenen Zeiten. Den Arbeitsplatz zu verlieren, keinen neuen Arbeitsplatz zu finden, das macht einer immer größeren Zahl von Menschen Angst. Sie haben die Ursachen durchaus erkannt. Noch 2003 gaben sie mehrheitlich dem technologischen Wandel und der Globalisierung die Schuld; 2005 steht an erster Stelle die Einsicht, dass Arbeit hierzulande zu teuer ist. Dennoch kann von allgemeiner Resignation keine Rede sein: Die meisten Befragten signalisieren zunehmende Leistungsbereitschaft, viele auch beginnende Verzichtbereitschaft – gute Voraussetzungen für eine Wende.

Im Mai 1974, als Willy Brandt von seinem Amt als Bundeskanzler zurücktrat, waren bei den westdeutschen Arbeitsämtern gerade einmal 600.000 Menschen als arbeitslos registriert. Gut 30 Jahre später, zu Beginn ihrer Kanzlerschaft, fand Angela Merkel im November 2005 die im Vergleich astronomisch hohe Zahl von 4,5 Millionen registrierten Arbeitslosen vor – davon zwei Drittel aus den alten, ein Drittel aus den neuen Bundesländern. Am Ende der ersten 100 Tage der neuen Regierung waren es wieder 5 Millionen, wie schon ein Jahr zuvor.[4] Hinzu kommen weitere rund anderthalb Millionen Menschen, die nicht als arbeitslos gemeldet sind, aber von den Arbeitsagenturen im Rahmen von »arbeitsmarktpolitischen Instrumenten« betreut werden. Dazu gehören rund 300.000

4 Zusätzlich zum starken Anstieg der Arbeitslosenzahlen seit 1974 verursachte Hartz IV einen weiteren Sprung in der Arbeitslosenstatistik: Durch die Zusammenlegung von Arbeitslosen- und Sozialhilfe am 1. 1. 2005 stieg die Zahl der Arbeitslosen im Jahresdurchschnitt 2005 gegenüber der vorherigen Erfassung um bis zu 380.000 Personen (0,8 Prozentpunkte).

»Ein-Euro-Jobber«, 50.000 »ABM-Kräfte«, 300.000 Bezieher von Existenzgründungszuschüssen und Überbrückungsgeld, über 200.000 Personen in Qualifizierungsprogrammen und mehr als 350.000 Jugendliche in geförderter Berufsausbildung und berufsvorbereitenden Maßnahmen.

Seit Jahren ist die Anzahl der Beschäftigten rückläufig – seit 2000 um mehr als eine Million. Die Zahl der sozialversicherungspflichtig Vollzeitbeschäftigten sank sogar um 1,7 Millionen. Viele machen die enttäuschende Erfahrung, nicht in dem Umfang arbeiten zu können, wie sie möchten.

In den vergangenen Jahren mussten die Deutschen zusehen, wie sich verschiedene Regierungen mit Frühverrentungsprogrammen, Ich-AGs oder Ein-Euro-Jobs unterschiedlich energisch, aber gleichermaßen vergeblich an einer Verbesserung der Lage versuchten. Mit seiner Arbeitslosenquote befindet sich Deutschland im traurigen oberen Drittel der EU-15-Staaten. Sie liegt fast 20 Prozent über dem EU-15-Durchschnitt und ist beinahe doppelt so hoch wie in den USA. Nicht nur, dass auf diese Weise das Leistungspotenzial des Landes bei weitem nicht ausgeschöpft wird und damit das Einkommen der Deutschen immer weiter hinter dem möglichen Niveau zurückbleibt – die hohe Arbeitslosigkeit gefährdet mittlerweile die Fundamente unseres Sozialstaats.

Jeder unfreiwillig Arbeitslose bedeutet auch ein menschliches Schicksal. Rechnet man die Familienmitglieder mit, sind von den Folgen der Arbeitslosigkeit zwischen 10 und 15 Millionen Menschen unmittelbar oder mittelbar betroffen. Arbeitslosigkeit ist für viele nicht mehr nur ein fernes, in statistischen Zahlen existierendes Problem, sondern oft in der Familie oder im nahen Bekanntenkreis hautnah erlebte Realität, häufig verbunden mit sozialer Ausgrenzung. Für viele Menschen ist Arbeitslosigkeit zum Dauerschicksal geworden – der Anteil der Langzeitarbeitslosen, also derjenigen, die länger als ein Jahr arbeitslos sind, lag 2005 bei 36 Prozent.

Zwar schien sich im Verlauf der fünften Umfrage zum Jahreswechsel 2005/06 ein Ende der Talfahrt auf dem Arbeitsmarkt abzuzeichnen, aber wie bereits im ersten Kapitel beschrieben, rechnete

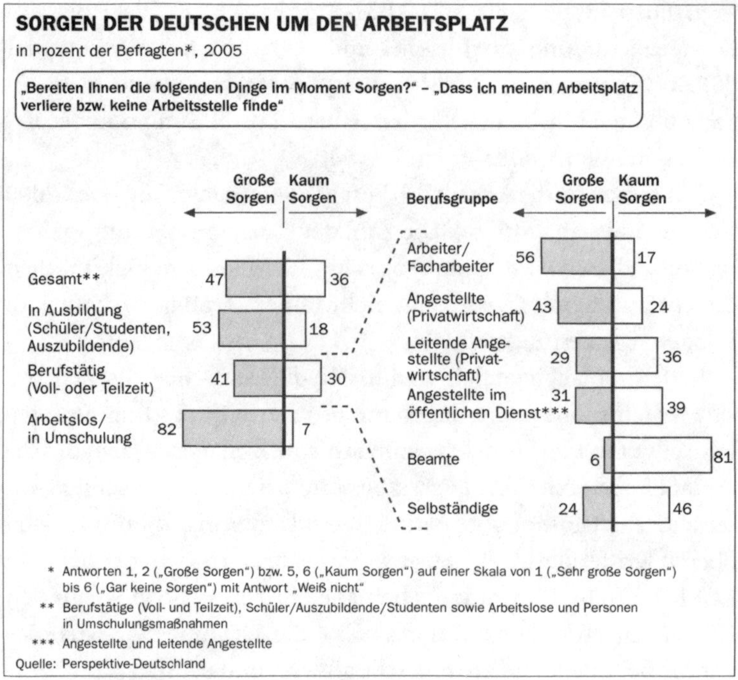

Abb. 13 Sorgen der Deutschen um den Arbeitsplatz

fast die Hälfte der Teilnehmer mit einer weiteren Verschlechterung der Lage auf dem Arbeitsmarkt. Ebenso machten sich unter den Personen, die einen Arbeitsplatz haben oder suchen, fast die Hälfte große oder sehr große Sorgen, diesen zu verlieren bzw. keinen zu finden. Nur ein Viertel der Befragten war von solchen Bedenken frei. Bei den Arbeitern hatte mehr als die Hälfte solche Ängste, bei den Arbeitslosen waren es über 80 Prozent. Selbst unter Schülern, Auszubildenden und Studenten befürchtete mehr als die Hälfte, keinen Arbeitsplatz zu finden (siehe Abbildung 13).

Kein Wunder, dass das Handlungsfeld »Arbeitsmarkt« auf der Prioritätenliste dringender Reformen ganz oben rangiert, und zwar in allen Befragungen von Perspektive-Deutschland seit 2001 (siehe Abbildung 12 im dritten Kapitel z. B. für das Jahr 2005).

Auf wen schauen die Bürger, wenn es darum geht, einen Ausweg aus der Misere zu finden? Sie haben eine deutliche Meinung, welchen Institutionen sie Lösungen zutrauen – und sie haben konkrete Forderungen und Verbesserungswünsche. Wie schon im ersten Kapitel erwähnt, sind die politischen Parteien in den Augen der Bürger bisher den Beweis schuldig geblieben, etwas bewegen zu können. Ähnlich werden die Agenturen für Arbeit[5] eingeschätzt: Fast 90 Prozent sowohl der Gesamtbevölkerung als auch der Arbeitslosen bezeichneten 2005 deren Verbesserungsbedarf als dringend; gerade einmal 5 Prozent der Arbeitslosen sagten, dass sie den Agenturen für Arbeit vertrauen.

Worauf gründet sich dieses scharfe Urteil? Man könnte es sich einfach machen und annehmen, die Bürger würden angesichts der hartnäckig hohen Arbeitslosigkeit lediglich ihren Unmut über die staatlichen Agenturen zum Ausdruck bringen. In diesem Falle müssten diese allerdings in den Regionen mit besonders hoher Arbeitslosigkeit auch besonders schlechte Noten erhalten. Das ist jedoch nicht der Fall. Die regionalen Schwankungen der Arbeitslosenquote stehen in keinem Zusammenhang mit der Bewertung der Agenturen.

Im Jahr 2002, also vor Einführung der Reformmaßnahmen, hatte Perspektive-Deutschland nach Verbesserungsvorschlägen für die damaligen Arbeitsämter gefragt. An erster Stelle stand mit gut 60 Prozent der Wunsch nach einer engeren Zusammenarbeit zwischen Arbeitsämtern und Arbeitgebern, dicht gefolgt von der Aufforderung, mehr Druck auf Arbeitsunwillige auszuüben. Selbst zwei Fünftel der Empfänger von Arbeitslosenunterstützung schlossen sich dieser Forderung an.

In diese Richtung gingen die Hartz-Reformen ebenso wie die Neuausrichtung der Bundesanstalt für Arbeit. Die Zumutbarkeitskriterien in der Jobvermittlung wurden seither verschärft. Wer ein

5 Mit dem Inkrafttreten des dritten Gesetzes für moderne Dienstleistungen am Arbeitsmarkt (Hartz III) wurde die Bundesanstalt für Arbeit in Bundesagentur für Arbeit umbenannt, die Arbeitsämter heißen nun Agenturen für Arbeit.

Angebot unberechtigt ablehnt, muss nun mit einer spürbaren Bezugskürzung rechnen. Die Bezugsdauer des bisherigen Arbeitslosengeldes wurde eingeschränkt und die Arbeitslosen- und Sozialhilfe zum Arbeitslosengeld II zusammengelegt. Eine Erhöhung des Druckes war die eine Seite der Reformen, tatkräftige Unterstützung der Jobsuche durch organisatorische Neuausrichtung die andere. Die neuen Kundenzentren haben vorrangig das Ziel, Arbeitslose best- und schnellstmöglich in offene Stellen zu vermitteln. Diese Temposteigerung gelang bereits im Jahr 2004. Dass die Bemühungen bislang nicht zu einem größeren Vertrauen der Bevölkerung geführt haben, dürfte somit weniger an der Zielsetzung der Neuausrichtung liegen – die entsprach den Forderungen der Bürger – als vielmehr am Ausbleiben sichtbarer Umsetzungserfolge.

In einer tiefen Vertrauenskrise stecken auch die Gewerkschaften. Im Jahr 2005 hatten nur noch 13 Prozent der Befragten großes oder sehr großes Vertrauen. Beunruhigend für ihre Funktionäre: Die eigenen Mitglieder sind praktisch im gleichen Ausmaß unzufrieden wie der Rest der Bevölkerung. In beiden Gruppen sahen knapp 60 Prozent der Befragten dringenden Verbesserungsbedarf. Nicht einmal 10 Prozent bescheinigten ihnen eine gelungene Aufgabenerfüllung. Großes oder sehr großes Vertrauen hatte selbst unter den Mitgliedern lediglich ein gutes Drittel der Befragten.[6]

Auch für die Gewerkschaften wurde 2002 nach konkreten Verbesserungsmöglichkeiten gefragt. Mit Abstand die häufigste Forderung war, die Gewerkschaften sollten bei den Tarifverhandlungen die gesamtwirtschaftliche Lage stärker berücksichtigen. Auf Platz zwei lag der Wunsch, mehr Vereinbarungen auf Betriebsebene zuzulassen. Dicht dahinter folgte die Mahnung, sich wieder stärker auf

6 Dabei bringen junge Menschen zwischen 16 und 29 Jahren den Gewerkschaften mit 18 Prozent ein deutlich größeres Vertrauen entgegen als die über 30-Jährigen und die über 50-Jährigen mit je etwas über 10 Prozent. Nur 46 Prozent der Jungen reklamieren »dringenden Verbesserungsbedarf«, von den über 30-Jährigen dagegen knapp 60 Prozent und 64 Prozent der über 50-Jährigen.

die unmittelbaren Interessen der Arbeitnehmer zu konzentrieren, wie Lohn und Kündigungsschutz. Wenig tröstlich, dass auch die Arbeitgeberverbände – und damit die andere Seite der Tarifparteien – nicht besser abschnitten.

Die Deutschen erwarten von den verantwortlichen Institutionen also bislang keine entscheidenden Impulse für mehr Beschäftigung. Bleibt die Hoffnung, dass die Menschen selbst die Initiative ergreifen und Signale für den ersehnten Aufbruch setzen, um der Lähmung zu entrinnen, in der sich das Land befindet. Perspektive-Deutschland wollte daher wissen: Zu welchen Anstrengungen sind die Menschen bereit, um ihr Land wieder nach vorne zu bringen?

Dass es für mehr »Bewegung von unten« durchaus gute Voraussetzungen gibt, belegen drei wichtige Erkenntnisse aus den Umfragen. Die Menschen haben die Ursachen der Arbeitslosigkeit inzwischen verstanden. Hinzu kommt: Sie bekennen sich zu einem überraschend hohen Arbeitsethos, wie schon im zweiten Kapitel beschrieben. Beides zusammengenommen hat offenbar bei vielen zur Bereitschaft geführt, angesichts der neuen Rahmenbedingungen des Arbeitsmarkts Einschnitte bei lieb gewonnenen Besitzständen in Erwägung zu ziehen.

Das Verständnis für die Ursachen der Massenarbeitslosigkeit hat in den vergangenen beiden Jahren deutlich zugenommen. Noch 2003 wurden externe, als schicksalhaft empfundene Entwicklungen als Hauptursachen angesehen, allen voran technologischer Wandel und Globalisierung. Hohe Arbeitskosten kamen erst an sechster Stelle. Nur wenige sahen einen Zusammenhang zwischen dem Entstehen von mehr Arbeitsplätzen und niedrigeren Lohnnebenkosten.

Bei der jüngsten Befragung im Jahr 2005, zwei Jahre nach der Kontroverse um die Agenda 2010, war die Beurteilung sehr viel differenzierter. Danach befragt, warum im eigenen Betrieb keine neuen Arbeitsplätze erwartet werden oder mit Abbau zu rechnen sei, nannten die Teilnehmer nunmehr Rationalisierung/technischer Fortschritt/Outsourcing als wichtigsten und zu hohe Lohn- und Lohnnebenkosten als zweitwichtigsten Grund. Als weitere Gründe

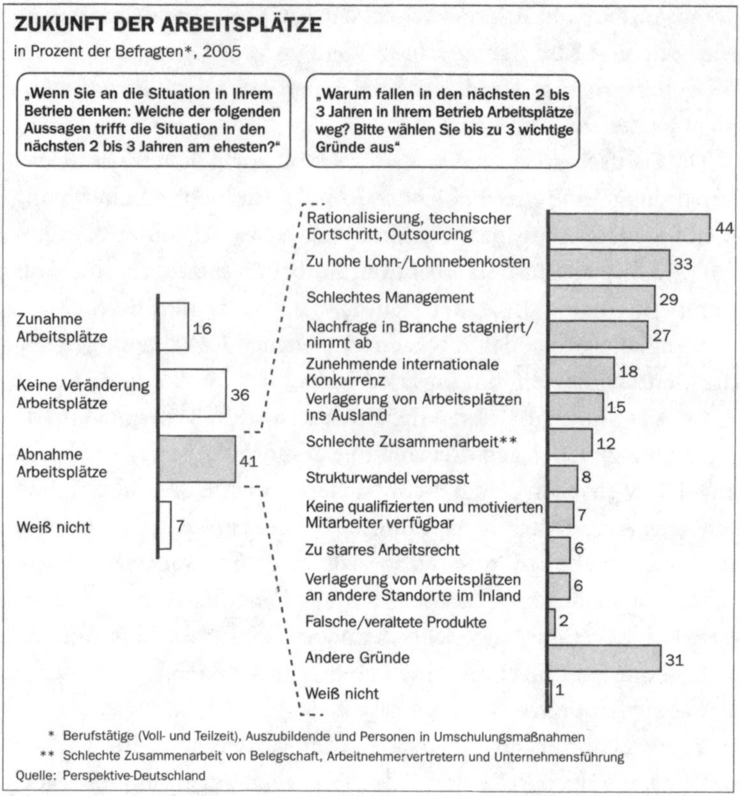

Abb. 14 Zukunft der Arbeitsplätze

galten schlechtes Management sowie Nachfrageschwäche. Die Minderheit von 16 Prozent, die in ihrem Betrieb mit mehr Arbeitsplätzen rechnete, sieht dies als Konsequenz von höherer Nachfrage, innovativen Produkten und gutem Management. Insgesamt haben die Menschen heute eine sehr viel differenziertere Sicht auf die Zusammenhänge zwischen Beschäftigung, Arbeitskosten und Absatzmärkten (siehe Abbildung 14).

Die Menschen zeigten sich jedoch nicht nur einsichtig, sondern offenbarten zudem eine unerwartet hohe Leistungsbereitschaft. Im zweiten Kapitel wurde bereits das hohe Arbeitsethos angesprochen.

Es hat konkrete Auswirkungen auf das Verhältnis der Menschen zu ihrem Arbeitsplatz. Zwei Drittel aller Bürger quer durch alle Einkommensschichten gaben bei der Befragung im Jahr 2003 an, auch dann noch arbeiten zu wollen, wenn sie plötzlich finanziell völlig unabhängig wären. 60 Prozent der Männer und sogar fast 70 Prozent der Frauen äußerten die Meinung, man gelte ohne Arbeit nicht als vollwertiges Mitglied der Gesellschaft. Zwei Drittel aller Mütter mit Kindern unter 14 Jahren würden gerne mehr arbeiten, wenn es bessere Betreuungsmöglichkeiten für die Kinder gäbe.

Ein Großteil der Befragten möchte sich beruflich weiterentwickeln – auch das spricht für ein positives Verhältnis zu ihrer Arbeit. 61 Prozent wünschten sich beispielsweise mehr Selbstbestimmung, ein gutes Drittel möchte mehr Entscheidungsbefugnisse, selbst wenn damit eine höhere persönliche Verantwortung für Fehlentscheidungen verbunden ist. Vor die Wahl gestellt, entschieden sich nur gut 20 Prozent für eine Tätigkeit mit geregelter Arbeitszeit, eng begrenztem Handlungsspielraum und weitgehender Unkündbarkeit. Fast 80 Prozent bevorzugten dagegen eine Tätigkeit mit einem hohen Maß an Selbständigkeit, sehr guten Aufstiegschancen, aber auch einem höheren Risiko, den Arbeitsplatz zu verlieren, einem längeren Arbeitsweg und Einbußen an Freizeit. Diese Ergebnisse unterstreichen, dass für die Deutschen Arbeit und Beruf die zentrale Rolle spielen, für die sie notfalls auch Teile ihrer Besitzstände opfern würden.

Beides zusammen, der klare Blick auf die Ursachen der Arbeitsmarktkrise und das hohe Arbeitsethos, dürfte einen Großteil der Bevölkerung inzwischen dazu gebracht haben, sich auf die neuen Rahmenbedingungen in ihrem Arbeitsleben einzustellen. Über die Jahre kann Perspektive-Deutschland nachzeichnen, wie ehemalige Tabus zur Disposition gestellt werden. Ob befristetes Arbeitsverhältnis, mehrere Jobs gleichzeitig, Teilzeitarbeit, Unterbrechung der Tätigkeit oder Arbeit in einem anderen Beruf: die Zustimmungswerte liegen bei 50 bis 80 Prozent. Mehr als drei Viertel aller Berufstätigen gaben beispielsweise an, dass sie eine schwankende Wochenarbeitszeit akzeptieren würden, um dadurch ihren gefährdeten

Arbeitsplatz für mindestens drei Jahre zu sichern; über 70 Prozent nähmen in einer solchen Situation eine Umschulung für eine andere Tätigkeit in Kauf. Diese Anteile stiegen auf fast 80 Prozent, wenn es darum ginge, bei angenommener Arbeitslosigkeit wieder eine Arbeitsstelle zu bekommen.

Aber auch harte Einschnitte – von unbezahlter Mehrarbeit bis hin zu Urlaubs- oder Gehaltsverzicht – wurden zumindest nicht rundum abgelehnt. Dennoch sieht hier das Bild anders aus: Im Schnitt erklärte sich nur ein Drittel zu solchem Verzicht bereit, ein weiteres Drittel sagte Nein, der Rest war unentschieden. Auf die größte Bereitschaft stieß das Zugeständnis einer unbezahlten Mehrarbeit von vier Stunden pro Woche. 39 Prozent würden dem zustimmen, wenn das die Gefährdung des Arbeitsplatzes abwenden kann. 30 Prozent lehnten dieses Opfer ab, der Rest wollte sich nicht festlegen. Wenn es darum ginge, im Falle eines angenommenen Arbeitsplatzverlustes wieder eine neue Beschäftigung zu finden, würden immerhin 41 Prozent diese Konzession machen, lediglich 28 Prozent würden sie ablehnen. Bei allen anderen Maßnahmen war die Zustimmung geringer. Auf fünf Urlaubstage würden – wenn es um die Sicherung des Arbeitsplatzes geht – nur noch 32 Prozent verzichten, 37 Prozent nicht. Bei gleichem Lohn würden die Bürger lieber vier Stunden pro Woche mehr arbeiten als vier Tage Urlaub im Jahr zu opfern, obwohl dieser Verzicht zeitlich nur ein Viertel der Mehrarbeit ausmacht. Das unterstreicht, wie heilig den meisten Menschen der in Deutschland reichlich bemessene Urlaub ist.

Bei anderen Belastungen gab es mehr Ablehnung als Zustimmung: Um den gefährdeten Arbeitsplatz zu erhalten, nähme ein gutes Viertel in Kauf, zwei Stunden täglich zu pendeln oder nur am Wochenende zu Hause zu sein, 40 bzw. 46 Prozent täten dies nicht. Etwas mehr als 20 Prozent würden sich mit einer Kürzung ihres Gehalts um 10 Prozent abfinden, über 40 Prozent lehnten dies ab (Abbildung 15).

Auch unter Gewerkschaftsmitgliedern war ein erstaunlich hoher Prozentsatz der Befragten zu weitgehenden Zugeständnissen bereit, wenn sie damit einen gefährdeten Arbeitsplatz erhalten könnten.

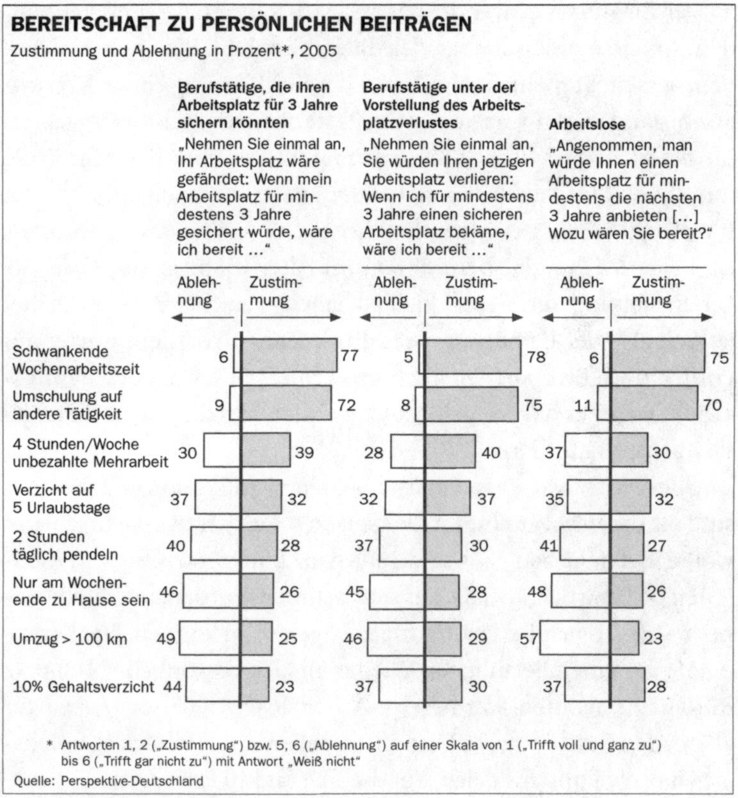

Abb. 15 Bereitschaft zu persönlichen Beiträgen

Zwar würde sich beispielsweise der größere Teil, 40 Prozent, einer unbezahlten Mehrarbeit von vier Stunden pro Woche verweigern, doch immerhin knapp 30 Prozent erklärten sich dazu bereit.

Differenziert man nach dem Einkommen, so zeigt sich, dass Besserverdienende zur Mehrarbeit ohne Lohnausgleich erwartungsgemäß eher ja sagen als Geringverdiener. Aber selbst unter den Befragten mit einem Monatseinkommen von weniger als 2.000 Euro hielten sich Zustimmung und Ablehnung zumindest die Waage. Überraschend auch dieses Ergebnis: Bei Jüngeren und Älteren fiel die Zustimmung mit 36 bzw. 40 Prozent ähnlich hoch aus.

Der Bewusstseinswandel hat angesichts der schlechten Lage auf dem Arbeitsmarkt offenbar viele Bürger erreicht. Man mag einwenden, dass nicht mehr als ein Drittel der Bevölkerung einem Verzicht auf bislang eisern verteidigte Besitzstände aufgeschlossen gegenübersteht. Angesichts der Tabuisierung solcher Vorschläge bis in die jüngste Zeit und auch angesichts der Härte, die solche Einschnitte für die Mehrzahl der Menschen bedeuten – es sei daran erinnert, dass fast 60 Prozent befürchten, im Alter nicht genug Geld für Lebenshaltung und Gesundheit zu haben –, erscheint dieses Drittel jedoch als eher bemerkenswert große Zahl. Trotzdem wartet auf Politik und Tarifpartner noch ein großes Stück Überzeugungsarbeit, wenn es darum geht, solche Opfer von den Menschen tatsächlich einzufordern.

Unerwartet war, dass die Arbeitslosen nicht kompromissbereiter sind als die Besitzer eines Arbeitsplatzes. Perspektive-Deutschland wollte in den Jahren 2004 und 2005 ganz konkret wissen, was Menschen ohne Arbeit notfalls auf sich nehmen würden, um wieder einer regelmäßigen Beschäftigung nachgehen zu können. Die Bereitschaft, für einen beruflichen Wiedereinstieg persönliche Nachteile in Kauf zu nehmen, war bei den Arbeitslosen 2005 sogar geringer als bei den Beschäftigten. Dies gilt vor allem im Hinblick auf Mehrarbeit ohne Lohnausgleich, auf die sich fast 40 Prozent der Berufstätigen, aber nur 30 Prozent der Arbeitslosen einlassen wollten. Nur gut ein Viertel der Arbeitslosen würden einen für drei Jahre garantierten Arbeitsplatz annehmen, wenn sie dafür täglich zwei Stunden pendeln müssten. Mit fast derselben Quote würden Berufstätige täglich zwei Stunden pendeln, um ihre bedrohte Stelle zu sichern. Auch wenn man die Antworten innerhalb derselben Einkommens-, Bildungs- oder Berufsgruppe vergleicht, erweist sich die Kompromissbereitschaft der Arbeitslosen als geringer – um 5 Prozentpunkte beispielsweise in den Einkommensgruppen unter 2.000 Euro Haushaltsnettoeinkommen, wenn es um unbezahlte Mehrarbeit geht. Die Erwartung, Arbeitslose würden weitergehende Zugeständnisse bejahen, um wieder voll am Erwerbsleben teilzuhaben, ist also trügerisch. Im Gegenteil: Gegenüber 2004 ist sie 2005 sogar leicht gesunken, im Durchschnitt aller Vorschläge um 5 Prozentpunkte. Einen Arbeitsplatz, mit dem sie nur am Wochenende zu Hause wären, hätten 2004 mehr als 30 Prozent der Arbeitslosen akzeptiert, 2005 war es nur noch ein gutes Viertel. Zu Beginn des Jahres 2006 hat Hartz IV offenbar noch nicht dazu beigetragen, die Kompromissbereitschaft zu steigern.

Explizit hat Perspektive-Deutschland im Jahr 2005 nach der Akzeptanz eines weiteren möglichen Instruments zur Verbesserung des Arbeitsmarkts gefragt, das auch im Koalitionsvertrag der neuen Regierung genannt ist: der Lockerung des Kündigungsschutzes durch Ausdehnung der gesetzlichen Probezeit auf 24 Monate. Knapp die Hälfte aller Arbeitgeber – Selbständige und leitende Angestellte – würde als Folge dieser Maßnahme neue Arbeitsplätze im eigenen Betrieb erwarten. Die Arbeitnehmer hingegen zeigten sich skeptisch: Nur knapp 20 Prozent der Angestellten und Arbeiter waren der Ansicht, dass diese Maßnahme in ihrem Betrieb zu neuen Arbeitsplätzen führt, drei Viertel glaubten es nicht.

Perspektive-Deutschland hat eine weitere Quelle für mehr Beschäftigung beleuchtet: den Weg in die Selbständigkeit. Auch hier ein Lichtblick: Was vor nicht allzu langer Zeit häufig eine utopische Vorstellung war, erscheint heute vielen als echte Alternative zur abhängigen Beschäftigung und nicht nur als Notlösung bei Arbeitslosigkeit. Der Anteil derer, die sich »grundsätzlich vorstellen könnten, sich selbständig zu machen«, ist seit 2001 unverändert hoch: In jedem Jahr gaben mehr als 10 Prozent an, »auf jeden Fall« dazu bereit zu sein. Hinzu kamen beispielsweise 2005 weitere 41 Prozent, die »unter bestimmten Umständen« den Schritt in die Selbständigkeit wagen würden (siehe Abbildung 16). Besonders die ganz Jungen sind in überdurchschnittlichem Maß bereit, es auf eigene Faust zu versuchen: Fast 20 Prozent der 16- bis 19-Jährigen konnten sich Selbständigkeit »auf jeden Fall« vorstellen, weitere 46 Prozent »unter bestimmten Umständen«.

Gründe, die in den Augen der Teilnehmer gegen Selbständigkeit sprechen, sind vor allem das hohe finanzielle Risiko sowie die vielen rechtlichen und staatlichen Vorschriften. Mit Abstand folgen die

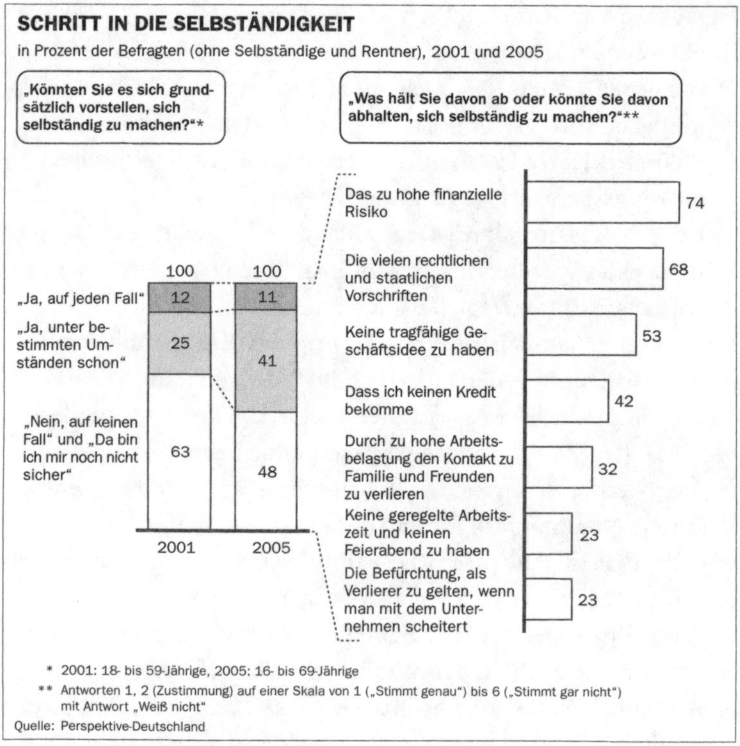

Abb. 16 Schritt in die Selbständigkeit

mangelnde Geschäftsidee oder Finanzierungsprobleme. Andere zur Auswahl gestellte Hinderungsgründe fallen weniger ins Gewicht, etwa eine zu lange und zudem ungeregelte Arbeitszeit, die das Zusammensein mit der Familie und Freunden einschränken oder einen Verzicht auf den gewohnten Feierabend bedeuten könnte. Für Personen, die den Schritt in die Selbständigkeit »auf jeden Fall« wagen möchten, steht die Vielzahl rechtlicher und staatlicher Vorschriften als deutlich größtes Hindernis im Weg. Die anderen Gründe wie Risiko, Finanzierungslücke oder mangelnde Geschäftsidee verlieren an Bedeutung für diese Gruppe, die sich vermutlich am konkretesten mit einer möglichen Selbständigkeit beschäftigt hat.

Insgesamt lässt Perspektive-Deutschland ermutigende Signale erkennen, was die Einstellung der Deutschen zum Thema Arbeit betrifft. Die meisten haben die dramatischen Veränderungen auf dem Arbeitsmarkt nicht nur nachvollzogen. Sie haben inzwischen auch konkrete Vorstellungen, welche zusätzlichen Opfer und Belastungen diese Veränderungen jedem Einzelnen, auch ihnen persönlich, abverlangen können. Und sie sind in hohem Maße bereit, wieder mehr und notfalls auch unter erschwerten Bedingungen zu arbeiten, um die eigene berufliche Existenz zu sichern. Eine wachsende Zahl von Menschen freundet sich außerdem mit der Vorstellung an, sich selbstständig zu machen und damit mehr Eigenständigkeit zu erlangen. All das gibt Anlass zur Hoffnung.

Kapitel 5

Soziale Sicherung: Handeln, bevor das Netz zerreißt

Kein Zweifel: Unser soziales Netz ist zum Zerreißen gespannt; es wird zu großen Teilen neu geknüpft werden müssen – Flickwerk reicht nicht aus. Zu groß sind die Belastungen aus der hohen Arbeitslosigkeit und der Alterung der Gesellschaft. Perspektive-Deutschland zeigt: Die Bürger wissen, dass sie mehr Eigenvorsorge leisten müssen, wenn sie ihr heutiges Versorgungsniveau bei Krankheit und im Alter halten wollen. Und sie sind auch dazu bereit. Dennoch: Den Staat sehen die Bürger nach wie vor in der Pflicht, gleich ob im Gesundheitswesen oder bei den Renten, wenn auch mit Abstufungen.

Noch immer scheuen sich die meisten Politiker, die vollen Konsequenzen aus der Schieflage unseres Rentensystems und der gesetzlichen Kranken- und Pflegeversicherung offen anzusprechen, weil sie meinen, sie könnten den Wählern den Ernst der Lage nur dosiert zumuten. Doch für den Bürger sprechen die Fakten seit Jahren eine klare Sprache. Schon in der ersten Erhebung 2001 zeigte sich ein dramatischer Verlust an Vertrauen in die Zukunftsfähigkeit unseres Sozialstaats. Nur ganze 9 Prozent glaubten, durch die gesetzliche Rente oder vergleichbare Formen sozialer Absicherung im Alter ausreichend versorgt zu sein. 88 Prozent identifizierten sich mit der Aussage, dass es »in den kommenden Jahren noch viel wichtiger sein wird, sich über die gesetzliche Absicherung hinaus um seine Altersversorgung selbst zu kümmern«. Im Jahr 2005 erwarteten 60 Prozent der Bevölkerung, die soziale Sicherung werde sich weiter verschlechtern. Fast ebenso viele machten sich »große Sorgen, im Alter für Lebensunterhalt und Gesundheitskosten nicht aufkommen zu können«. In der Gruppe der 30- bis 49-Jährigen, den Leistungsträgern der Gesellschaft, sind es sogar 63 Prozent. Selbst unter den Jüngeren im Alter von 16 bis 29 Jahren sorgen sich 57 Prozent. Die sozial Schwachen, die aus ihrem Einkommen kaum

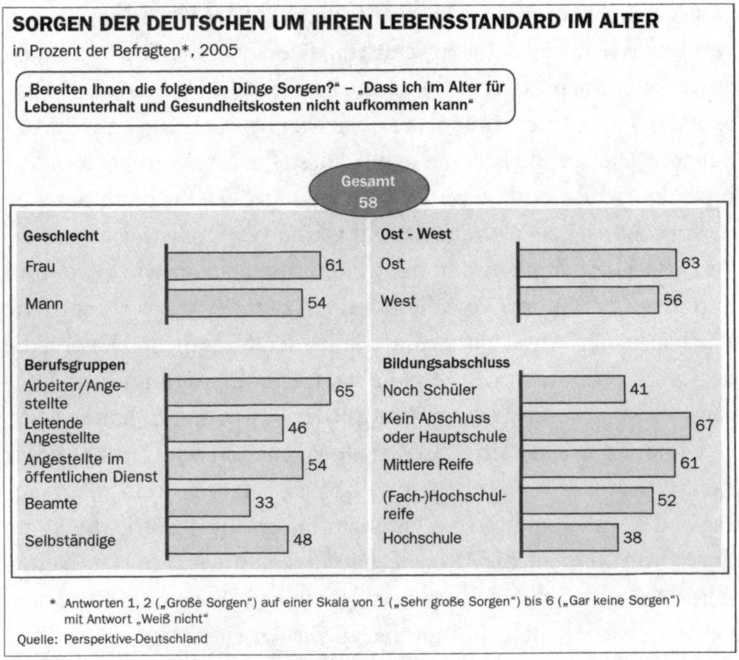

Abb. 17 Sorgen der Deutschen um ihren Lebensstandard im Alter

etwas für ergänzende private Versicherungen aufbringen können und deshalb ganz besonders auf die Solidargemeinschaft angewiesen sind, stellen noch einen höheren Anteil der Besorgten (weitere Segmente: siehe Abbildung 17).

Die Menschen sehen also sehr klar, dass die Symbiose aus freier Marktwirtschaft und sozialem Ausgleich, einer der stützenden Pfeiler der deutschen Nachkriegsdemokratie, in ihrer bisherigen Form nicht mehr tragfähig ist. Sie wird auch alte und kranke Menschen bald nicht mehr wie bisher auffangen können.

Das Grundgesetz formuliert in Artikel 20: »Die Bundesrepublik ist ein demokratischer und sozialer Bundesstaat.« Dem Anspruch des Grundgesetzes und dem Wunsch der Wähler folgend, übernahm die nach dem Zweiten Weltkrieg neu gegründete Bundesrepublik die mit der Bismarck'schen Sozialgesetzgebung vom Staat eingegangene Verpflichtung, die Bürger vor den materiellen Risiken von Krankheit und Alter zu schützen. Dies erwarten die Menschen auch heute noch: Bei der Befragung im Jahr 2001 erklärten 71 Prozent der Teilnehmer eine solche Absicherung der Bürger zur Staatsaufgabe. Die Verpflichtung einzulösen, stellte für die junge Bundesrepublik in den Aufbaujahren kein allzu großes Problem dar. Die Ansprüche an den Wohlfahrtsstaat waren vergleichsweise bescheiden, die Menschen wurden bei weitem nicht so alt wie heute und hatten mehr Kinder. Vor allem jedoch bescherte das stürmische Wachstum der Wirtschaftswunderjahre den öffentlichen Kassen die notwendigen Einnahmen, um die staatliche Versorgungs- und Umverteilungsmaschinerie in reibungsloser Bewegung zu halten.

Die finanziellen Mittel für soziale Wohltaten schienen in dieser Zeit unbegrenzt vorhanden zu sein. 1957 setzte Konrad Adenauer gegen die Warnungen seines Finanzministers die dynamische Rente durch und koppelte die Altersbezüge an die Entwicklung der Nettolöhne. So sollten die Rentner am allgemeinen Wohlstand teilhaben. Das durchschnittliche Rentenniveau für Arbeiter stieg um 65 Prozent und das für Angestellte um 72 Prozent. 1962 trat das Bundessozialhilfegesetz in Kraft, 1965 wurde das Wohngeld und 1971 das BAföG eingeführt. 1969 dehnte man die erweiterten Leistungen der Arbeitslosenversicherung auf einen größeren Personenkreis aus. Allzu bereitwillig gewöhnten sich die Bürger daran, dass ihnen der Staat immer mehr Lebensrisiken abnahm und Lohnersatz anbot. Der für sich selbst verantwortliche Bürger mutierte allmählich zum voll versorgten Abhängigen. Dabei war schon in den siebziger Jahren erkennbar, dass das Wachstum der Wirtschaft hinter der Entwicklung der Sozialausgaben zurückblieb. Der Verteilungsstaat mündete so zwangsläufig in den Hochkosten- und Schuldenstaat.

Immer weniger Beitragszahler als Folge steigender Arbeitslosigkeit, immer mehr ältere Menschen und dazu die Lasten der deutschen Einheit – all das trieb in den neunziger Jahren die Sozialkosten ständig weiter in die Höhe. Weitgehend als Lohnnebenkosten dem Faktor Arbeit aufgeschlagen, belasteten sie den Standort Deutschland stark. Sie hatten einen erheblichen Anteil daran, dass so viele sozialversicherungspflichtige Beschäftigungsverhältnisse verloren gingen (vergleiche viertes Kapitel). Ein Teufelskreis entstand: Durch die Vernichtung von Arbeitsplätzen und die damit verbundene Umwandlung von Beitragszahlern in Leistungsempfänger gerieten die Sozialkassen zunehmend aus der Balance. Die Beitragssätze standen unter Anpassungsdruck nach oben. Dennoch mussten mit immer mehr Steuermitteln die Finanzlücken der Sozialkassen geschlossen werden. Die Dynamik der Wirtschaft wurde weiter geschwächt. Ausbleibendes Wirtschaftswachstum engte den Verteilungsspielraum automatisch ein – als unsoziale Folge des ausgeuferten Sozialstaats. Lag das prozentuale Verhältnis von Sozialausgaben und Bruttoinlandsprodukt – die so genannte Sozialleistungsquote – 1960 in der alten Bundesrepublik bei 21 Prozent, so kletterte sie im vereinigten Deutschland bis 2003 auf 32 Prozent. Rund 60 Prozent aller Ausgaben des Bundes flossen 2003 in die soziale Sicherung.

Es wäre eine Illusion zu glauben, wir könnten uns aus der Falle, in die wir geraten sind, durch ein paar schmerzfreie kosmetische Eingriffe wieder befreien. Die Alterung der Gesellschaft ist eine Entwicklung, die sich kurzfristig nicht aufhalten lässt. Auch eine spürbare Steigerung der Arbeitsproduktivität, die trotz des rückläufigen Arbeitseinsatzes für die erforderliche Verteilmasse sorgen würde, ist zurzeit nicht in Sicht. Wuchs die Produktivität in den sechziger Jahren noch um jährliche 5,0 Prozent, so stieg sie seit 2000 jedes Jahr nur noch um etwa 0,7 Prozent. Darum muss neben der Reform der Sozialsysteme – nicht zuletzt aus sozialen Gründen – auch an diesem entscheidenden Stellhebel gearbeitet werden. Hierzu sind in den nächsten Jahren massive Investitionen in Bildung und Wissen erforderlich. Ebenso gehören die zahlreichen wettbewerbsverzerrenden, den Produktivitätsfortschritt hemmenden Regulierungen auf den Prüfstand.

Selbst zu einem Zeitpunkt, als die späteren Probleme bereits abzusehen waren, schaltete die Politik nicht auf eine stärkere Eigenverantwortung der Bürger um. Das zeigt das Beispiel der von der Regierung Kohl 1995 eingeführten Pflegeversicherung. Schon damals musste man damit rechnen, dass sie in ihrer bis heute geltenden

Form nicht finanzierbar sein würde. Denn sie lässt die Ausgabendynamik weitgehend außer Acht, die sich aus steigender Lebenserwartung und dem absehbaren Nachrücken der geburtenstarken Jahrgänge ins Pflegealter ergibt. Dass es später nicht mehr genügend Beitragszahler geben würde, lag auf der Hand. Die Geburtenrate war zu diesem Zeitpunkt bereits seit 30 Jahren rückläufig. Erst im November 2005, viel zu spät, verständigte sich die große Koalition darauf, nach Wegen zu suchen, um den früher oder später unvermeidlichen Kollaps dieser jüngsten, auf dem überholten Umlageverfahren basierenden Sozialkasse abzuwenden – durch den Einbau kapitalgedeckter Elemente.

Dramatisch zugespitzt hat sich bereits die Lage der gesetzlichen Rentenversicherung. Brauchte der Bundesfinanzminister 1993 nur 15 Prozent des Bundeshaushalts für diesen Posten anzusetzen, so waren es 2004 bereits 29 Prozent. Im Jahr 2005 musste der Bund die Rentenkasse mit 80 Milliarden Euro aus Steuermitteln liquide halten, davon ca. 16 Milliarden Euro aus der Ökosteuer. Trotz dieser »Sondereinnahme« lebt die Bundesversicherungsanstalt für Angestellte (BfA) praktisch von der Hand in den Mund. Ihre Schwankungsreserve, mittlerweile als Nachhaltigkeitsrücklage bezeichnet, betrug noch 1992 fast das Dreifache der monatlichen Ausgaben. Inzwischen ist sie auf ein Minimum gesunken. Ausgabentermine wurden nach hinten, Einnahmefälligkeiten nach vorne verlegt. Damit sind die Spielräume weitgehend ausgeschöpft. 2005 nahmen die Sofortspritzen in Form von Zuschüssen und Liquiditätsdarlehen ein so ungewohnt hohes Ausmaß an, dass es zum Dauerthema der Tagespresse wurde. Die große Koalition sah sich bereits bei ihrem Antritt gezwungen, die Rentenbeiträge um 0,4 Prozentpunkte auf 19,9 Prozent des Bruttolohns zu erhöhen.

Aber nicht nur auf der Einnahmenseite, auch bei den Ausgaben erzwingt die kritische Lage ungewöhnliche Maßnahmen. Rechnerisch hätte es bereits zu einer Senkung der Renten kommen müssen, doch wollte man dies den Rentnern ersparen. Um Nullrunden kommen sie jedoch seit 2004 nicht herum und darauf werden sie sich auch in den kommenden Jahren einstellen müssen.

Die rot-grüne Bundesregierung hat mit der »Riester-Rente« zwar ein zusätzliches Instrument zur betrieblichen und privaten Altersvorsorge geschaffen und den Einstieg in die Kapitaldeckung erreicht.[7] Es wird allerdings noch sehr lange dauern, bis dieses kompliziert ausgestaltete und daher nur zögerlich wirksame Instrument eine echte Entlastung bringt. Als weitere Maßnahme zur Entlastung der Rentenkassen will die große Koalition das Renteneintrittsalter zwischen 2012 und 2029 schrittweise auf 67 Jahre erhöhen – ein Ansatz, den die Teilnehmer an Perspektive-Deutschland nicht favorisieren, wie später erläutert wird.

An den Umbau der gesetzlichen Krankenversicherung hat sich die schwarz-rote Bundesregierung mangels eines schlüssigen, von beiden Parteien getragenen Konzepts bisher nicht herangewagt. Was an »Notoperationen« zur Eindämmung der Kostenexplosion im Gesundheitswesen in den vergangenen Jahren unternommen wurde, ist das Wort Reform kaum wert. Weder Zuzahlungsverpflichtungen noch die Praxisgebühr oder der den Pharmaunternehmen auferlegte Preisrabatt haben die Probleme auch nur ansatzweise lösen können. Derzeit leistet sich Deutschland eines der teuersten Gesundheitssysteme weltweit. Nur die Amerikaner und die Schweizer lassen sich ihre Krankenversorgung mehr kosten. Ob die Deutschen dafür den angemessenen Gegenwert bekommen, bleibt jedoch fraglich. Jedenfalls belegte unser Gesundheitssystem in der Bewertung der WHO unter den Industrieländern nur einen mittleren Platz.[8]

---

7 Bis Ende September 2005 wurden trotz eines mühsamen Starts bereits über 4,7 Millionen »Riester-Verträge« abgeschlossen.

8 Obwohl die WHO diese Statistik nach dem Jahr 2000 nicht mehr fortgeführt hat, ist sie noch immer der einzige internationale Vergleich, der nicht den Input, sondern das Ergebnis nationaler Gesundheitssysteme bewertet und sich aus transparenten, nachvollziehbaren Teilindikatoren zusammensetzt. Das McKinsey Global Institute hatte bereits im Jahr 1996 in einem Dreiländervergleich (Deutschland, USA, Großbritannien) für einige Krankheitsfelder festgestellt, dass das deutsche Gesundheitssystem unter anderem deshalb weniger produktiv ist, weil es mit hohen Kosten Leistungen erbringt, deren medizinischer Nutzen für die Patienten umstritten ist (Health Care Productivity, McKinsey Global Institute, Oktober 1996).

Nicht nur das »Preis-Leistungs-Verhältnis« stimmt nicht – das ganze System ist nicht mehr finanzierbar. In Deutschland werden 90 Prozent aller Krankenversicherungsleistungen von den gesetzlichen Krankenkassen getragen. Sie geraten immer mehr in die Schere von Ausgaben und Einnahmen. Die Beschleunigung des Kostenanstiegs ist gleich aus mehreren Gründen kaum abwendbar. Der medizinische Fortschritt muss den Patienten zugute kommen, aber er hat seinen Preis. Ein steigender Anteil älterer, oft an chronischen Krankheiten leidender Menschen ist demografisch unabwendbar. Außerdem scheint die Anfälligkeit des heutigen Systems für Missbrauch nicht beherrschbar zu sein. Schließlich konserviert das System große Ineffizienzen, weil es an marktwirtschaftlichen Steuerungselementen mangelt.

Die Einnahmenseite kann den Kostenanstieg nicht mehr finanzieren. Vorbei sind die Zeiten, da die Kassen das notwendige Geld durch eine Erhöhung der von Arbeitgebern und Arbeitnehmern aufgebrachten Beiträge wieder hereinholen konnten. Auf diese Weise stieg der Beitragssatz zwischen 1975 und 2005 von 10,4 auf 14,2 Prozent des Bruttolohns. Ein Weiterdrehen dieser Schraube würde die Lohnzusatzkosten noch stärker in die Höhe treiben und – darin sind sich alle einig – weitere Arbeitsplätze vernichten.

So wie unser Gesundheitssystem heute konstruiert ist, lässt es sich nicht sanieren – ein Komplettumbau ist unausweichlich. Doch hat die Politik bislang kein schlüssiges und mehrheitsfähiges Konzept entwickeln können.

Im Zentrum der politischen Diskussion stehen zwei Modelle für einen Umbau des heutigen Systems: die von den Sozialdemokraten und Grünen ins Spiel gebrachte »Bürgerversicherung« – eine Ausweitung des heutigen Systems im Prinzip auf alle Bürger und alle Einkommensarten – sowie das Prämienmodell (»Gesundheitsprämie«) der Union, bekannter unter dem eher abschreckenden Namen »Kopfpauschale«. Es stellt als Einziges eine wirkliche Systemveränderung dar.

Für die grundlegende Reform der sozialen Sicherungssysteme geben die Teilnehmer von Perspektive-Deutschland den Reformarchitekten wertvolle Hinweise – zur Weichenstellung, aber auch zu konkreten Maßnahmen.

Die erste Botschaft: Obwohl die Menschen sehen, dass dem Staat bislang die Rezepte fehlen, sind sie nicht willens, ihn nicht aus der Verantwortung für eine Absicherung gegen die existenziellen Lebensrisiken zu entlassen. Wir erinnern uns, dass bereits in der ersten Perspektive-Deutschland-Umfrage im Jahr 2001 nicht weniger als 71 Prozent der Befragten die soziale Absicherung in den Händen des Staates belassen wollten – und dies, obwohl nur ganze 18 Prozent mit seinen Leistungen zufrieden waren. Prinzipiell hat sich an dieser Einstellung seither wenig geändert. Im Jahr 2005 ergab die Befragung etwa dieselben Mehrheitsverhältnisse. Fast die Hälfte der Teilnehmer sprach sich dafür aus, dass der Staat »jedem eine umfassende Sicherung garantiert, auch wenn die hierfür zu entrichtenden Steuern und Beiträge in Zukunft steigen werden«. Nur jeder Dritte wollte es dem Einzelnen überlassen, »ob und wie weit er sich und seine Familie für Krankheitsfälle, Arbeitslosigkeit, Alter und Pflegebedürftigkeit versichern will« – mit der Konsequenz, dass jeder die Folgen selbst tragen müsste, der nicht privat vorsorgt. Der Rest wünschte sich keine Veränderungen oder wusste keine Antwort. Über den gesamten Erhebungszeitraum aller Perspektive-Umfragen zeigt sich ein einheitliches Bild: Die große Mehrheit der Deutschen lehnt ein System ab, bei dem an Stelle des Staates jeder frei entscheidet, ob und in welchem Umfang er sich privat absichert.

Die zweite Botschaft lautet: Auch wenn die Menschen in ihrer großen Mehrheit dem Staat Verantwortung zuschreiben, möchten sie dennoch eine Kurskorrektur. Schon im Jahr 2001 fanden es beispielsweise 42 Prozent der Befragten richtig, dass sich jeder Einzelne künftig stärker um seine Altersvorsorge kümmern muss. Nur 27 Prozent votierten dagegen, der Rest hatte dazu keine Meinung. Im Jahr 2005 war das Meinungsbild, wie im dritten Kapitel ausgeführt, differenzierter. Zwar sprach sich eine deutliche Mehrheit für ein gesellschaftliches Gesamtkonzept aus, zu dessen wichtigsten Merkmalen auch ein höheres Maß an eigener privater Vorsorge zählt. Als jedoch das Thema »private oder staatliche Vorsorge« isoliert zur

Sprache kam, also ohne Bezug zu anderen positiven Effekten wie etwa einem stärkeren Wirtschaftswachstum, ergab sich – anders als in den Vorjahren – die bereits erwähnte Patt-Situation: 37 Prozent sprachen sich für mehr private Verantwortung aus, 38 Prozent plädierten dafür, mehr Risiken auf den Staat zu verlagern. Allerdings wollten Westdeutsche auch 2005 mehrheitlich in Richtung stärkerer privater statt staatlicher Vorsorge gehen. Die Abstimmungsergebnisse sind unterschiedlich, je nachdem, ob über Themen einzeln oder im Kontext eines Gesamtmodells abgestimmt wird. Im Kontext des Gesamtmodells zeigt sich die gewünschte Kurskorrektur.

Welche Änderungen wünschen die Teilnehmer konkret, zum Beispiel bei der staatlichen Altersvorsorge? Auf die Frage »Was halten Sie für den besten Weg, die Finanzierung der gesetzlichen Rentenversicherung in Zukunft sicherzustellen?« votierten die Teilnehmer 2005 – wie schon vorher – mit deutlichem Abstand an erster Stelle für eine Senkung des Rentenniveaus. 42 Prozent der Teilnehmer nannten diese Maßnahme, fast alle – 39 Prozent – in Verbindung mit der Pflicht, eine ergänzende private Rentenversicherung abzuschließen. Erneut zeigt sich, dass die Menschen die private Vorsorge nicht der Entscheidung des Einzelnen überlassen wollen. 29 Prozent befürworteten – trotz desolater Haushaltslage – eine stärkere Alimentierung der Rentenkassen aus Steuermitteln. Nur 14 Prozent sprachen sich für eine Erhöhung der Beiträge aus. Beinahe 20 Prozent konnten sich für keinen der zur Wahl gestellten Wege entscheiden, 10 Prozent gaben »Weiß nicht« an, unter den Jüngeren fast 20 Prozent. In den Jahren zuvor waren es noch mehr, 2002 beispielsweise ein Drittel. Offensichtlich hat die intensive Reformdebatte der vergangenen Jahre nun auch die jüngere Generation für dieses Thema sensibilisiert. Sie wird schließlich die Fehlentwicklungen unserer Sozialsysteme sehr viel drastischer als die Älteren zu spüren bekommen.

Eine Senkung des Rentenniveaus bei gleichzeitiger Einführung einer obligatorischen Zusatzversicherung fand unter den Anhängern der großen Volksparteien sogar eine überdurchschnittliche Zustimmung. So votierten für das Modell einer staatlichen Grund-

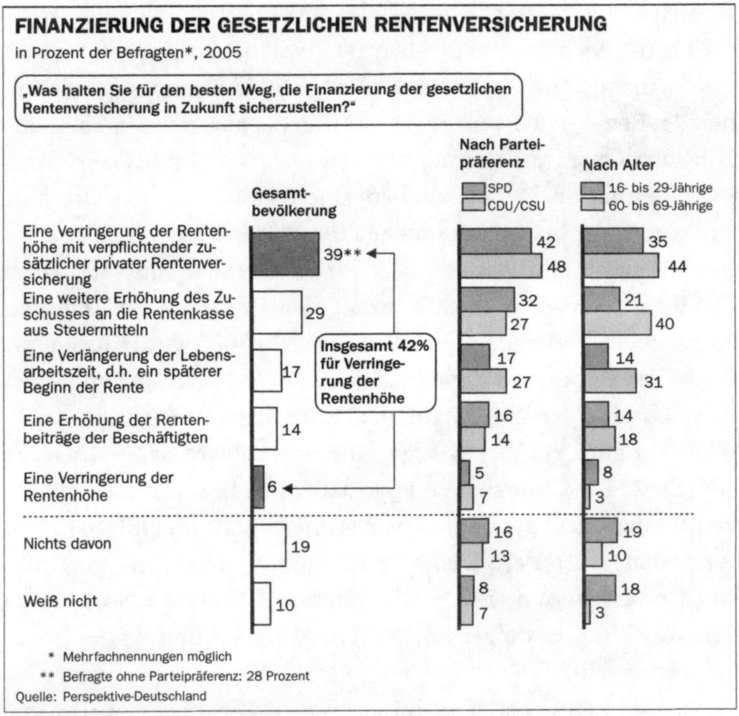

Abb. 18 Finanzierung der gesetzlichen Rentenversicherung

versorgung mit einer ergänzenden Privatrente fast die Hälfte der CDU/CSU-Anhänger und mehr als 40 Prozent der SPD-Anhänger (siehe Abbildung 18).

Von einer Anhebung des Rentenalters auf 67 Jahre, wie sie die große Koalition vereinbart hat, wollten die Deutschen bislang nicht viel wissen. Nur 17 Prozent stimmten für diese Alternative. Verständlich, wenn zwei von drei Befragten glauben, mit 67 Jahren den Anforderungen ihres Berufs körperlich und geistig nicht mehr gewachsen zu sein. Auch die Arbeitgeber scheinen sich noch nicht auf die neuen Aufgaben eingestellt zu haben. Nur ganze 18 Prozent von ihnen planen Fördermaßnahmen speziell für ältere Mitarbeiter, während 45 Prozent angaben, darauf verzichten zu wollen. Der Rest verhielt sich indifferent. Dies alles sind Indizien dafür, dass sich dieses Thema noch in einem frühen Diskussionsstadium befindet.

Das mangelnde Vertrauen der Bürger in die langfristige Sicherheit der Rente geht erwartungsgemäß an der allgemeinen Einschätzung der Rentenversicherung als Institution nicht spurlos vorüber. Ihre Reputation hat inzwischen einen Tiefpunkt erreicht. Nur 11 Prozent der Befragten sprachen ihr 2005 das Vertrauen aus; bei den 50- bis 69-Jährigen sind es 20 Prozent, bei den Jüngeren lediglich 6 Prozent. Mehr als 80 Prozent aller Befragten reklamierten »dringenden Verbesserungsbedarf«. Im Jahr 2002 wurde auch nach konkreten Verbesserungsmaßnahmen gefragt. Nur jeder Zehnte gab beispielsweise der Wirtschaftlichkeit der Rentenversicherung gute oder sehr gute, ein Viertel dagegen sehr schlechte Noten. Dass die BfA, die 22 Landesversicherungsanstalten, die Seekasse, die Bundesknappschaft und die Bahnversicherungsanstalt im Oktober 2005 unter dem Dach der »Deutschen Rentenversicherung« vereinigt wurden, zeigt zumindest, dass die Verantwortlichen die Notwendigkeit von Effizienzsteigerungen erkannt haben und dementsprechend handeln.

Sehr konkret wussten die Bürger, welche Leistungen die Institutionen der gesetzlichen Rentenversicherung verbessern sollen: Rund drei Viertel verlangten beispielsweise deutlich mehr Transparenz. Durch jährliche Mitteilungen sollten alle Versicherten erfahren, welche Rentenansprüche sie bereits erworben haben. Fast die Hälfte wünschte sich eine schnellere Beantwortung ihrer Fragen. Ebenso viele erwarteten eine bessere Beratung, auch über die Möglichkeiten der privaten Vorsorge. Letzteres forderten vor allem die Jüngeren, allen voran die Auszubildenden. Sie spüren, dass sie nicht mehr allein auf die staatliche Rente bauen können, und wünschen darum mehr Informationen, wie sie selbst für ihr Alter vorsorgen können. Offenbar haben zwischenzeitliche Verbesserungsmaßnahmen, die in diese Richtung gehen, dennoch das Grundvertrauen in die Institution noch nicht positiv beeinflussen können.

Die Reform der gesetzlichen Krankenversicherung spaltet die Bundesbürger gegenwärtig in zwei Lager: 46 Prozent akzeptierten steigende Beiträge für eine umfassende Absicherung. Dagegen plädierten 41 Prozent dafür, dass die gesetzliche Krankenversicherung nur noch die Basisversorgung abdeckt, die Beiträge dafür sinken und später moderater ansteigen (siehe Abbildung 19). Im Jahr 2002 hatte eine absolute Mehrheit für eine Rücknahme der Leistungen auf eine Basisversorgung votiert. Nur ein Drittel war der Meinung, sämtliche finanziellen Belastungen durch Krankheit sollten ihnen abgenommen werden. Über die Gründe für diesen Meinungswandel kann man nur spekulieren. Möglicherweise hat die intensive Diskussion um die »soziale Gerechtigkeit« im Bundestagswahlkampf 2005 die Einstellung der Bürger zu diesem Thema stark geprägt.

Im Jahr 2005 konnten die Teilnehmer auch ihr Votum zu zwei Finanzierungsmodellen abgeben, die sich in der Beitragsbemessung unterscheiden: Modell A sieht einen einkommensabhängigen Beitrag wie in der Bürgerversicherung vor (siehe Abbildung 19). Modell B enthält eine für alle gleiche Prämie, verbunden mit einem steuerlichen Zuschuss für niedrige Einkommen, wie es auch im so genannten Prämienmodell der Union vorgesehen ist. 53 Prozent der Befragten befürworteten einen einkommensabhängigen Beitrag (Modell A bzw. eher Modell A), 38 Prozent einen für alle gleichen Beitrag mit Subventionierung (Modell B bzw. eher Modell B). Einige Gruppen in der Bevölkerung standen Modell B aufgeschlossener gegenüber, z. B. junge Menschen mit 42 Prozent oder Bezieher höherer Einkommen mit 51 Prozent. Dass Modell A bei den SPD-Anhängern mit 61 Prozent höher im Kurs stand, ist wenig verwunderlich – eher schon, dass dieses Modell selbst unter den Anhängern der CDU/CSU mit 49 Prozent mehr Anklang fand als das Modell B mit 43 Prozent, das der »Gesundheitsprämie« der Union näher kommt.

Wie schon bei der Rente sehen die Bürger auch im Gesundheitswesen institutionellen Verbesserungsbedarf. Die den Versicherten abverlangten Zuzahlungen und die gleichzeitigen Streichungen im Leistungskatalog haben deutliche Spuren im Meinungsbild der Bevölkerung hinterlassen. Von den Mitgliedern der gesetzlichen

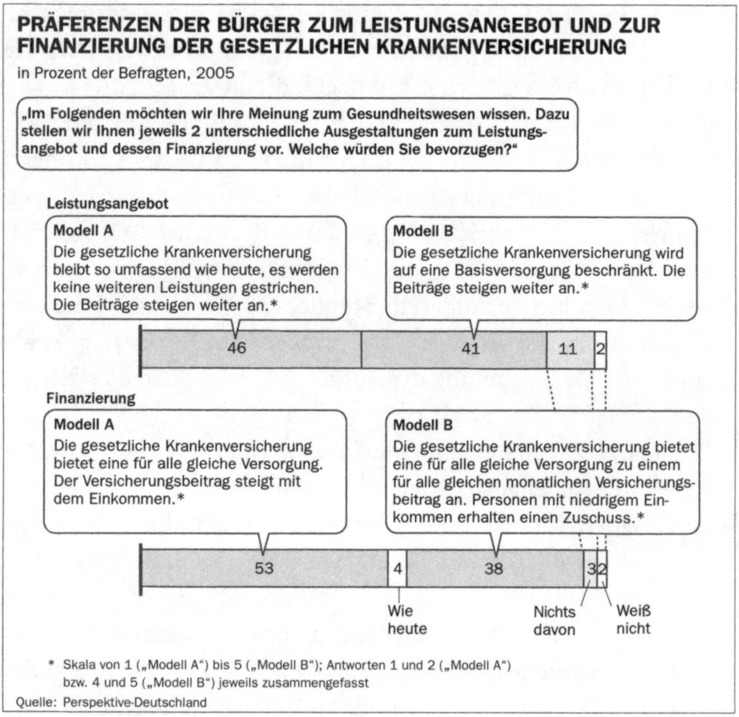

Abb. 19 Präferenzen der Bürger zum Leistungsangebot und zur Finanzierung der gesetzlichen Krankenversicherung

Versicherungen äußerte 2002 nur jeder Fünfte »hohes Vertrauen« in seine Kasse, Privatpatienten bescheinigten dies ihrem Versicherer hingegen fast zu 60 Prozent. Vor allem bei der Bewertung ihres Preis-Leistungs-Verhältnisses schnitten die Privaten besser ab – sogar bei den Mitgliedern der gesetzlichen Krankenversicherung.

Auch für die gesetzlichen Krankenkassen wurde 2002 nach konkreten Verbesserungen gefragt. An erster Stelle stand die Forderung, sich auf medizinisch wichtige Leistungen zu konzentrieren. An zweiter Stelle folgte eine stärkere Kontrolle von Ärzten und Krankenhäusern. Schließlich wünschten sich die Menschen eine bessere Vergleichbarkeit zwischen den Kassen und mehr Flexibilität und

Schnelligkeit. Seither wurden erste Schritte in diese Richtung unternommen – doch sind sie klein angesichts des langen Weges, der noch zurückgelegt werden muss.

Der Gesetzgeber ist aufgefordert, unser Sozialsystem grundlegend zu reformieren. Das Meinungsbild aus Perspektive-Deutschland gibt dafür klare Signale: Die Bürger wollen in ihrer großen Mehrheit keinen Systembruch in Richtung einer rein privaten Absicherung, erst recht nicht auf völlig freiwilliger Basis. Sie möchten im Prinzip an einer staatlichen Absicherung der grundlegenden Bedürfnisse festhalten. Bevorzugt wird eine Gesellschaftskonzeption, die mehr marktwirtschaftliche Elemente enthält, einschließlich einer stärker privaten statt staatlichen Absicherung der Lebensrisiken. Entsprechend können sich die Befragten Abstriche bei der gesetzlichen Rente vorstellen, sofern es obligatorische private Zusatzversicherungen gibt. Ähnlich war in den Vorjahren auch das Meinungsbild zur gesetzlichen Krankenversicherung. Gemäß der jüngsten Befragung zeichnet sich zurzeit jedoch eine Mehrheit dafür ab, eher am heutigen Leistungsumfang festzuhalten. Offenbar befinden sich die Menschen in einem Prozess der Meinungsbildung, wie ihre Vorstellungen von der künftigen Gesellschaft konkret in einzelne Reformmaßnahmen umgesetzt werden sollten.

Kapitel 6

Familie: Mehr Kinder will das Land!

Im Jahr 2050, in nur zwei Generationen, wird es 8 Millionen weniger Menschen in unserem Land geben als heute, sogar 11 Millionen weniger im arbeitsfähigen Alter.[9] *Die Folgen sind dramatisch: Eine schrumpfende, alternde Bevölkerung kann dann kaum noch die für Wohlstand und soziale Sicherheit nötige wirtschaftliche Dynamik entfalten. Wo liegen die Gründe für diese demografische Entwicklung? Verliert die traditionelle Familie als Lebensform an Bedeutung? Ist Deutschland ein kinderfeindliches Land, in dem die Menschen ihrem beruflichen Fortkommen alle anderen Ziele unterordnen, einschließlich der Gründung einer Familie? Perspektive-Deutschland fand heraus: Die Ursachen des »Kindermangels« liegen eher in den Bedingungen, unter denen Eltern heute ihre Kinder großziehen – und diese Bedingungen sind beeinflussbar, zum Beispiel durch bessere Möglichkeiten der Kinderbetreuung. Familienpolitik kann daher maßgeblich dazu beitragen, dass aus Deutschland wieder ein kinderreicheres Land wird.*

Familienpolitik hat Konjunktur. Im Regierungsprogramm der schwarz-roten Koalition steht sie ganz oben auf der Liste der Reformprojekte. Bereits während des Wahlkampfs im Sommer 2005 hatten sich die Parteien mit familienpolitischen Programmen geradezu überboten: Die Reformideen reichten von der Einführung eines Elterngeldes (SPD) über einen Rechtsanspruch auf Tagesbetreuung für Kinder unter drei Jahren (Grüne und SPD) und neue Steuerfreibeträge für alle Familienmitglieder (CDU/CSU und FDP) bis hin zu einer Erhöhung des Kindergeldes (FDP) und der Zahlung eines Kinderbonus als Beitragsermäßigung in der Rentenversiche-

9 Statistisches Bundesamt, 10. koordinierte Bevölkerungsvorausberechnung, 2003; mittlere Variante 5 (Annahmen sind z. B. eine Geburtenrate von 1,4 und Einwanderung in bisher beobachteter Größenordnung); erwerbsfähiges Alter: 20- bis 65-Jährige

rung (CDU/CSU). Fast 5 Prozent des Sozialprodukts steckt der Staat in die Familienförderung. So viel öffentlicher Familiensinn kommt nicht von ungefähr. In wirtschaftlich schwierigen Zeiten wie diesen rücken die Menschen offenbar wieder enger zusammen und besinnen sich auf die Familie als das tragende Fundament der Gesellschaft.

Die Autoren unseres Grundgesetzes hatten gute Gründe, Ehe und Familie »unter den besonderen Schutz der staatlichen Ordnung« (Artikel 6) zu stellen. Die Familie sichert nicht nur den Fortbestand eines Volkes, sie ist auch für den Einzelnen in aller Regel die »natürliche« erste Lebensumgebung. Darum suchen wohl die meisten Menschen in ihrer Familie Nähe und Geborgenheit, Hilfe und Unterstützung, Glück und Liebe. Keine Institution hat derartig gute Chancen, Kinder so früh und intensiv zu prägen und Werte zu vermitteln.

Wie aber sieht die tatsächliche Entwicklung aus? Zwei – möglicherweise zusammenhängende – Phänomene sind seit Jahren zu beobachten. Zum einen bewegt sich die Geburtenrate[10] seit Mitte der siebziger Jahre auf einem alarmierend niedrigen Niveau (siehe Abbildung 20). Im Durchschnitt bekommt jede Frau 1,4 Kinder. Mitte der sechziger Jahre, auf dem Höhepunkt des Babybooms, waren es 2,5 Kinder. Damit liegt Deutschland heute zwar mit minimalem Abstand vor Italien und Spanien (jeweils 1,3), aber deutlich hinter Ländern wie Frankreich (1,9) oder den USA (2,1).[11] Zum anderen verliert die traditionelle Normalfamilie – Eltern mit Kindern – als Rollenmodell an Bedeutung. So leben nur noch 63 Prozent der minderjährigen Kinder in Deutschland heute mit verheirateten Eltern und mindestens einem weiteren Geschwisterkind in einem gemeinsamen Haushalt, im Osten sind es 45, im Westen 66 Prozent. Jede fünfte Eltern-Kind-Gemeinschaft war Anfang 2004 vom Typ »allein erziehend«, 1996 erst jede sechste. Die Zahl der

10 Durchschnittliche Anzahl von Kindern, die eine Frau in ihrem Leben bekommt (Gesamtfertilitätsrate)

11 Quelle: Eurostat

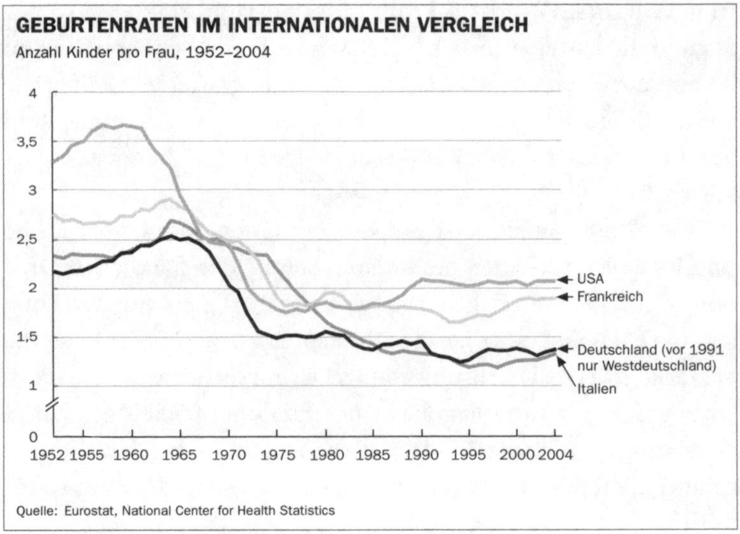

Abb. 20 Geburtenraten im internationalen Vergleich

nichtehelichen Lebensgemeinschaften hat im gleichen Zeitraum um ein Drittel auf 2,4 Millionen zugenommen. Etwa jedes zehnte Paar lebt mittlerweile in einer solchen Partnerschaft.

Dass sich die Politik der Themen Familie und Kinder in jüngster Zeit so augenfällig annimmt, mag zum Teil mit dem schleichenden Bedeutungsverlust der Ehe als traditioneller Basis der Familie zu tun haben. Was aber nahezu alle Politiker – egal welcher Couleur – beunruhigt, ist die mit dem Rückgang traditioneller Familienformen einhergehende sinkende Geburtenrate. Denn dies hat negative Folgen für viele Bereiche unserer Gesellschaft.

Woran liegt es, dass sich junge Menschen immer häufiger für ein Leben ohne Kinder entscheiden? Inwieweit sind die Ursachen in veränderten Wertvorstellungen zu suchen? Oder tritt der Wunsch, Kinder zu haben, hinter andere Lebensziele zurück, weil sich beides auf Grund äußerer Umstände nur schwer miteinander vereinbaren lässt? In diesem Fall wäre herauszufinden, was gestaltende Politik verändern könnte, um zumindest denjenigen jungen Frauen und

Männern, die gerne Nachwuchs hätten, die Entscheidung für ein Kind zu erleichtern.

Experten und Medien sind schnell mit ihrem Urteil bei der Hand: Die Menschen hätten neue, egoistisch-individualistische Wertvorstellungen; in den heute oft bevorzugten alternativen, quasi »postfamiliären« Lebensformen sei kein Platz für Kinder. Ungünstige Umwelt- und Wirtschaftsaussichten, der Druck am Arbeitsmarkt und am eigenen Arbeitsplatz, die offensichtlichen Defizite im Angebot von Kinderbetreuungseinrichtungen – ein ganzes Bündel möglicher Ursachen wird ins Feld geführt.

All diese Faktoren brachten Deutschland den Ruf ein, ein familien- und kinderunfreundliches Land zu sein. Und so sehen es auch die Menschen: Die große Mehrheit der Teilnehmer an Perspektive-Deutschland bezeichnet die »Situation von Familien mit Kindern« als unbefriedigend. Fast zwei Drittel aller Teilnehmer und fast vier von fünf Eltern mit mindestens einem Kind unter 18 Jahren stimmten im Jahr 2003 der Aussage zu, es sei »für Deutschland wichtig, sich in diesem Bereich zu verbessern«.

Das sind alarmierende Zahlen; sie werden durch eine Parallelbefragung von Perspektive-Deutschland in vier Nachbarländern noch unterstrichen.[12] Nur die Polen stuften die Kinderfreundlichkeit in ihrem Land noch geringer ein, während Engländer, Italiener und vor allem Franzosen eine deutlich positivere Wahrnehmung zeigten.

Perspektive-Deutschland wollte herausfinden, wo eine familien- und kinderfreundliche Politik nach den Vorstellungen der Bürger ansetzen müsste. Das bedarf eines genaueren Verständnisses davon, welchen Wert die Familie in einer Zeit dramatischer Veränderungen im Zusammenleben der Menschen überhaupt noch besitzt. Wenn tatsächlich der Familiensinn stark nachließe, dann könnte das allein schon ein Grund sein, warum die Gründung einer eige-

---

12 Im Jahr 2003 wurde einmalig mit einem Auszug aus dem Fragenkatalog in Frankreich, Großbritannien, Italien und Polen eine Repräsentativ-Erhebung mit jeweils 1.000 Interviews durchgeführt.

nen Familie in der Lebensplanung der jüngeren Generation nicht mehr an vorderster Stelle steht.

In der Tendenz für manchen nicht unerwartet, aber in dieser Eindeutigkeit überraschend ist diese Erkenntnis: Die Deutschen sind ein äußerst familienbewusstes Volk. Die Aussage »die eigene Familie um sich zu haben« rangierte bei der Umfrage 2004 mit 84 Prozent Zustimmung einsam an der Spitze der Werte, nur ganzen 2 Prozent der Befragten war dies unwichtig. Demgegenüber bezeichneten weniger als halb so viele Befragte »einen hohen Lebensstandard« als einen für sie wichtigen Wert.

Auf die Frage, was sie mit einem zusätzlichen Tag anfangen würden, wenn sie ihn ab jetzt jeden Monat geschenkt erhielten, entschieden sich 2003 knapp zwei Drittel dafür, »sich mit Familie/Kindern zu beschäftigen«. Deutlich weniger – gut die Hälfte der Befragten – wollten einen solchen Mußetag für Entspannung und Erholung oder Unternehmungen mit Freunden und Bekannten nutzen, ein knappes Drittel würde Sport treiben. Erwartungsgemäß war der Wunsch nach mehr Zeit für die Familie in der Altersgruppe zwischen 30 und 49 Jahren besonders stark ausgeprägt. Differenziert nach Bildungsniveau fällt auf, dass Befragte mit höherer Bildung einen solchen Tag eher mit ihrer Familie verbringen würden als Befragte mit niedrigerem Bildungsabschluss. Im regionalen Vergleich erklärten sich die Ostdeutschen in diesem Sinne familienverbundener als die Menschen im Westen.

In der Familie suchen die Menschen nicht nur Geborgenheit und Wärme. Über die emotionale Sphäre hinaus hat sie auch gerade auf die Jüngeren einen stark meinungsbildenden Einfluss. Auf die Frage, an wem sie sich auf der Suche nach einer eigenen Meinung zu gesellschaftlichen Themen orientieren, nannte mehr als die Hälfte der 16- bis 29-Jährigen an erster Stelle ihre Familie, erst danach folgten Freunde und Bekannte. Demgegenüber lassen sich Ältere bei ihrer Meinungsbildung sehr viel stärker durch Personen außerhalb ihres persönlichen Umfelds leiten, etwa aus Politik, Wirtschaft oder den Medien. Für alle Altersgruppen steht die Familie an erster Stelle, wenn es darum geht, mit der eigenen Meinung Gehör zu finden.

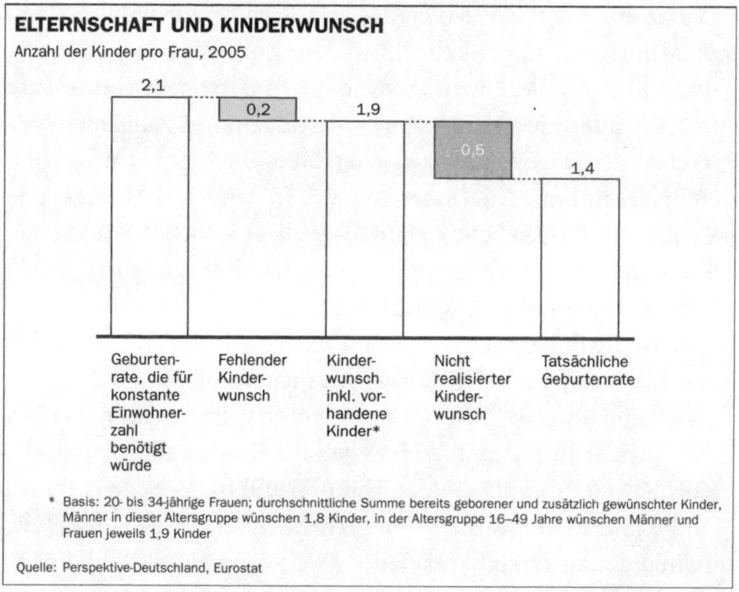

Abb. 21 Elternschaft und Kinderwunsch

Den Teilnehmern ist die Familie nicht nur im Privaten wichtig – sie möchten auch mithelfen, Deutschland kinderfreundlicher zu gestalten. Dies zeigt sich konkret beispielsweise in der Bereitschaft, erhöhte Sicherheitsvorkehrungen im Straßenverkehr zum Schutz von Kindern zu akzeptieren oder den Lärm nahe gelegener Kinderspielplätze hinzunehmen (jeweils über 80 Prozent). Aber auch ein größeres eigenes Engagement konnten sich viele vorstellen: Fast drei Viertel wären bereit, einen Arbeitskollegen zu vertreten, der ein krankes Kind pflegen muss, gut die Hälfte würde ab und zu Kinder von Nachbarn oder Freunden betreuen, ein Drittel wäre willens, sich in der Freizeit ehrenamtlich mit Kindern zu beschäftigen. Konträr zum Image der Nation lassen sich die Wertvorstellungen des Einzelnen also kaum als egoistisch, familien- oder kinderfeindlich bezeichnen. Was aber ist dann die Ursache für die niedrige Geburtenrate? Perspektive-Deutschland gibt Hinweise darauf, wie sich die Bürger selbst den Kindermangel erklären.

Vorab einige Zahlen zu den Auswirkungen der niedrigen Geburtenrate auf die demografische Entwicklung unseres Landes: Der Erhalt des heutigen Bevölkerungsstandes erfordert eine Geburtenrate von 2,1 Kindern pro Frau – Zuwanderungen sind dabei nicht berücksichtigt. Junge Frauen zwischen 20 und 34 Jahren wünschen sich im Schnitt nur 1,9 Kinder, Männer in derselben Altersgruppe möchten 1,8 Kinder. Sehr viel niedriger liegt jedoch die bereits erwähnte tatsächliche Geburtenrate von 1,4 Kindern (siehe Abbildung 21). Dieses Missverhältnis zwischen Wunsch und Wirklichkeit wirft die Frage nach den Gründen auf, aus denen heraus sich junge Menschen ihren Kinderwunsch nicht erfüllen.

Die Teilnehmer wurden zunächst danach gefragt, warum es nach ihrer Ansicht in Deutschland so wenige Kinder gibt. Die große Mehrheit (60 Prozent) sah den Hauptgrund in der Schwierigkeit, Familie und Erwerbsarbeit ohne erhebliche berufliche Nachteile miteinander zu vereinbaren. Jeder Zweite glaubte, es seien finanzielle Gründe, mehr als 40 Prozent sahen in der mangelnden Bereitschaft, auf Freizeit und Einkommen zu verzichten, ein wichtiges Hindernis. Nur ein Drittel vermutete die mangelnde Kinderfreundlichkeit in unserer Gesellschaft als wichtigen Grund.

Für die Politik besonders aufschlussreich sind die persönlichen Gründe der Teilnehmer, die auf Kinder bzw. weitere Kinder verzichten wollen. In der Altersgruppe zwischen 20 und 39 Jahren planen etwa 12 Prozent der Befragten ein Leben ganz ohne Kinder[13], viele von ihnen aus sehr grundsätzlichen Erwägungen. Gut die Hälfte dieser Gruppe äußerte sich überzeugt, auch ohne Kinder mit ihrem Leben zufrieden zu sein. Rund 40 Prozent waren der Ansicht, dass Kinder auf dieser Welt keine Zukunft mehr haben. Im Gegensatz zu dieser generell pessimistischen Sicht konnte Perspektive-Deutschland keinen Zusammenhang zwischen dem Ausmaß persönlicher

---

13 Weitere 23 Prozent sind bereits Eltern, wollen aber keine weiteren Kinder. 18 Prozent sind Eltern mit weiterem Kinderwunsch. 43 Prozent haben noch keine Kinder, aber äußerten den Wunsch, und 4 Prozent waren sich nicht sicher.

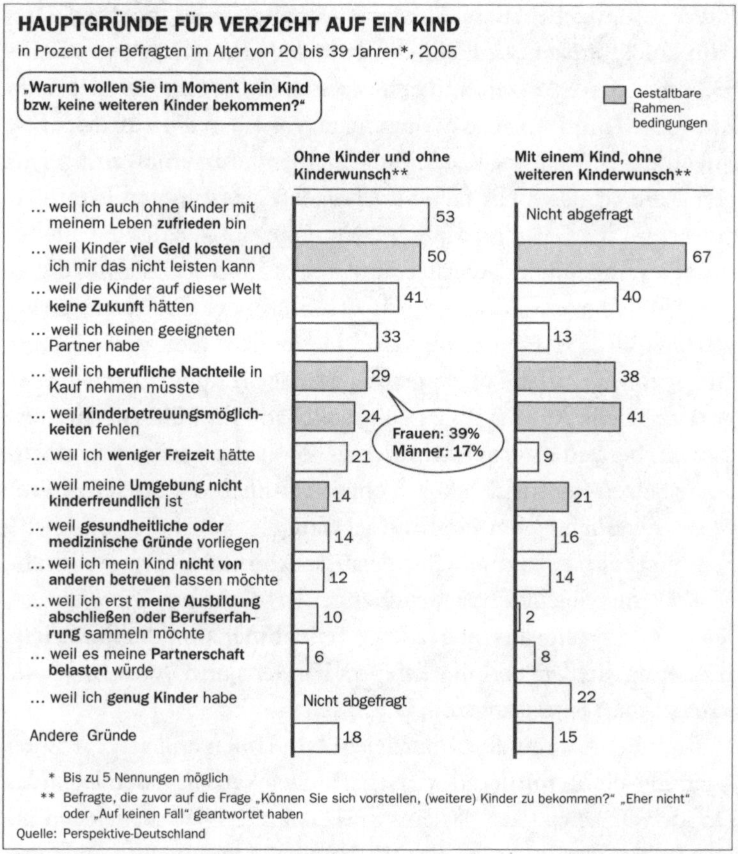

Abb. 22 Hauptgründe für Verzicht auf ein Kind

Sorgen und der Anzahl gewünschter oder vorhandener Kinder feststellen. Ein Drittel der Befragten schließlich nannte das Fehlen eines geeigneten Partners als Hinderungsgrund. Äußere Umstände, vor allem wirtschaftliche und berufliche Gründe, spielen eine ebenso wichtige Rolle: Die Hälfte machte die mit Kindern verbundenen finanziellen Belastungen geltend, 29 Prozent berufliche Nachteile und gut ein Viertel fehlende Kinderbetreuungsmöglichkeiten (siehe Abbildung 22).

Zu etwas anderen Ergebnissen führt die Ursachenforschung bei

Eltern, die angeben, dass sie keine weiteren Kinder möchten. Dies trifft auf 23 Prozent der Teilnehmer in der Altersgruppe von 20 bis 39 Jahren zu – 8 Prozent mit einem Kind, 15 Prozent mit mehreren Kindern. Grundsätzliche Erwägungen, vor allem die Zufriedenheit mit einem Leben ohne Kinder, spielen hier naturgemäß eine geringere Rolle. Umso mehr fallen die Folgen eines weiteren Familienzuwachses ins Gewicht. Manche Familienpolitiker richten ein besonderes Augenmerk auf Eltern mit *einem* Kind, weil sie von dieser Gruppe den größten Beitrag zur Erhöhung der Geburtenrate erwarten. Welche Hinderungsgründe nennt daher gerade diese Gruppe? Mit Abstand an erster Stelle steht die hohe finanzielle Belastung (siehe Abbildung 22): Für zwei von drei Elternpaaren ist dies ein besonders großes Hindernis. Zwei von fünf nannten fehlende Betreuungsmöglichkeiten sowie berufliche Nachteile. 22 Prozent schließlich sagten, ein Kind sei genug.

Einige der genannten Hindernisse können durch politische Maßnahmen leichter überwindbar gemacht werden. Die wichtigsten Ansatzpunkte aus Sicht dieser Teilnehmer sind die finanzielle Belastung, die Unvereinbarkeit von Kindern und Beruf sowie die mangelnden Betreuungsmöglichkeiten.

Beginnen wir mit den finanziellen Problemen und vergegenwärtigen uns ein in mittleren wirtschaftlichen Verhältnissen lebendes Doppelverdiener-Paar, das ein Kind erwartet. Die potenziellen Eltern stehen vor der Frage, wie sie finanziell über die Runden kommen, wenn das Einkommen eines der Partner, meist das der Ehefrau, zumindest für einige Zeit ausfällt, vielleicht sogar dauerhaft. Die Einführung eines Elterngeldes – einer Lohnfortzahlung für den Elternteil, der zur Kinderbetreuung eine berufliche Pause einlegt – wäre für ein solches Paar eine Starthilfe und könnte die Entscheidung für ein Kind erleichtern. Knapp 30 Prozent der Teilnehmer, die eher keine oder keine weiteren Kinder möchten, sagten Ende 2005, das Elterngeld hätte einen positiven Einfluss auf ihre Entscheidung – 33 Prozent, wenn das Haushaltsnettoeinkommen unter 2.000 Euro monatlich liegt, 21 Prozent, wenn es über 3.200 Euro beträgt. Offenbar handelt es sich um eine Maßnahme, die zwar etwas, aber alleine nicht genug bewirken würde, und die mit steigendem Einkommen an Einfluss verliert. Zwei Drittel der Teilnehmer äußerten generell den Wunsch, finanzielle Zuwendungen stärker am Bedarf auszurichten.

Kommen wir zum nächsten Problem, das junge Menschen davon abhält, Kinder zu bekommen: die schwierige Vereinbarkeit von Beruf und Familie. Rund 40 Prozent der Frauen zwischen 20 und 39 Jahren, die keine oder eher keine Kinder bekommen wollen, gaben als entscheidenden Grund an, berufliche Nachteile zu befürchten. Bei den Männern waren es nur 18 Prozent.

Glaubt man den gängigen Darstellungen in den Medien, dann stehen vor allem Frauen mit hohem Ausbildungsniveau »im Verdacht«, einen deutlich geringer ausgeprägten Kinderwunsch zu haben. Perspektive-Deutschland zeigt jedoch: Frauen mit hohem Ausbildungsniveau (Frauen mit Hochschulreife oder -abschluss) in der Altersgruppe von 20 bis 34 Jahren wünschten sich im Schnitt 1,8 Kinder, Frauen mit niedrigerem und mittlerem Ausbildungsniveau 1,9 Kinder. Es gibt also keinen großen Unterschied beim Kinderwunsch, wohl aber bei dessen Verwirklichung. Während eine Frau mit höherem Ausbildungsniveau im Alter von 35 bis 39 Jahren tatsächlich im Durchschnitt nur ein Kind bekommen hat, sind es bei Frauen mit niedrigerer Bildung bis zu diesem Lebensalter 1,6 Kinder. Die Ergebnisse von Perspektive-Deutschland zeigen aber auch, dass in der Diskussion über die Kinderlosigkeit von Akademikerinnen ein differenzierter Blick nötig ist. In der Gruppe der 40- bis 49-Jährigen sind 28 Prozent der Akademikerinnen kinderlos, von den Nicht-Akademikerinnen sind es 19 Prozent. Dies widerspricht den in der öffentlichen Diskussion immer wieder auftauchenden höheren Prozentangaben über kinderlose Akademikerinnen.

Ihre veränderte Stellung in der Gesellschaft, vor allem in der Berufswelt, hat der Frau als Mutter und häufig gut ausgebildeter Bewerberin um begehrte Arbeitsplätze eine Doppelrolle zugewiesen, der sie – wenn überhaupt – nur unter großen Anstrengungen und Opfern gerecht werden kann. Frauen, die ihre lange, qualifizierte Ausbildung durch entsprechenden beruflichen Erfolg honoriert sehen möchten, schieben die Verwirklichung ihres Kinderwunsches vielfach hinaus, bis oft nur noch ein Kind geboren wird. Im Jahr 1980 waren Mütter bei der Geburt ihres ersten Kindes im Durchschnitt etwa 25 Jahre alt, im Jahr 1991 bereits 27; keine 15 Jahre später, im Jahr 2004, erlebten sie diesen Augenblick im Durchschnitt erst mit knapp 30 Jahren. Eltern die gleichzeitige Erfüllung ihrer familiären und ihrer beruflichen Aufgaben zu ermöglichen, ist der deutliche Wunsch der Teilnehmer an alle hierfür Verantwortlichen, an die Familienpolitik, aber auch die Unternehmen.

Als dritter Hinderungsgrund wurde der Mangel an geeigneten Betreuungseinrichtungen genannt. 29 Prozent der kinderlosen Frauen zwischen 20 und 39 Jahren wollten unter anderem deswegen auch künftig keine Kinder. Den Kinderbetreuungsmöglichkeiten kommt eine Schlüsselrolle zu: Wären Angebot und Akzeptanz von ganztägigen Kinderbetreuungseinrichtungen groß genug, würden auch die beiden bereits dargestellten Hindernisse geringer werden. Beruf und Elternrolle wären besser miteinander vereinbar, das nun wieder vorhandene zweite Einkommen würde die finanzielle Belastung tragbarer machen. Über 70 Prozent der westdeutschen Mütter mit Kindern im Alter von drei bis sechs Jahren würden gerne beruflich mehr arbeiten, wenn es geeignete Betreuungsmöglichkeiten gäbe; nur 44 Prozent äußerten dies im Osten, der mit Ganztagskindergärten besser ausgestattet ist. Perspektive-Deutschland hat 2003 mit Hilfe einer Conjoint-Analyse[14] untersucht, was mit einer Ausweitung des Angebots erreichbar wäre.

Das klare Ergebnis: Eine bedarfsdeckende Kinderbetreuung in Deutschland würde die Bereitschaft, ein Kind zu bekommen, deutlich erhöhen – und zwar stärker als reine Finanzzuweisungen wie Kindergeld. Kinderlose Frauen zwischen 20 und 39 Jahren, die geäußert hatten, sich »eher kein« Kind zu wünschen oder sich nicht sicher waren, wurden ausgehend von der damaligen Situation gebeten anzugeben, welches von zwei Fördermodellen sie dazu bewegen könnte, sich doch für ein Kind zu entscheiden: die Erhöhung

14 Das Conjoint-Verfahren wird im Anhang erläutert.

des Kindergeldes von 150 auf 300 Euro oder die Bereitstellung ausreichender öffentlicher Betreuungsplätze zu attraktiven Bedingungen. Während die rein finanziellen Anreize die Bereitschaft, Kinder zu bekommen, in dieser Gruppe gerade einmal um 3 Prozentpunkte erhöhten, hätte die Lösung des Betreuungsproblems einen durchschlagenden Erfolg. Sie würde dazu führen, dass sich 61 Prozent dieser Frauen für ein Kind entscheiden (siehe Abbildung 23) – gegenüber nur 37 Prozent unter den bisherigen Bedingungen (Basisszenario wie in Abbildung 23 ausgeführt).[15] Allein diese Maßnahme könnte die Geburtenrate hochgerechnet um durchschnittlich 0,3 Kinder erhöhen.

Dass Mütter berufstätig sind, wird allerdings noch nicht einhellig gutgeheißen. So stimmten im Jahr 2003 zwei Drittel der Männer zwischen 60 und 69 Jahren der These zu, »die Entwicklung des Kindes würde durch die Berufstätigkeit der Mutter leiden«. Bei den Frauen waren dies 30 Prozent, und zwar in allen Altersgruppen. Tendenziell findet bei den nachwachsenden Männergenerationen offenbar ein – wenn auch langsames – Umdenken statt. Bei den 30- bis 50-Jährigen waren es rund 50 Prozent der Befragten, die sich mit der Akzeptanz der Doppelrolle schwer tun, bei den Jüngeren noch knappe 40 Prozent.

Perspektive-Deutschland hat mehr Menschen zu Wort kommen lassen als je zuvor – gerade auch die Jahrgänge, deren persönliche Familienplanung noch nicht abgeschlossen ist oder erst bevorsteht. Dies erlaubt Aussagen, wie die Politik wieder mehr jungen Menschen Mut machen kann, sich für Kinder zu entscheiden. Ganz oben auf der Prioritätenliste stehen zwei Themen: zum einen ein ausreichendes Angebot an qualifizierten Betreuungsstätten und zum anderen das Auffangen der finanziellen Mehrbelastungen, die Kinder mit sich bringen.

---

15 Dass sich bereits unter den Bedingungen des Basisszenarios 37 Prozent derjenigen Frauen für ein Kind entscheiden würden, die eigentlich keinen Kinderwunsch haben, deutet darauf hin, dass diese Frauen das Basisszenario bereits als eine Verbesserung gegenüber ihrer persönlichen Situation empfinden.

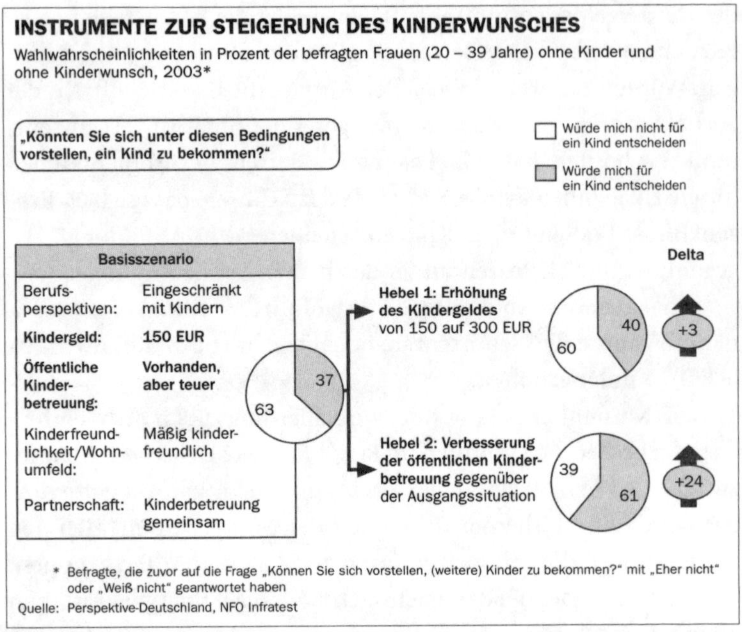

Abb. 23 Instrumente zur Steigerung des Kinderwunsches

Allerdings sollten wir uns vor dem Irrglauben hüten, wir könnten allein mit dem Aufbau eines flächendeckenden Betreuungsnetzes und einer besseren finanziellen Ausstattung von Familien das Nachwuchsproblem der Deutschen lösen. Die Entscheidung, Kinder zu bekommen, wird auch weiterhin mit anderen Lebensentwürfen konkurrieren. Die Politik hat dies zu akzeptieren. Doch muss sie zur Stelle sein, wo beeinflussbare Rahmenbedingungen den Menschen im Weg stehen, ihre Lebensplanung zu verwirklichen. Diese Hemmnisse konnte Perspektive-Deutschland beleuchten – und auf Grund der außerordentlich großen Datenbasis sehr genau darauf hinweisen, in welchen Segmenten der Bevölkerung und in welchen Regionen welche Maßnahmen erforderlich sind. Wenn es der Politik gelingt, die größten Hürden aus dem Weg zu räumen, und wenn sich die Wertvorstellungen nicht grundlegend wandeln, hat Deutschland gute Chancen, wieder ein kinderreicheres Land zu werden.

Kapitel 7

Bildung: Alle wollen schlauer werden

Das deutsche Bildungssystem, einst bewundertes Vorbild für andere Länder, ist zum Sanierungsfall geworden. Von der frühkindlichen Förderung über Schulen und Universitäten bis zur Weiterbildung: In nahezu allen Bereichen sind wahre Kraftakte erforderlich, um den Ansprüchen einer modernen Wissensgesellschaft gerecht zu werden. Die Defizite sind den Menschen klar; Leistung ist gefragt: keine Unterforderung im Kindergarten, mehr Allgemeinbildung in den Schulen, eine stärkere Praxisorientierung in den Unis – all das unterstützt durch bessere Qualifizierung der Lehrer und Erzieher und durch kontrollierbare Standards. So lauten die Wünsche an die Bildungspolitik. Bildung ist wieder ein Thema, mit dem in Deutschland Wahlen zu gewinnen sind – sofern es beim staatlich betriebenen System bleibt.

Bildung ist ein wertvolles Gut – vor allem für ein Hochlohnland ohne nennenswerte Rohstoffe, dessen Bürger zu Recht ihre Zukunft in einer wissensbasierten Gesellschaft sehen. Gleichzeitig ist Bildung mehr als der Schlüssel zu wirtschaftlicher Prosperität. Sie entscheidet über den kulturellen Rang einer Gesellschaft und die Chancen jedes Einzelnen in ihr. Lange vorbei sind die Zeiten, als vielen der Zugang zur Bildung durch Armut und soziale Herkunft praktisch verschlossen war – hier hat Deutschland früh große Fortschritte erreicht: Von den preußischen Schulreformen im frühen 19. Jahrhundert über das duale Ausbildungssystem bis hin zur Universität moderner Prägung: Auf vielen Feldern von Bildung und Ausbildung galt Deutschland als Pionier. Den Durchbruch zur echten Chancengleichheit für alle wollten unsere Politiker schon in den siebziger Jahren des vorigen Jahrhunderts schaffen. Unter dem Reformbanner »Bildung ist Bürgerrecht« (so der Soziologe Ralf Dahrendorf) startete die alte Bundesrepublik mit der Ausweitung der Gymnasial- und Campuskapazitäten und der Gründung neuer Universitäten eine groß angelegte Bildungsoffensive. Sie sollte auch Kindern aus einkommensschwachen Familien ein Studium ermöglichen und damit Chancen für einen gesellschaftlichen Aufstieg eröffnen.

Doch wie sieht die Situation tatsächlich aus? Die Wirklichkeit wurde lange verdrängt. Das Land der Dichter und Denker ließ Kritik am Mythos der großen, einst von Humboldt mit weltweiter Anerkennung konzipierten Bildungsnation nicht gelten. Umso schockierter reagierten die Bundesbürger, als die OECD im Jahr 2000 mit ihrer PISA-Studie Deutschlands Schulen ein ernüchterndes Zeugnis ausstellte. Anders als im allgemeinen Bewusstsein verankert, war Deutschlands Bildungsqualität im internationalen Vergleich gerade einmal unteres Mittelmaß. Auch den sozialen Zielen der Bildungsreform war man kaum näher gekommen. Zwar studieren mittlerweile 37 Prozent eines Jahrgangs gegenüber 29 Prozent im Jahr 1998. Der Anteil der Arbeiterkinder an den Studierenden ist zwischen 2000 und 2003 von 13 auf 17 Prozent gestiegen. Dennoch prägt die soziale Herkunft der Schüler nach wie vor den Bildungserfolg stärker als in den meisten anderen OECD-Ländern.

Auch die jüngste, 2003 durchgeführte PISA-Studie hat nichts an der grundsätzlichen Feststellung geändert, dass Deutschland bestenfalls Mittelmaß ist. In der Gruppe der 26 Länder, die an beiden Erhebungen mit der erforderlichen Schülerzahl teilgenommen hatten, verbesserte sich Deutschland zwar in Mathematik von Rang 18 auf 15, in den Naturwissenschaften von Rang 19 auf 14 und im Lesen von Rang 20 auf 17.[16] Diese Tendenz ist erfreulich, bedeutet aber noch immer eine Platzierung im unteren Mittelfeld. Im

---

16 Zur besseren Vergleichbarkeit der PISA-Studien aus den Jahren 2000 und 2003 wurde hier nur die »Schnittmenge« der Länder betrachtet, die in beiden Studien enthalten ist. Dadurch ergeben sich geringfügig andere Rangplätze als in den jeweiligen Originalberichten angegeben: So belegte Deutschland unter den 28 OECD-Teilnehmerstaaten im Jahr 2000 in den Bereichen Mathematik und Naturwissenschaften jeweils Platz 20, im Lesen Platz 21. Im Jahr 2003, als 30 OECD-Länder teilnahmen, erreichten die deutschen Schüler Platz 16 in Mathematik, Platz 15 in den Naturwissenschaften und Platz 18 im Lesen.

OECD-Durchschnitt erhalten die Schüler in den ersten Jahren allein schon gemäß Lehrplan 20 Prozent mehr Unterricht als in Deutschland.

Nicht nur die Schulen, auch die Hochschulen weisen Defizite auf. In den internationalen Hochschul-Rankings sind deutsche Universitäten nicht auf den vorderen Plätzen zu finden. In einem Ranking der Jiao-Tong-Universität Schanghai aus dem Jahr 2004 schafft es die TU München als beste deutsche Universität auf Platz 45. Davor liegen vor allem US-amerikanische Einrichtungen mit Harvard an der Spitze, gefolgt von Cambridge (Großbritannien) und dem kalifornischen Stanford. Im internationalen Ranking der britischen *Times* aus demselben Jahr kommt Heidelberg als beste deutsche Universität auf Platz 47. Auch von einer weltweit anerkannten Spitzenforschung in Disziplinen wie Physik, Chemie oder Ingenieurwissenschaften kann kaum mehr die Rede sein: Im *Times*-Ranking der weltweit 100 besten »Science Universities« erreichte Heidelberg als beste deutsche Universität Platz 21, und in den Top 100 der »Engineering and IT Universities« liegen die TH Aachen auf Platz 38 und die TU Berlin auf Platz 39. Systematische Eliteförderung findet anderswo statt. Dies ist fatal, denn dorthin streben zahlreiche deutsche Spitzentalente – sie hinterlassen viele Lücken in der akademischen Landschaft, die in ihrer Summe auf Jahrzehnte die Innovationskraft des Landes mindern. Die von Bund und Ländern gemeinsam beschlossene »Exzellenzinitiative« könnte ein Schritt in die richtige Richtung sein – zurück an die Spitze der internationalen Universitätslandschaft.

Vorläufig bleibt die Lage jedoch bedenklich. Hinzu kommt: Unsere Studenten starten im Vergleich zu anderen Ländern sehr spät – im Schnitt erst mit 21,3 Jahren –, studieren mit durchschnittlich 6,7 Jahren viel zu lange und sind mit 27,9 Jahren im internationalen Vergleich deutlich zu alte Berufsanfänger. Das hat negative Konsequenzen für die Sozialsysteme, Familiengründung und berufliche Flexibilität.

Leider hat auch das duale Ausbildungssystem mit seiner engen Verzahnung von Theorie und Praxis, dem unser Land den hohen

Standard seiner Facharbeiter verdankt, viel von seiner einstigen Strahlkraft eingebüßt. Fast jeder vierte Ausbildungsvertrag wurde 2003 vorzeitig aufgelöst; weitere 15 Prozent aller Auszubildenden bestanden ihre erste Abschlussprüfung nicht. Zahlreiche Arbeitgeber haben sich inzwischen ganz vom Lehrstellenmarkt zurückgezogen, weil die Bewerber – so die zunehmende Klage – immer öfter nicht einmal mehr die einfachsten Fähigkeiten im Rechnen und Schreiben aus der Schule mitbringen.

Kein Zweifel: Das deutsche Bildungssystem ist reif für eine Grundüberholung, angefangen bei seinen vorschulischen Einrichtungen bis hin zu den Universitäten. Verändern muss sich aber auch das landesweit vorherrschende Bildungsklima – und zu diesem Klimawandel können und müssen alle beitragen: die Eltern, indem sie ihre Kinder zum Lernen motivieren; die Lehrer, indem sie Methoden und Einstellungen überprüfen und anpassen, und die staatlichen Einrichtungen, besonders auf Länder- und Kommunalebene, indem sie günstige Rahmenbedingungen schaffen. Zu Recht mahnte Bundespräsident Horst Köhler in seiner Grundsatzrede »Die Ordnung der Freiheit« im Frühjahr 2005: »Wir brauchen Lehrer, die darauf brennen, ihren Schülern etwas beizubringen – und Schüler, die sich begeistern lassen. Wir brauchen Eltern, die ihre Kinder zur Wissbegierde erziehen und auch einmal verstehen, wenn nach dem Experimentieren der Teppich ein Loch hat.«

Ermutigend ist: Die Botschaft scheint angekommen zu sein. Der PISA-Schock hat die Bundesbürger wachgerüttelt. Dass junge Menschen ohne qualifizierte Ausbildung auf dem hart umkämpften Arbeitsmarkt kaum noch Chancen haben, leuchtet inzwischen jedem ein. 2004 waren in Deutschland 25 Prozent der Menschen ohne Berufsabschluss arbeitslos, in den neuen Bundesländern sogar mehr als die Hälfte. Auf die Frage, was für Deutschland am wichtigsten sei, »damit wir in Zukunft unseren Wohlstand halten bzw. verbessern können«, nannten 51 Prozent der Befragten eine »Verbesserung im Bildungs- und Ausbildungssystem«. Nur den Abbau von Bürokratie (59 Prozent) bewerteten die Teilnehmer als noch wichtiger. In der Altersgruppe der 16- bis 29-Jährigen, also unter den unmittelbar Betroffenen, fiel das Votum für Bildung mit 60 Prozent sogar noch deutlicher aus. Für die Jüngeren stand außer Frage, dass Wissen der entscheidende Schlüssel für die Bewältigung unserer wirtschaftlichen und sozialen Probleme ist. Umso erstaunlicher und zugleich enttäuschender ist es, dass nur 10 Prozent der Befragten einer »Verbesserung von Forschung und Innovation« zukunftsweisende Bedeutung beimaßen. Vielen Menschen scheint nicht bewusst zu sein, dass es ohne Forschung auf höchstem und modernstem Niveau für Deutschlands Position im globalen Wettbewerb düster aussähe.

Seit Beginn von Perspektive-Deutschland mahnen die Teilnehmer großen Verbesserungsbedarf in der Bildung an. Auch im Jahr 2005 rangierte dieses Feld nach Arbeitsmarkt/Wirtschaft auf dem zweiten Platz der Prioritätenliste.

Die meisten Menschen scheinen den Mythos von Deutschland als führender Bildungsnation längst aufgegeben zu haben: Nur noch 20 Prozent der Befragten glaubten 2003, dass Deutschland ein leistungsfähiges Schulsystem als Stärke verbuchen kann. 2005 stuften drei Viertel der Teilnehmer den Verbesserungsbedarf bei den Schulen als dringend oder sehr dringend ein. Mangelhafte Lernerfolge, chronischer Unterrichtsausfall und der tägliche Schulfrust kamen hier zum Ausdruck. Aber auch in anderen Bildungsbereichen wie Kindergärten, Berufsschulen und Hochschulen sah jeweils knapp über die Hälfte der Teilnehmer dringenden Verbesserungsbedarf.

Dass die Bürger keineswegs nur vorgefasste Meinungen wiedergeben, sondern ihre Kritik offensichtlich auf konkrete Beobachtungen und Eindrücke aus dem unmittelbaren schulischen Umfeld stützen, zeigt die Korrelation zwischen der angemahnten Dringlichkeit von Verbesserungen und dem in der PISA-Studie sichtbar gewordenen regionalen Bildungsgefälle: In Bremen, Sachsen-Anhalt und Brandenburg – allesamt Länder mit vergleichsweise schlechten Testnoten – beklagten sehr viel mehr Befragte die Verhältnisse an ihren öffentlichen Schulen als in den besser platzierten »Vorzeigeländern« Bayern und Baden-Württemberg. Abbildung 24 zeigt den Zusammenhang zwischen den PISA-Ergebnissen und der Einschät-

ZUSAMMENHANG ZWISCHEN WAHRGENOMMENEM VERBESSERUNGSBEDARF UND NATURWISSENSCHAFTLICHER KOMPETENZ*

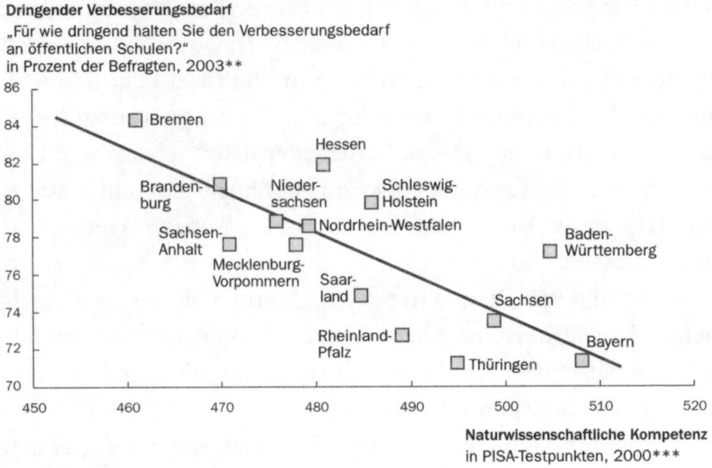

* Bestimmtheitsmaß $r^2 = 0{,}58$

** Antworten 1, 2 („Dringend") auf einer Skala von 1 („Sehr dringend") bis 6 („Überhaupt nicht dringend") mit Antwort „Weiß nicht"

*** Werte aus der internationalen Schulleistungsstudie PISA (Ergebnisse für 15-jährige Schüler/-innen); ähnliche Ergebnisse für Lesekompetenz und mathematische Kompetenz; für Hamburg und Berlin keine Ergebnisse verfügbar

Quelle: Perspektive-Deutschland, OECD

Abb. 24 Zusammenhang zwischen wahrgenommenem Verbesserungsbedarf und naturwissenschaftlicher Kompetenz

zung des Verbesserungsbedarfs öffentlicher Schulen durch die Teilnehmer von Perspektive-Deutschland. Dieser Zusammenhang war bereits in der Befragung von 2001 zu erkennen – und damit vor der Veröffentlichung der ersten regionalen PISA-Ergebnisse.

Bislang erkennen die Menschen aber offenbar wenig Besserung. Im Gegenteil: Auch 2005 gab es mehr Pessimisten, die befürchten, dass es mit der Bildung in Deutschland weiter abwärts geht, als Optimisten.

Wenn der Staat im Urteil der Bürger in der Bildungspolitik so sehr versagt, so müssten sie doch – sollte man meinen – diesem Staat die nahezu ausschließliche Zuständigkeit auf diesem Gebiet absprechen. Das wäre ein durchaus diskussionswürdiger Gedanke:

mehr Schulen in privater Trägerschaft, an einheitlichen Leistungsstandards ausgerichtet und im Wettbewerb zu staatlichen und konfessionellen Schulen. Davon sind die Deutschen jedoch weit entfernt. Eine überwältigende Mehrheit von über 90 Prozent der Befragten erklärt stattdessen die Schulbildung generell zur Staatsaufgabe – sogar mehr als die innere Sicherheit, ein klassisches Feld hoheitlicher Fürsorge (siehe Abbildung 11 in Kapitel 3). Hierzu passt die Beobachtung, dass die öffentlichen Bildungseinrichtungen nach wie vor großes Vertrauen genießen. Selbst bei den öffentlichen Schulen, die am kritischsten gesehen werden, äußert nur einer von zehn Befragten Misstrauen.

Die Forderungen der Bürger nach Verbesserungen im Bildungssystem sind sehr konkret und beginnen schon bei der vorschulischen Ausbildung der Kinder. Was die Wissenschaft längst herausgefunden hat und Eltern tagtäglich beobachten, ist inzwischen auch ins Bewusstsein der Allgemeinheit vorgedrungen: Kinder im Vorschulalter sind nicht nur extrem aufnahmefähig; sie sind überdies neugierig, lernen gerne und wollen sich in ihrem Wissensdrang mit anderen messen. Krippen und Kindergärten schöpfen dieses Potenzial an Lernfähigkeit und Lernbereitschaft nach Ansicht der Befragten jedoch bei weitem nicht aus. Drei Viertel aller Eltern mit Kindern unter 14 Jahren waren 2003 davon überzeugt, dass Kinder in deutschen Kindergärten unterfordert werden.

Um dem Anspruch der Bürger gerecht zu werden, bedürfte es allerdings exzellent ausgebildeter und in neuen Fähigkeiten geschulter Erzieherinnen und Erzieher. Daran fehlt es jedoch noch weitgehend. Anders als in fast allen Nachbarländern gibt es hierzulande für sie kein der Lehrerausbildung vergleichbares Studium. Entsprechend niedrig sind ihre Bezahlung und ihre soziale Stellung. Eine bessere Ausbildung der in der Kinderbetreuung engagierten Erzieherinnen und Erzieher wünschte sich 2005 denn auch ein Drittel der Befragten. Zudem war es ihnen ein wichtiges Anliegen, dass das Betreuungsangebot und die Betreuungsintensität zunehmen: 41 Prozent sprachen sich für eine kleinere Gruppengröße und 35 Prozent für längere Betreuungszeiten aus. Inhaltlich plädierte jeder Dritte für eine bessere Sprachförderung sowie für mehr Sport und Ernährungserziehung.

Wahrscheinlich nimmt Deutschland europa- wenn nicht sogar weltweit eine Sonderstellung in dem Bemühen ein, Kinder bis zum Schuleintritt vor dem vermeintlichen Ernst des Lebens zu schützen. Perspektive-Deutschland hat gezeigt: Die Eltern denken anders. Sie möchten, dass ihren Kindern mehr zugetraut wird. Und möglicherweise liegt der Rest der Welt nicht falsch. Vielleicht schaden wir unseren Kindern in ihren ersten und, wie wir wissen, für den Rest des Lebens entscheidenden Jahren, wenn wir ihnen so viele Entwicklungschancen und Lernstoff vorenthalten.

Sehr viel unzufriedener noch als mit der frühkindlichen Bildung sind die Bürger jedoch mit den Verhältnissen an unseren öffentlichen Schulen. Etwa 60 Prozent fordern Jahr für Jahr Maßnahmen gegen den häufigen Ausfall von Unterrichtsstunden; ebenso viele sprechen sich dafür aus, länderübergreifende Leistungsstandards festzulegen und Lernergebnisse durch einheitliche Tests regelmäßig zu überprüfen; jeder Zweite schließlich mahnt kleinere Schulklassen an – alles Forderungen, die die Teilnehmer seit Beginn dieser Fragestellung im Jahr 2003 immer wieder erheben. Der Ruf nach einheitlichen Bildungsstandards ist in den östlichen Bundesländern besonders laut.

Bei den Lehrinhalten steht an der Spitze der Mängelliste die unzureichende Vermittlung von Allgemeinbildung (siehe Abbildung 25). Hier mahnten im Jahr 2005 drei von vier Befragten »dringenden Verbesserungsbedarf« an. Auf dem zweiten Platz rangierten soziale Kompetenz und Teamfähigkeit mit 67 Prozent. An dritter Stelle folgten traditionelle Tugenden wie Fleiß, Ordnung und Disziplin. Mehr als die Hälfte der Teilnehmer hielt dies für besonders wichtig, auch 40 Prozent der Jugendlichen zwischen 16 und 19 Jahren.

Die Bürger sind sich der Situation an unseren Schulen sehr genau bewusst. Sie haben klare Vorstellungen, wie Wissen und Bildung effizienter vermittelt werden könnten. Wunder erwarten sie nicht von den Schulen – nur eine bessere Erfüllung ihres elementaren Bildungsauftrags.

Nach dem wichtigsten Veränderungsbedarf in den Hochschulen

Abb. 25 Verbesserungsbedarf Lehrinhalte der Schulen

befragt, sind sich Gesamtbevölkerung und Studierende einig. Mit Abstand nannten beide Gruppen auch 2005 an erster Stelle eine stärkere Praxisorientierung (siehe Abbildung 26). In der Gesamtbevölkerung folgten dann eine leistungsorientierte Bezahlung der Lehrenden und immerhin auf Platz drei die Einführung von Studiengebühren – von einem Viertel der Teilnehmer als sehr wichtig genannt. Die Studierenden zogen allerdings nicht mit: Nur 12 Prozent hielten dies für eine wichtige Maßnahme. Für sie waren bessere Beratung sowie leistungsorientierte Bezahlung der Lehrenden am zweit- und drittwichtigsten. Weder die Gesamtbevölkerung noch die Studierenden forderten dagegen grundlegende strukturelle Maßnahmen. Vermehrter Wettbewerb unter den Hochschulen oder auch mehr private Hochschulen lagen in beiden Gruppen an letzter Stelle.

Eine höhere Zustimmung zu Studiengebühren ergab sich, als nach konkreten Finanzierungsarten für die staatlichen Hochschu-

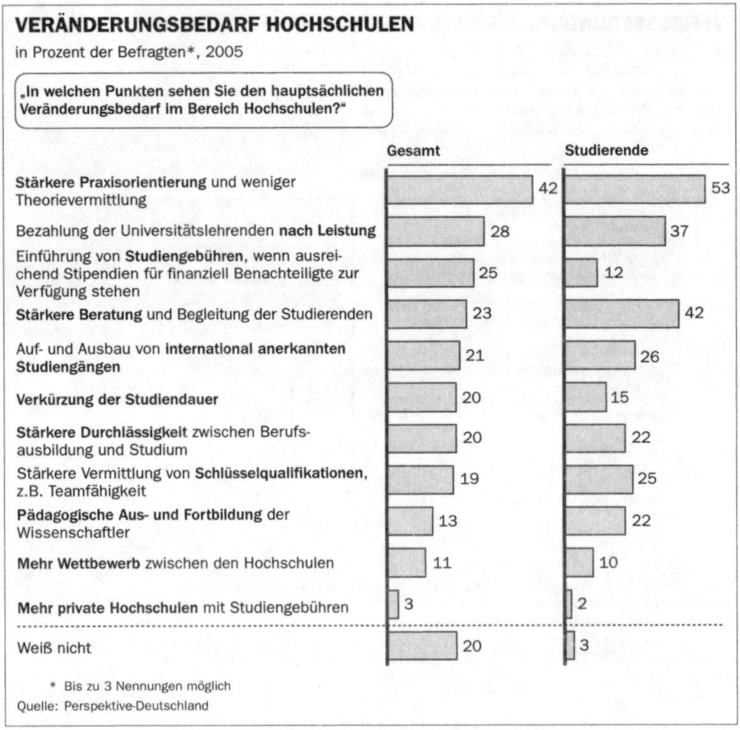

Abb. 26 Veränderungsbedarf Hochschulen

len gefragt wurde: Hier gaben mehr als 20 Prozent der Studierenden an, die Kosten ihrer Ausbildung mittragen zu wollen, wenn dafür eine Kreditfinanzierung angeboten würde. In der Gesamtbevölkerung waren es sogar fast 40 Prozent.

Dass erworbenes Wissen heute schneller als früher veraltet und damit nicht mehr für ein ganzes Berufsleben ausreicht, dürfte sich inzwischen herumgesprochen haben. Die Konsequenz daraus, ein lebenslanges Lernen bis hin zur Vorbereitung auf einen neuen Beruf, ist daher für viele Menschen keine wirklichkeitsfremde Vorstellung mehr. Im Jahr 2003 wollten 70 Prozent aller Bundesbürger künftig mehr von ihrer Freizeit in Bildung investieren, ein Fünftel wollte dagegen weniger oder gar keine Zeit aufbringen. Die am häufigsten genannten Gründe waren Zeit- und Geldmangel, gefolgt von Unwissenheit über das bestehende Weiterbildungsangebot oder die Einschätzung, zu alt zu sein. Offenbar brauchen die Deutschen noch mehr Ermutigung zum lebenslangen Lernen.

Die Bereitschaft der Bürger, ihr eigenes Geld in Bildung und Weiterbildung zu investieren oder höhere Steuern zu akzeptieren, hält sich in engen Grenzen. Auf die Frage, was wir in Deutschland tun sollten, »um ein höheres Bildungsniveau zu erreichen«, plädierten 70 Prozent der Befragten für mehr Investitionen durch den Staat, finanziert durch Einsparungen auf anderen Gebieten. Lediglich ein Drittel war der Ansicht, jeder müsse eigenes Geld in einen hohen Bildungsstand investieren. Die Bereitschaft dazu war zwar bei Besserverdienenden (55 Prozent) und Akademikern (48 Prozent) höher, doch weit von Zustimmungsraten entfernt, die einer Wissensgesellschaft angemessen wären.

Schließlich hat Perspektive-Deutschland danach gefragt, wie es mit der persönlichen Einsatzbereitschaft für die Bildung der Kinder in der eigenen Familie steht. Sind die Eltern bereit, auch privat mehr zu tun, wenn es um den eigenen Nachwuchs geht? Die Angaben liegen im erwarteten Bereich: Quer durch alle Einkommens- und Bildungsschichten wollten sich zumindest fast 90 Prozent der befragten Eltern in Zukunft verstärkt dafür einsetzen, dass ihre Kinder eine gute Bildung erhalten. Fast jeder Vierte ließ seinem Kind Förder- oder Nachhilfeunterricht erteilen. 13 Prozent der Eltern – 18 Prozent derjenigen mit Abitur oder akademischem Abschluss – schickten ihre Kinder wegen eines besseren Bildungsangebots in weiter entfernte oder schlechter erreichbare Schulen.

Perspektive-Deutschland zeigt: Die Menschen wissen um den Wert der Bildung und das Ausmaß des Handlungsbedarfs. Nur mit Spitzenleistungen im weltweiten Wettbewerb werden sie und ihre Kinder künftig im Wohlstand leben können. Immer mehr Menschen erkennen auch, dass dafür ein Spitzen-Bildungssystem erforderlich ist, und fordern nachdrücklich mehr Leistung in allen Bildungseinrichtungen. Doch sehen sie den Staat in der Pflicht, mit vorhandenen Steuermitteln diesen Quantensprung zu schaffen.

KAPITEL 8

Gesellschaftliches Engagement: Zwischen Wollen und Handeln

Wie engagiert sind eigentlich die Deutschen? Haben bürgerschaftliches Engagement und gelebte Solidarität einen festen Platz im Leben jedes Einzelnen – oder entwickelt sich unter der Last der ökonomischen Probleme eine Gesellschaft, in der die Ellenbogen wichtiger sind als der Sinn für Schwächere oder das große Ganze? Die Deutschen, ein Volk der sozial und politisch Unengagierten? Sicher nicht in ihren Grundeinstellungen: Die Menschen sehen mehrheitlich die Wichtigkeit und die Notwendigkeit sozialen Engagements, und sie sind politisch interessiert. Aber noch zu selten wird aus Einsicht, Interesse und Wollen auch Handeln. Immerhin: Die Mehrheit der Deutschen hat erkannt, dass der Sozialstaat an seine finanziellen Grenzen gestoßen ist und dass die Bürger selbst vermehrt soziale Aufgaben übernehmen müssen. Mehr Menschen als gemeinhin angenommen sind dazu auch bereit. Diese schlummernden Potenziale gilt es viel besser als heute zu nutzen.

Eine lebendige Demokratie, eine lebenswerte Gesellschaft, ist auf aktive Bürger angewiesen: auf Menschen, die kritisch beobachten, was die Politiker tun, und die an gemeinnützigen Aufgaben mitwirken. Auf den ersten Blick gibt die Wirklichkeit allerdings den Schwarzsehern Recht. Die Bereitschaft, sich in politischen Parteien, Kirchen, Gewerkschaften und Wohlfahrtsverbänden dauerhaft zu engagieren, nimmt seit Jahren stetig ab.

Die Parteien haben lange Zeit geflissentlich ignoriert, dass sie auf die Mitwirkung der Bürger angewiesen sind – nicht nur bei den Wahlen. Vereinzelte Versuche einer stärkeren Beteiligung an bundespolitischen Entscheidungen verliefen im Sande. Die Deutschen durften weder über die Einführung des Euro noch, wie Franzosen oder Holländer 2005, über den europäischen Verfassungsentwurf abstimmen. Auch das Argument, die Bürger seien über ein halbes Jahrhundert nach Gründung der Bundesrepublik mündig genug, um ihr Staatsoberhaupt direkt zu wählen, blieb ohne Echo. Die Parteistrategen wollen sich nicht gerne in ihr Geschäft hineinreden lassen – ob aus purem Machtstreben oder weil sie insgeheim denken, die Bürger seien für den Versuch, »mehr Demokratie zu wagen«, noch immer nicht reif.

Dass bürgerliches Engagement und Eigeninitiative bei Politikern aller Couleur inzwischen hoch im Kurs zu stehen scheinen, hat handfeste Gründe. Längst an den Grenzen seiner finanziellen Möglichkeiten angekommen, kann der Staat der Erwartung seiner Bürger, jedem eine umfassende Fürsorge zu garantieren, immer weniger entsprechen. Er ist daher darauf angewiesen, dass die Bürger stärker als bisher Verantwortung für sich und andere übernehmen. Unglücklicherweise fällt dieser Kurswechsel in eine Phase, in der die karitativen Einrichtungen über einen Mangel an ehrenamtlichen Mitarbeitern und Einnahmeschwund klagen. Umso nachdrücklicher bemühen sich die Politiker medienwirksam für mehr privates »Sozialkapital« zu werben. Schon im Frühjahr 2000 propagierte der damalige Bundeskanzler Gerhard Schröder die »zivile Bürgergesellschaft«, und eine Enquetekommission des Deutschen Bundestags befasste sich von 1999 bis 2002 mit der »Zukunft des Bürgerschaftlichen Engagements«. 2004 forderte die Regierungskommission »Impulse für die Zivilgesellschaft« den Ausbau und die Aufwertung der Freiwilligendienste in Deutschland.

Welche Einstellung aber haben jenseits aller politischen Deklarationen die Menschen selbst zum gesellschaftlichen Engagement, und wichtiger noch: Was tun sie wirklich? Vor allem die zweite Frage ist mit den üblichen Mitteln der Demoskopie nur schwer zu beantworten. Bisherige Untersuchungen zu diesem Thema fassen den Begriff »soziales Engagement« unterschiedlich eng, so dass die Ergebnisse auf der Zeitachse kaum miteinander vergleichbar sind. Je nachdem, ob auch gelegentliche Aktivitäten berücksichtigt werden, etwa bei der Organisation einer Sportveranstaltung oder eines Schulfestes, oder nur die dauerhafte Mitarbeit in einem der Wohlfahrtsverbände zählt, liefern die Untersuchungen unterschiedliche Ergebnisse.

Perspektive-Deutschland hat darum konkret nach der Art des gesellschaftlichen Engagements und nach der Häufigkeit gefragt. Der Schwerpunkt lag auf zwei Bereichen, die für die Zukunft des Landes besonders bedeutsam sein dürften: dem sozialen und dem politischen Engagement.

Das Ergebnis: Die Mehrzahl der Bürger rechnet damit, dass ihr gesellschaftspolitisches Engagement in Zukunft an Bedeutung gewinnen wird – 70 Prozent der Deutschen gingen davon aus, dass sie künftig soziale Aufgaben vom Staat übernehmen müssen. 54 Prozent stimmten aber auch der Aussage zu, dass Bürger und private Institutionen viele soziale Dinge in besserer Qualität leisten können als der Staat.

Wie bereits im zweiten Kapitel gezeigt, betrachten es außerdem 47 Prozent der Deutschen als persönliches Anliegen, sich für Bedürftige und gesellschaftliche Randgruppen stark zu machen. Wofür setzen sich aber die Bürger tatsächlich in uneigennütziger Weise ein? Insgesamt erklärten 52 Prozent, sich zumindest gelegentlich ehrenamtlich zu betätigen. 14 Prozent taten dies bei sportlichen Veranstaltungen und 11 Prozent im Bereich Freizeit und Geselligkeit. Gut ein Viertel der Teilnehmer engagierte sich sozial, z. B. in Schule und Kindergarten, in Kirche und Jugendarbeit, bei der Unterstützung von Bedürftigen und bei Rettungsdiensten (siehe Abbildung 27).

Ein dauerhaftes Engagement mit einem Zeiteinsatz von mindestens zwei Stunden pro Woche pflegten fast 30 Prozent der Befragten, 17 Prozent auf sozialem Gebiet. Im Vergleich mit den 47 Prozent, die den Einsatz für Bedürftige und gesellschaftliche Randgruppen als persönliches Anliegen bezeichnen, wird die Kluft zwischen gutem Willen und guter Tat deutlich; sie ist übrigens im reicheren Westen größer als in den östlichen Bundesländern.

Wie sieht der Personenkreis aus, der sich für freiwillige Rettungsdienste, für die Jugendarbeit oder die Organisation eines Pfarrfestes zur Verfügung stellt? Erwartungsgemäß ist die Bereitschaft zu uneigennütziger Nächstenhilfe unter den Menschen besonders groß, die sich ihren religiösen Überzeugungen und ihrem sozialen Verantwortungsgefühl entsprechend auch sonst engagieren. Bei-

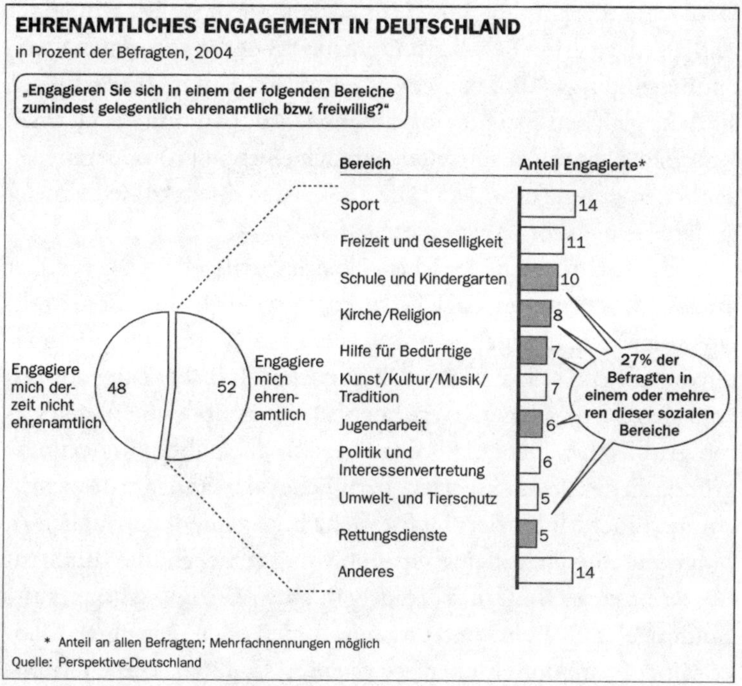

Abb. 27 Ehrenamtliches Engagement in Deutschland

spielsweise gaben Menschen mit einer engeren Beziehung zu ihrer Kirchengemeinde, also regelmäßige Gottesdienstbesucher, zu 70 Prozent an, sich zumindest gelegentlich für soziale Belange einzusetzen. Unter den besonders Aktiven finden sich viele derjenigen wieder, die äußerten, sich »für die Gesellschaft verantwortlich zu fühlen«, und somit nicht nur ein Lippenbekenntnis ablegten.

Auffällige Unterschiede zeigen sich, wenn man andere Gruppen in der Bevölkerung betrachtet: Akademiker liegen mit ihrem sozialen Engagement 11 Prozentpunkte vor Teilnehmern ohne oder mit einem einfachen Bildungsabschluss. Bezieher höherer Einkommen sind um 7 Prozentpunkte stärker vertreten als Geringverdiener.

Neue Untersuchungen zum Spendenverhalten der Deutschen zeigen ein ähnliches Bild wie die Erkenntnisse von Perspektive-

Deutschland zum Zeiteinsatz für soziale Belange: Der Anteil der zeitlich engagierten Bevölkerung entspricht der so genannten Spendenbeteiligungsquote von etwa 40 Prozent. Unter den Spendern sind die gleichen soziodemografischen Gruppen und die gleichen Regionen prominent vertreten, die auch einen überproportionalen zeitlichen Einsatz erbringen. Die These »der eine setzt Zeit ein, der andere Geld« ist offenbar nicht haltbar.[17]

Wie aber lassen sich Menschen, die sich sozialen Fragen gegenüber aufgeschlossen zeigen, dazu bewegen, tatsächlich eine ehrenamtliche Aufgabe zu übernehmen? 2004 äußerten 8 Prozent der Befragten die Absicht, sich in nächster Zeit stärker als bisher ehrenamtlich engagieren zu wollen. Weitere knapp 30 Prozent der Befragten waren grundsätzlich ebenfalls dazu bereit, sahen aber Hinderungsgründe, in der Regel eine starke berufliche oder familiäre Beanspruchung. Einer Mobilisierung für mehr Engagement zugänglich ist hingegen eine eher kleine Gruppe von Menschen, die durchaus überwindbare Hindernisse angeben: eine Abneigung gegen feste Bindungen an Vereine und Organisationen oder auch einen Mangel an Informationen über geeignete Aktivitäten. Diese Gruppe macht zwar nur 3 Prozent aller Teilnehmer aus, doch gemeinsam mit den bereits erwähnten 8 Prozent zu stärkerem Engagement fest Entschlossenen ergäbe sich – hochgerechnet auf die Gesamtbevölkerung – ein Potenzial von 6 Millionen Menschen, die zumindest für eine gelegentliche ehrenamtliche Mitarbeit an sozialen Aufgaben zusätzlich gewonnen werden könnten. Möglicherweise sind es sogar noch mehr, wenn es gelingt, auch diejenigen einzubinden, die bislang kein Interesse an einem stärkeren Engagement haben (35 Prozent) oder allein den Zeitmangel als Hinderungsgrund angeben.[18]

---

17 Eckhard Priller und Jana Sommerfeld: *Wer spendet in Deutschland?* Wissenschaftszentrum Berlin, Dezember 2005

18 Laut Zeitverwendungsstudie des Statistischen Bundesamtes verbringt jeder Bundesbürger pro Tag durchschnittlich drei Stunden mit Spiel, Sport und sonstigen Hobbys oder vor dem Fernseher. Das Zeitbudget sollte demnach in vielen Fällen noch Dispositionsmöglichkeiten enthalten.

Vieles spricht also dafür, dass es bei der Gewinnung freiwilliger Helfer in hohem Maße – in der Sprache der Wirtschaft ausgedrückt – auf den richtigen Marketing-Mix ankommt: Produkt, Zielgruppe, Vertriebsweg und Preis. Richtige »Produkte« für die potenziellen Freiwilligen sind eher zeitlich begrenzte, projektartige Einsätze statt lebenslang bindende Mitgliedschaften. Auch gilt es, die richtige »Zielgruppe« anzusprechen, nämlich die vorgenannten Gruppen, die überproportional aufgeschlossen sind und über mehr Zeit verfügen, wie etwa die »jungen Alten«. Der richtige »Vertriebsweg« beginnt damit, dass die Zielgruppe über Möglichkeiten, sich zu engagieren, informiert wird. Auch zum heiklen Thema »Preis« – also eine Vergütung für die freiwillige Tätigkeit – brachte Perspektive-Deutschland ein klares Ergebnis: Auf eine materielle Vergütung kommt es nicht an; entscheidend sind ideelle Aspekte und die soziale Anerkennung – wie etwa in den USA, wo ehrenamtliche Tätigkeiten beispielsweise bei Bewerbungen durchgängig ein Pluspunkt sind.

Zahlreiche Beispiele zeigen, dass sich ehrenamtliches Engagement flexibel und ohne starre Strukturen organisieren lässt. So entwickelte sich beispielsweise der »Verein Deutsche Tafel e. V.« in wenigen Jahren zu einem Netzwerk mit bundesweit mehr als 400 Tafeln und über 20.000 ehrenamtlichen Helfern. Ein Fahrdienst sammelt in Geschäften und Restaurants überschüssige Lebensmittel ein, die dann in Sozialküchen an Bedürftige verteilt werden. Dabei gilt der Leitspruch: Jeder gibt, was er kann. Ob ein paar Stunden am Tag, in der Woche oder im Monat – jeder Freiwillige spendet nur so viel Freizeit, wie seine Möglichkeiten es zulassen. Ein anderes Beispiel ist Wellcome e. V., eine Organisation, deren Mitglieder Familien in den ersten Monaten nach der Geburt eines Kindes ehrenamtlich Unterstützung bieten. Hier ist der Einsatz der Helfenden zwar intensiv, aber nach einigen Wochen beendet. Sie bestimmen selbst, ob sie danach wieder aussteigen, pausieren oder eine neue Familie betreuen möchten.

Gemessen an der großen Bereitschaft der Bürger, ehrenamtlich etwas für das Gemeinwohl zu tun, liegt in unserem Lande noch ein erhebliches Potenzial an sozialem Engagement brach. Das ist eine gute Nachricht vor allem für die Kommunen, deren personelle und finanzielle Mittel immer weniger ausreichen, um die wachsenden Sozialaufgaben zu bewältigen, aber auch für karitative Einrichtungen: Sie könnten durch die Gewinnung freiwilliger Helfer trotz knapper Finanzmittel mehr bewirken. Wenn es gelingt, Hilfswilligen noch stärker als bisher zu vermitteln, dass sie eine auch für sie selbst anregende und bereichernde Aufgabe übernehmen können, wenn der tatsächliche Einstieg in eine ehrenamtliche Arbeit erleichtert wird, dann sollte die Mobilisierung erfolgreicher sein als heute.

Zögerlicher als im sozialen Engagement zeigen sich die Deutschen in ihrer Bereitschaft, sich politisch zu engagieren. Nicht dass sie politisch desinteressiert wären. Seit 2002 ist der Anteil derer, die »starkes oder sehr starkes Interesse« daran bekundeten, »was in der Politik und im öffentlichen Leben vor sich geht« von 33 auf zuletzt 45 Prozent stetig gestiegen. Nur 5 Prozent der Befragten erklärten, wenig oder gar nicht interessiert zu sein.

Damit liegen die Deutschen klar vor anderen Europäern. 2003 bezeichneten sich bei einer Repräsentativbefragung von Perspektive-Deutschland weniger als 30 Prozent der Franzosen und Engländer als politisch interessiert, in Italien und Polen sogar weniger als 20 Prozent. Im selben Jahr lag der Wert für Deutschland bei 40 Prozent.

Entsprechend intensiv nutzen die Deutschen die Berichterstattung in den Medien. Mit 56 Prozent waren die Männer unter den politisch besonders stark Interessierten leicht überproportional vertreten. Das politische Interesse nimmt mit Alter, Bildung und Einkommen zu.

Insgesamt gesehen schlägt sich das große Politikinteresse jedoch nicht in einem auch nur annähernd vergleichbaren Engagement nieder: Deutschland ist keine unpolitische, wohl aber eine politisch unengagierte Nation. Nur jeder Fünfte gab 2004 an, es sei ihm wichtig, sich politisch zu betätigen. Jeder Dritte lehnte eine aktive Teilhabe rundheraus ab. Und selbst von jenen 20 Prozent mit Interesse an einem Engagement findet nur ein geringer Teil den Weg in die politische Praxis: 6 Prozent der Teilnehmer gaben an, in politischen

Einrichtungen oder Interessenvertretungen mitzuwirken. Dies korrespondiert mit dem kritischen Urteil über die politischen Institutionen, das im ersten Kapitel beleuchtet wurde. Es mag auch eine Rolle spielen, dass die Politik zunehmend als ein von Profis besetzter Berufszweig wahrgenommen wird, bei dem Talente wie Rhetorik und Mediengewandtheit oft wichtiger erscheinen als inhaltliche Kompetenz, und Parteitaktik wichtiger als die Suche nach dem besten Weg.

Im erwähnten Fünfländervergleich belegt Deutschland anders als beim politischen Interesse mit den genannten Zahlen zum politischen Engagement nur einen mittleren Platz. England und Italien liegen vor Deutschland, Frankreich und Polen dahinter. In keinem der vier Vergleichsländer ist die Kluft zwischen Interesse und aktiver Mitwirkung größer als in Deutschland. Das muss vor allem den Parteien zu denken geben, denen es immer weniger gelingt, politisch interessierte Bürger zu einer Mitgliedschaft zu bewegen. Selbst von den 6 Prozent der politisch Engagierten ist nur knapp die Hälfte Mitglied einer politischen Partei. Überraschend ist diese Abstinenz nicht, wenn man sich noch einmal vergegenwärtigt, dass lediglich 3 Prozent aller Bürger den Parteien vertrauen. Die zunehmende Distanz der Bürger zu den für die politische, wirtschaftliche und soziale Entwicklung unseres Landes unmittelbar verantwortlichen Gruppierungen offenbart einen beklagenswerten Mangel an gelebter Demokratie. Wie viel mehr Substanz und Kraft könnte dem politischen Willensbildungsprozess zugute kommen, wenn eine größere Zahl von Bürgern bereit wäre, durch die Übernahme von Aufgaben und Mandaten in politischen Institutionen gestaltenden Einfluss auf das Geschehen außerhalb ihrer Privatsphäre zu nehmen.

Besonders sollte zu denken geben, dass immer mehr junge Leute das Interesse an der Politik und der Teilnahme am politischen Willensbildungsprozess verlieren. In der Perspektive-Deutschland-Umfrage von 2005 gab in der Altersgruppe der 16- bis 29-Jährigen nur knapp ein Drittel an, ein starkes oder sehr starkes Interesse an Politik zu haben (gegenüber 45 Prozent in der Gesamtbevölkerung). Auch laut *Datenreport 2004* des Statistischen Bundesamtes liegt das

Politikinteresse der jungen Menschen seit Anfang der neunziger Jahre nicht nur deutlich unter dem Bevölkerungsdurchschnitt, sondern hat auch überdurchschnittlich stark abgenommen. Der aktuellen Shell-Jugendstudie zufolge ist zwischen 1984 und 2002 der Anteil politisch Interessierter unter den 15- bis 24-Jährigen von knapp 60 auf 34 Prozent zurückgegangen. Wenig erstaunlich also, dass die Wahlbeteiligung der Jungwähler (21 bis 25 Jahre) bereits seit 1987 mehr als 10 Prozentpunkte unter der Gesamt-Wahlbeteiligung liegt.

Von den wenigen, die sich engagieren, sucht eine wachsende Zahl der Jüngeren politisches Engagement abseits der traditionellen Strukturen. Anstatt sich in einer Parteihierarchie hochzudienen, bevorzugen sie alternative Foren und Formen politischer Betätigung. Dies sind laut Shell-Studie vor allem »punktuelle politische Events und Aktionen, die keine verbindliche und längerfristige Mitgliedschaft voraussetzen«, wie etwa Unterschriftensammlungen oder Demonstrationen – ein Trend, der sich zunehmend auch in den höheren Altersgruppen zeigt und bei Perspektive-Deutschland für die Gesamtbevölkerung ebenfalls beim sozialen Engagement zu Tage trat. Insgesamt signalisieren die Teilnehmer damit jedoch weniger eine Abkehr vom Engagement per se als vielmehr eine Abwendung von traditionell organisierten Formen des Engagements.

Soll Politik für Bürger aller Altersgruppen vertrauenswürdiger und damit für ein persönliches Engagement attraktiver werden, so verlangt dies nach einer Reihe von Reformen der politischen Institutionen. Dazu haben die Teilnehmer von Perspektive-Deutschland klare Vorstellungen – sie betreffen eine größere Transparenz demokratischer Prozesse, eine effiziente Leistungskontrolle und eine direktere Bürgerbeteiligung. Beispielsweise forderten bereits im Jahr 2002 fast zwei Drittel der Befragten, Bundestagsabgeordnete müssten ihre Nebeneinkünfte und etwaige Interessenverflechtungen offen legen. Die heute schon gültigen Regeln reichten aus Sicht der Bürger offenbar nicht aus – oder waren ihnen nicht bewusst. Fast 60 Prozent der Teilnehmer sprachen sich zudem dafür aus, der Bundestag möge regelmäßig Rechenschaft über die Folgen seiner Entscheidungen ablegen. Damit verlangten die Bürger von den

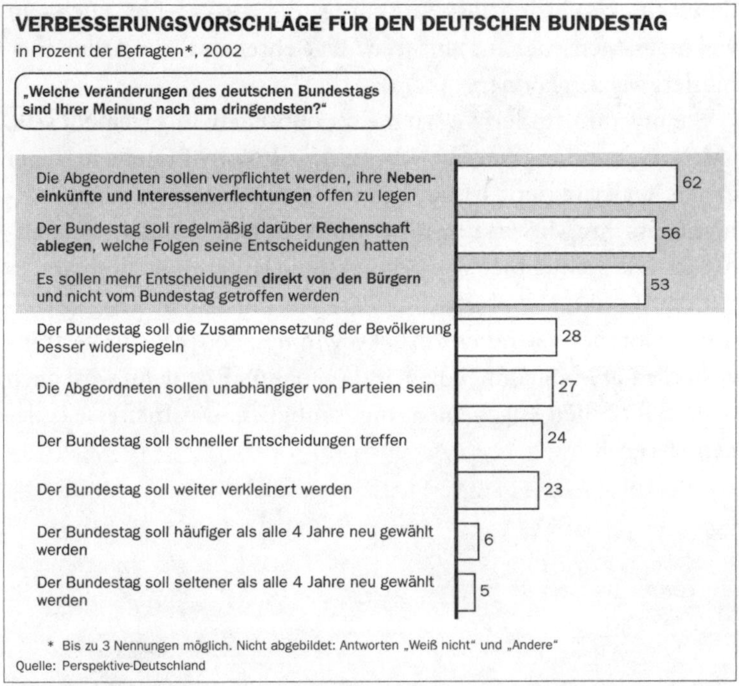

Abb. 28 Verbesserungsvorschläge für den Deutschen Bundestag

Politikern, dass diese persönlich Verantwortung für ihr Handeln übernehmen. Gut die Hälfte der Teilnehmer würde außerdem gern durch Volksentscheide unmittelbarer am Entscheidungsprozess teilhaben (siehe Abbildung 28).

Einstweilen ist Deutschland vom Ideal einer aktiven Bürgergesellschaft noch ein gutes Stück entfernt. Überzeugend ist jedoch das große Bekenntnis zu sozialem Engagement ebenso wie zur Demokratie. Die Bereitschaft, sich in dieser Gesellschaft persönlich zu engagieren, ist durchaus vorhanden. Soziale Einrichtungen ebenso wie Parteien könnten die mentalen Hürden vieler Bereitwilliger durch geeignete Angebote abbauen, damit aus gutem Willen mehr gute Taten werden. Hier ist eindeutig mehr möglich.

Perspektive-Deutschland jedenfalls liefert klare Hinweise, wie durch eine professionellere Strukturierung des Angebots noch sehr viel mehr Menschen für eine freiwillige ehrenamtliche Arbeit mobilisiert werden können.

Steiniger dürfte der Weg zu mehr politischem Engagement sein. »Mehr Demokratie wagen« – dieser Appell Willy Brandts in seiner ersten Regierungserklärung 1969 sollte die Menschen daran erinnern, dass ihre Mitwirkung nicht nur erwünscht, sondern notwendig ist. Die Teilnehmer von Perspektive-Deutschland brachten es auf den Punkt: Die politischen Parteien müssen sich engagieren und verlorenes Vertrauen zurückgewinnen. Beispiele für vertrauensbildende Maßnahmen haben sie genannt. Erst dann wird auch beim politischen Engagement mehr möglich. Das Interesse ist jedenfalls groß.

KAPITEL 9

Deutschlands Regionen: Ungenutzte Potenziale

Perspektive-Deutschland ermöglicht nicht nur einen einzigartig trennscharfen Blick auf die gesamtdeutsche Gefühls- und Meinungslandschaft, sondern zusätzlich auch eine Nahaufnahme der einzelnen Regionen. Die Umfrageergebnisse geben Aufschluss über die unterschiedlichen Lebenswelten der Deutschen in ihrem regionalen Umfeld und liefern Hinweise, wie sich die Zufriedenheit der Bürger an ihrem Wohnort verbessern lässt. Wo sind die Menschen in Deutschland am zufriedensten – und wo weniger? Welche Regionen sind für die Zukunft gut gerüstet und warum blicken ihre Bürger zuversichtlicher in die Zukunft als anderswo? Dank der immensen Datenfülle und Datendichte von Perspektive-Deutschland ist es möglich, exemplarisch zu zeigen, welche vermeintlichen »Underdogs« ganz nach vorne kommen können – was sie dazu tun, und was andere Regionen daraus lernen können.

So rasant die Globalisierung auch voranschreiten mag – wir erleben zurzeit eine Renaissance der Regionen, eine Rückbesinnung auf den engeren Lebensraum. Dafür gibt es mehrere Ursachen. Eine davon mag das wahrgenommene Unvermögen von Politik auf Bundes- und Landesebene sein. Auch dürfte es für viele Bürger nach wie vor schwierig sein, sich mit dem abstrakten Gebilde der Europäischen Union zu identifizieren. Da liegt es nahe, dass die Menschen den Blick wieder stärker auf überschaubare Lebensräume richten und dort nach Veränderungen suchen, wo sie selbst noch etwas bewegen können. Tatsächlich bestätigt die Erfahrung, dass seit langem wirtschaftliche Erfolgsgeschichten eher von Regionen geschrieben werden als von ganzen Ländern.

Im historisch dezentralen und föderalistischen Deutschland regt sich vielerorts neues Selbstbewusstsein. Niemand möchte zu den Verlierern gehören, wenn Arbeitsplatz und Wohlstand gefährdet sind – der eigene wie auch der von Familienmitgliedern, Freunden und Bekannten. Im eigenen Umfeld etwas zu bewegen, ist den Menschen sehr wichtig. Vorrang vor einem bloßen Konkurrenzkampf mit der Nachbarregion sollte allerdings das Gemeinwohl des ganzen Landes haben: Nicht »eigener Vorteil zu Lasten der anderen« lautet die Devise, sondern »Verbesserung zum Vorteil aller«.

In dieser regionalen Dynamik verlieren einstige Musterschüler an Boden, scheinbar ewige Schlusslichter rücken vor. Auf- und Absteiger gibt es in allen Teilen des Landes. Das Erfreuliche: Auch in Ostdeutschland signalisieren inzwischen einige unübersehbare »Leuchttürme« einen aufkeimenden Optimismus. Erfolgsmuster sind erkennbar, die vielen Regionen Anregungen geben können.

Mit Perspektive-Deutschland ist es dank der großen Teilnehmerzahl erstmals möglich, quer durch Deutschland selbst für relativ kleine Regionen tragfähige Aussagen zu treffen. Es ist die weltweit einzige Datenbasis, die »auf Knopfdruck« differenzierte Wertungen, Einstellungen und Vorschläge von mehr als 100 Regionen in Deutschland liefert und aus den Unterschieden ermöglicht. Etwa darüber, warum die Bürger in einigen Regionen zufriedener sind als in anderen und wo die Menschen positiv in die Zukunft sehen und warum. Und man erfährt, wo die Regionen ihren größten Verbesserungsbedarf haben und welche Faktoren ihre Zufriedenheit am meisten prägen.

117 Regionen wurden unter die Lupe genommen. Ihre Grenzen entsprechen weitgehend der offiziellen Regionaleinteilung, die das Bundesamt für Bauwesen und Raumordnung verwendet (siehe Abbildung 29). Im Sinne der besseren Vergleichbarkeit wurden die Regionen entsprechend ihrer Siedlungsstruktur in vier Klassen untergliedert:

- Die *15 Großstädte* mit mehr als 400.000 Einwohnern. Sie hatten 2005 im Durchschnitt gut 930.000 Einwohner, eine Arbeitslosenquote von 14,5 Prozent und ein verfügbares jährliches Pro-Kopf-Nettoeinkommen von 18.100 Euro. Zwischen 2000 und 2005 ist ihre Bevölkerung im Durchschnitt um 0,7 Prozent gewachsen. Hier leben 17 Prozent der Deutschen.

- 37 *Agglomerationsräume* mit einer sehr hohen Siedlungsdichte (mehr als 300 Einwohner pro Quadratkilometer) oder mit einem Oberzentrum, das über 300.000 Einwohner zählt. Sie haben durchschnittlich rund 800.000 Einwohner, eine Arbeitslosenquote von 10,9 Prozent und ein verfügbares jährliches Pro-Kopf-Nettoeinkommen von 17.600 Euro. Die Agglomerationsräume sind zwischen 2000 und 2005 um 0,4 Prozent gewachsen. 36 Prozent der Deutschen leben hier. Beispiele für Agglomerationsräume sind die Regionen Bochum, Bielefeld, Mannheim, Bonn, Chemnitz-Erzgebirge oder Gelsenkirchen.
- 42 *verstädterte Räume* mit einer hohen Siedlungsdichte (mehr als 150 Einwohner pro Quadratkilometer) oder einem Oberzentrum mit über 100.000 Einwohnern. Die verstädterten Räume haben durchschnittlich ca. 685.000 Einwohner, eine Arbeitslosenquote von 11,2 Prozent und ein verfügbares jährliches Pro-Kopf-Nettoeinkommen von16.200 Euro. Ihre Einwohnerzahl ist zwischen 2000 und 2005 im Schnitt nahezu unverändert geblieben. Hier leben 35 Prozent der Deutschen. Beispiele für verstädterte Räume sind die Regionen Halle/Saale, Magdeburg, Würzburg, Oldenburg oder Schleswig-Holstein-Mitte (mit Kiel).
- 23 *ländliche Räume* mit einer niedrigen Siedlungsdichte (unter 150 Einwohnern pro Quadratkilometer) und ohne ein Oberzentrum mit mehr als 100.000 Einwohnern. Durchschnittlich haben sie rund 450.000 Einwohner, eine Arbeitslosenquote von 11,8 Prozent und ein verfügbares jährliches Pro-Kopf-Nettoeinkommen von 15.400 Euro. Die Einwohnerzahl in den ländlichen Räumen ist zwischen 2000 und 2005 im Durchschnitt um 0,6 Prozent gesunken. Hier leben nur 12 Prozent der Deutschen.

Seit der ersten Perspektive-Deutschland-Umfrage im Jahr 2001 gaben regelmäßig etwa 70 Prozent aller Bundesbürger an, dass man an ihrem Wohnort oder in ihrer Region »alles in allem gesehen sehr gut oder gut leben« könne (siehe zweites Kapitel). Hierbei offenbarten sich ein deutliches Nord-Süd- und Ost-West-Gefälle: Mit Ausnahme der Großstädte stellt der Süden in jeder Regionenklasse die

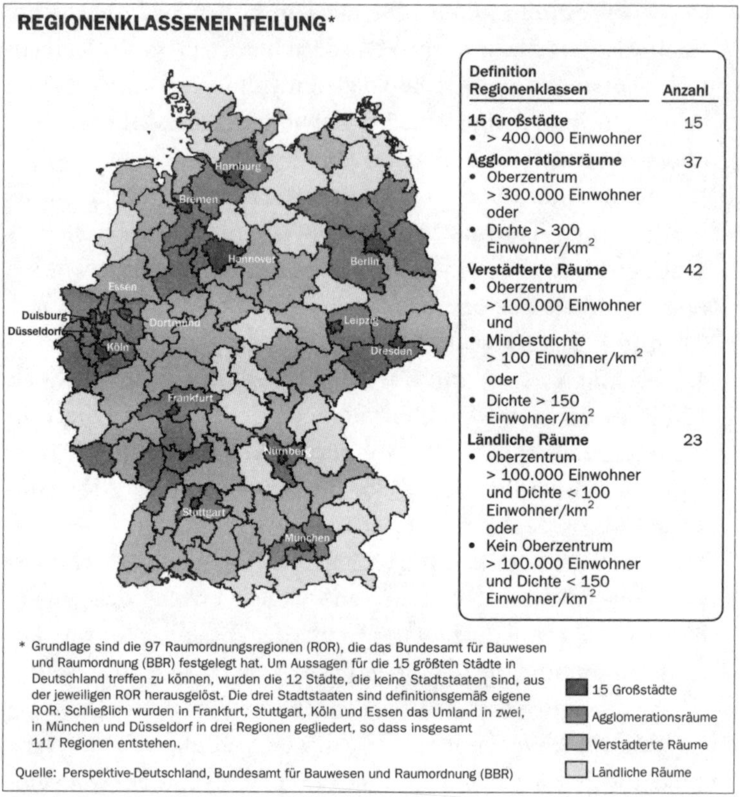

Abb. 29 Regionenklasseneinteilung

Spitzenreiter, der Osten die Schlusslichter. Unter den 15 Großstädten liegen Stuttgart und München Kopf an Kopf – seit 2001 machen sie die ersten beiden Plätze unter sich aus –, bei den Agglomerationsräumen führt der Mittlere Oberrhein vor Starnberg/Landkreis München und dem östlichen Umland von Stuttgart. Bei den verstädterten Räumen findet sich neben Bodensee-Oberschwaben und dem Südlichen Oberrhein überraschenderweise mit Münster ein eher nördlicher Vertreter in der Spitzengruppe. Unter den ländlichen Räumen liegen mit Oberland, Südostoberbayern und dem Allgäu drei Voralpenregionen auf den ersten Plätzen (siehe Abbildungen 30 und 31).

Obwohl die Menschen in Ostdeutschland das Leben an ihrem Wohnort heute vielfach positiver beurteilen als früher und sich das Ost-West-Gefälle – wie im zweiten Kapitel ausgeführt – von ursprünglich 35 Prozentpunkten auf 23 im Jahr 2005 verringert hat, belegen ostdeutsche Regionen mit Ausnahme der Großstädte in allen Klassen noch immer die hintersten Plätze. Nur bei den Großstädten rangieren Dortmund, Berlin und Duisburg am Ende.

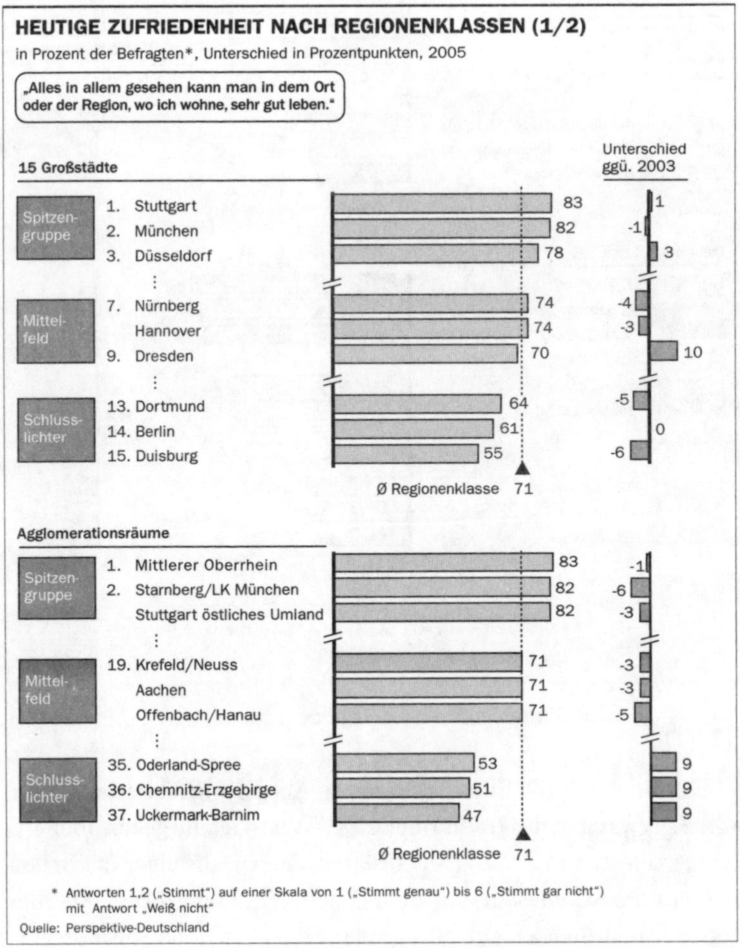

Abb. 30 Heutige Zufriedenheit nach Regionenklassen (1/2)

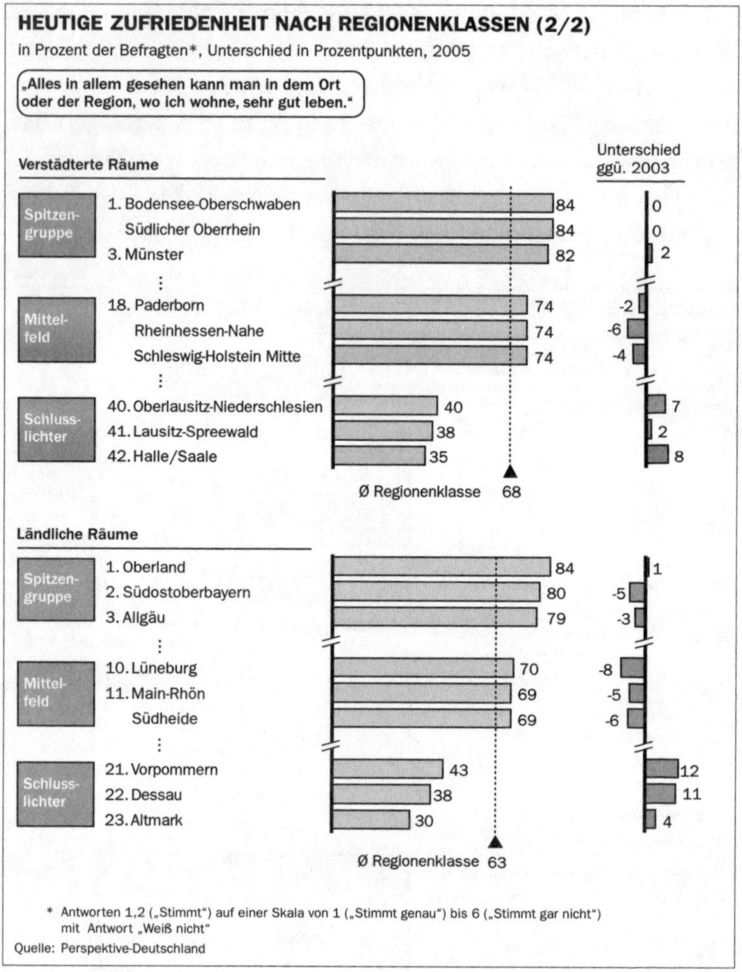

Abb. 31 Heutige Zufriedenheit nach Regionenklassen (2/2)

Der Blick auf die Einzelregionen in Abbildung 32 bestätigt, wie viel Bewegung in das traditionelle Ost-West-Gefälle gekommen ist. Immerhin stammen die zehn erfolgreichsten »Aufsteiger« zwischen 2003 und 2005 allesamt aus dem Osten, die zehn größten »Verlierer« sämtlich aus den alten Bundesländern – darunter sogar vereinzelt einige Regionen aus Süddeutschland.

Vergleicht man die Regionenklassen als Ganzes miteinander, so zeigt sich, dass Städter mit dem Leben zufriedener sind als die Menschen auf dem Land. Regionen sollte man daher primär innerhalb ihrer jeweiligen Klasse vergleichen; über die Klassengrenzen hinweg können solche Vergleiche häufig zu Verzerrungen führen.

Nicht nur die gegenwärtige Zufriedenheit hat Perspektive-Deutschland in den Regionen erfragt, sondern auch die »erwartete Zufriedenheit«, also die Einschätzung, wie gut man in der eigenen Region in fünf bis zehn Jahren wird leben können. Generell rechnen die Menschen in allen Regionen mit einer Verschlechterung der Lebensumstände – im Durchschnitt um eine Schulnote. Vergaben etwa 70 Prozent der Teilnehmer bei der heutigen Zufriedenheit die Bestnoten, so tun dies bei der erwarteten Zufriedenheit nur noch 37 Prozent. In ihrer Gesamtstruktur sind die heutige und die erwar-

VERÄNDERUNGEN DER ZUFRIEDENHEIT AM WOHNORT

in Prozent der Befragten*, Unterschied in Prozentpunkten

„Alles in allem gesehen kann man in dem Ort oder in der Region, wo ich wohne, sehr gut leben."

Größte Absteiger alle im Westen

Region**	Zufriedenheit 2003	2005	Δ
1. Erftkreis	77	68	-9
2. Lüneburg	78	70	-8
3. Bochum/Hagen	70	63	-7
Braunschweig	73	66	-7
Göttingen	68	61	-7
Oberpfalz-Nord	73	66	-7
Osnabrück	85	78	-7
8. Augsburg	82	76	-6
Westmittelfranken	78	72	-6
Würzburg	83	77	-6

Größte Aufsteiger alle im Osten

Region**	Zufriedenheit 2003	2005	Δ
1. Mecklenburgische Seenplatte	31	47	+16
2. Oberes Elbtal/Osterzgebirge	45	57	+12
Vorpommern	31	43	+12
4. Dessau	27	38	+11
5. Dresden	60	70	+10
Magdeburg	35	45	+10
7. Chemnitz-Erzgebirge	42	51	+9
Oderland-Spree	44	53	+9
Uckermark-Barnim	38	47	+9
10. Havelland-Fläming	52	60	+8

* Antworten 1,2 („Stimmt") auf einer Skala von 1 („Stimmt genau") bis 6 („Stimmt gar nicht") mit Antwort „Weiß nicht"

** Für die Regionen Bremen, Bremerhaven, München-Stadt, Starnberg/Landkreis München, Leipzig und Westsachsen wegen unterschiedlichen Regionenschnitts kein Vergleich zwischen 2003 und 2005 möglich

Quelle: Perspektive-Deutschland

Abb. 32 Veränderungen der Zufriedenheit am Wohnort

tete Zufriedenheit sehr ähnlich: Die Unterschiede zwischen Nord und Süd sowie zwischen Ost und West bleiben im Großen und Ganzen erhalten, ebenso beispielsweise das »Zufriedenheitsgefälle« zwischen städtischen und ländlichen Räumen.

Allerdings zeigen sich bei der Betrachtung der einzelnen Regionen einige Unterschiede zwischen den Rangplätzen bei der heutigen und der erwarteten Zufriedenheit. Vier Gruppen lassen sich unterscheiden:

- *Vorzeigeregionen* sind solche Regionen, die seit zwei Jahren sowohl bei der heutigen als auch der erwarteten Zufriedenheit im Spitzenfeld liegen. Dies sind beispielsweise die Regionen Stuttgart, München oder der Südliche Oberrhein. Ihre Bürger sind schon heute mit ihren Lebensverhältnissen sehr zufrieden und erwarten auch für die Zukunft nichts anderes.
- In *Hoffnungsträgerregionen* äußern die Menschen optimistischere Zukunftsaussichten, als es auf Grund der eher mittelmäßigen bis geringen heutigen Zufriedenheit zu erwarten wäre. Diese Regionen belegen bei der erwarteten Zufriedenheit deutlich bessere Rangplätze in ihrer Regionenklasse als bei der heutigen Zufriedenheit (siehe Abbildung 33). Sind sie die Erfolgsregionen von morgen? Leipzig beispielsweise schneidet in der Rangliste der Zukunftserwartungen um acht Plätze besser ab als bei der heutigen Zufriedenheit und belegt damit unter den 15 Großstädten Rang 4. Größere Hoffnungen auf eine positive Entwicklung zeigen unter den Agglomerationsräumen vor allem Westsachsen und Schleswig-Holstein Süd (plus 8 Plätze), unter den verstädterten Räumen Schleswig-Holstein-Ost (plus 7) und unter den ländlichen Räumen die Region Trier (plus 6).
- *Pessimisten* unter den Regionen finden sich überwiegend im Westen. Sie belegen bei der erwarteten Zufriedenheit deutlich niedrigere Rangplätze als bei der heutigen Zufriedenheit. So kommt Essen im Vergleich der 15 Großstädte bei der heutigen Zufriedenheit zwar noch auf Platz 11, bei der erwarteten jedoch nur noch auf Platz 14. Unter den Agglomerationsräumen schneidet die Region Oberhausen/Mülheim bei der erwarteten Zufrie-

denheit sogar 9 Plätze schlechter ab als bei der heutigen, während unter den verstädterten Räumen Ostwürttemberg und unter den ländlichen Regionen Westmittelfranken die »Pessimismus-Rangliste« anführen (siehe Abbildung 33).

REGIONEN MIT GRÖSSTEM RANGPLATZUNTERSCHIED HEUTIGE vs. ERWARTETE ZUFRIEDENHEIT

Rangplätze, Rangplatzunterschiede in der Regionenklasse, 2005

Regionenklasse		Regionen	Heutige Zufriedenheit	Erwartete Zufriedenheit	Rangplatzunterschied
Hoffnungsträger	15 Großstädte	Leipzig	12	4	8
		Dresden	9	6	3
		Berlin	14	12	2
	Agglomerationsräume	Schleswig-Holstein Süd	11	3	8
		Westsachsen	34	26	8
		Havelland-Fläming	30	24	6
	Verstädtterte Räume	Schleswig-Holstein Ost	23	16	7
		Oberfranken-West	25	19	6
		Hochrhein-Bodensee	13	8	5
	Ländliche Räume	Trier	13	7	6
		Vorpommern	21	17	4
		Dessau	22	19	3
Pessimisten	15 Großstädte	Essen	11	14	-3
		Köln	5	8	-3
		Nürnberg	7	10	-3
	Agglomerationsräume	Mittlerer Oberrhein	1	10	-9
		Oberhausen/Mülheim	22	31	-9
		Saar	27	34	-7
	Verstädtterte Räume	Ostwürttemberg	18	26	-8
		Schwarzwald-Baar-Heuberg	13	20	-7
		Ingolstadt	5	10	-5
	Ländliche Räume	Westmittelfranken	7	12	-5
		Mecklenburgische Seenplatte	18	22	-4
		Main-Rhön	11	14	-3

Quelle: Perspektive-Deutschland

Abb. 33 Regionen mit größtem Rangplatzunterschied heutige vs. erwartete Zufriedenheit

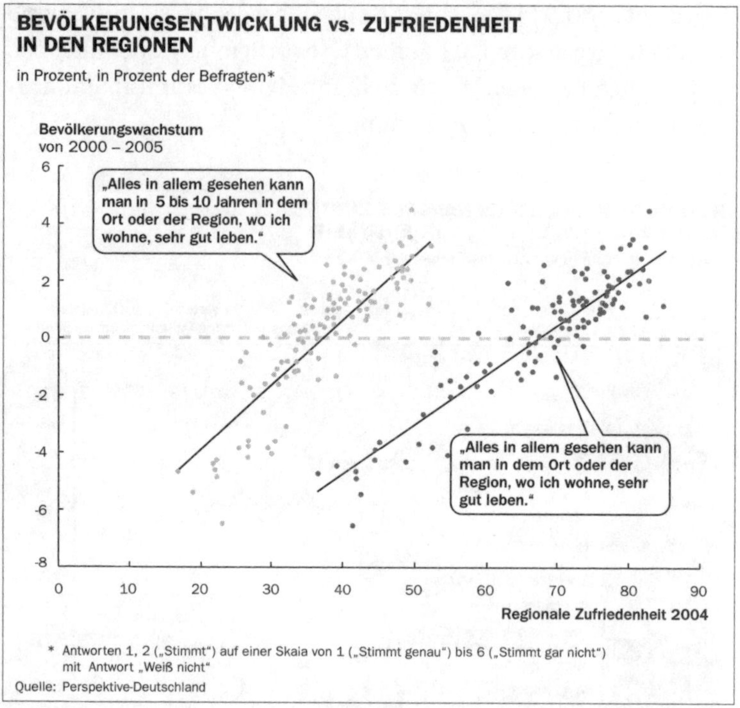

Abb. 34 Bevölkerungsentwicklung vs. Zufriedenheit in den Regionen

– Als *Problemregionen* können solche Regionen gelten, in denen sowohl die heutige als auch die erwartete Zufriedenheit im unteren Bereich liegen – und die auch keinen positiven Trend erkennen lassen. Hier sind die ostdeutschen Regionen längst nicht mehr unter sich: Neben bekannten »Sorgenkindern« wie Halle/Saale, Lausitz-Spreewald oder der Altmark gehören auch einige Westregionen wie Bremerhaven oder Duisburg zu dieser Gruppe.

Woran denken die Menschen, wenn sie gefragt werden, wie gut man in ihrer Region zurzeit leben kann und wie sie die Situation in einigen Jahren einschätzen – woran messen sie selbst ihre Zufriedenheit? An erster Stelle steht die Lage auf dem örtlichen Arbeitsmarkt. Nichts bewegt die Menschen mehr als die Sicherheit ihrer wirtschaftlichen Existenz. So hat München im Vergleich der 15 Großstädte nicht nur wegen des hohen Freizeitwerts so viele zufriedene Bürger, eine wichtige Rolle spielt auch die vergleichsweise entspannte Arbeitsmarktlage. Die Arbeitslosenquote von 8,6 Prozent ist wesentlich besser als der Durchschnittswert von 14,5 Prozent für die Klasse der 15 Großstädte.

Gerade in den vom Strukturwandel am stärksten betroffenen Gebieten erleben die Menschen die verschlechterte Lebensperspektive hautnah. Wo Unternehmen viele Stellen abbauen oder Insolvenz anmelden, bleibt gerade den Jüngeren oft nichts anderes übrig, als ihre Jobsuche auf andere Regionen auszudehnen. Kein Wunder also, dass eine geringe Zufriedenheit mit dem Leben in der Region eng mit einer Abnahme der Bevölkerungszahl korreliert (siehe Abbildung 34). Für viele ostdeutsche Städte ist diese Abwanderung längst bittere Realität.

So deutlich der Zusammenhang zwischen regionaler Zufriedenheit und der Lage auf dem Arbeitsmarkt auch ist – dennoch finden sich seit zwei Jahren vor allem im Osten die bereits erwähnten »Aufsteiger«-Regionen (siehe Abbildung 32, rechte Seite), in denen die Zufriedenheit trotz konstant hoher Arbeitslosigkeit seit 2003 stark zugenommen hat. Anscheinend sind es nicht allein die bereits sichtbaren Fortschritte, die die Menschen an eine bessere Zukunft glauben lassen, sondern häufig auch zukunftsweisende Projekte, etwa industrielle Ansiedlungspläne mit großer Signalwirkung. Diese können die allgemeine Stimmung verbessern, auch wenn sich die wirtschaftlichen Folgen auf dem Arbeitsmarkt unter Umständen erst nach Jahren zeigen.

So beobachten etwa die Bewohner der brandenburgischen Region Uckermark-Barnim voller Hoffnung die Modernisierung ihrer Wirtschaftslandschaft: In Schwedt entsteht eine Bioethanolanlage, im benachbarten Prenzlau erweitert die 2003 entstandene Solarmanufaktur bereits zum zweiten Mal ihre Kapazität. Gemeinsam mit der Fachhochschule Eberswalde haben Unternehmen, die sich in einem »Regionalen Netzwerk Regenerative Energien« zusammengeschlossen haben, mit dem Aufbau eines Energie-Clusters begonnen. Das alles hinterlässt erste Spuren: Waren 2003 erst 38 Prozent der Bewohner mit ihrem Leben zufrieden, so sind es zwei Jahre später bereits 47 Prozent – nachhaltig wird dieser Trend sicher nur, wenn aus Subvention und Hoffnung stabile Arbeitsmarktverhältnisse wachsen.

Eine ähnliche Verbesserung in der Zufriedenheit schaffte die Region Dessau in Sachsen-Anhalt. Sie liegt zwar unverändert auf dem vorletzten Platz in ihrer Regionenklasse, dennoch ist seit 2003 der Anteil zufriedener Menschen um fast die Hälfte gestiegen. Neuen Auftrieb erhielt die zu DDR-Zeiten ökologisch schwer belastete Region etwa durch die Ansiedlung des Bundesumweltamtes mit 800 Mitarbeitern im Jahr 2005, den Ausbau der Produktion fotovoltaischer Hochleistungszellen durch die Q-Cells AG in der Nähe von Bitterfeld und die Metamorphose des ehemaligen Bitterfelder Braunkohlen-Tagebaus zu einem 62 Quadratkilometer großen Erholungs- und Naturschutzgebiet.

Auch in der Region Havelland-Fläming vor den Toren Berlins hat sich beim Thema Existenzgründung in den vergangenen Jahren einiges bewegt: Mit jährlich 56 neuen Unternehmen pro 10.000 Erwerbsfähigen in der Zeit von 1997 bis 2004 war der Unternehmergeist im Havelland sogar stärker ausgeprägt als in der schwäbischen Industriemetropole Stuttgart.

Regionalpolitische Entwicklungsprojekte sind jedoch kein Allheilmittel. Sie erfordern größte Sorgfalt der verantwortlichen Initiatoren. Sollen solche Vorhaben nicht in wenigen Jahren als Investitionsruinen enden, mit allen negativen Folgen für die kommunalen Finanzen und die Stimmungslage in der Region, so müssen ihre Erfolgschancen vorab sehr realistisch kalkuliert werden.

Wie zufrieden die Menschen mit ihren lokalen Lebensverhältnissen gegenwärtig sind und ihrer Einschätzung nach in einigen Jahren sein werden, hängt also nicht allein von natürlichen Gegebenheiten wie geografiebedingtem Freizeitwert, Klima oder gar von globalen Entwicklungen ab, sondern zu einem großen Teil auch von

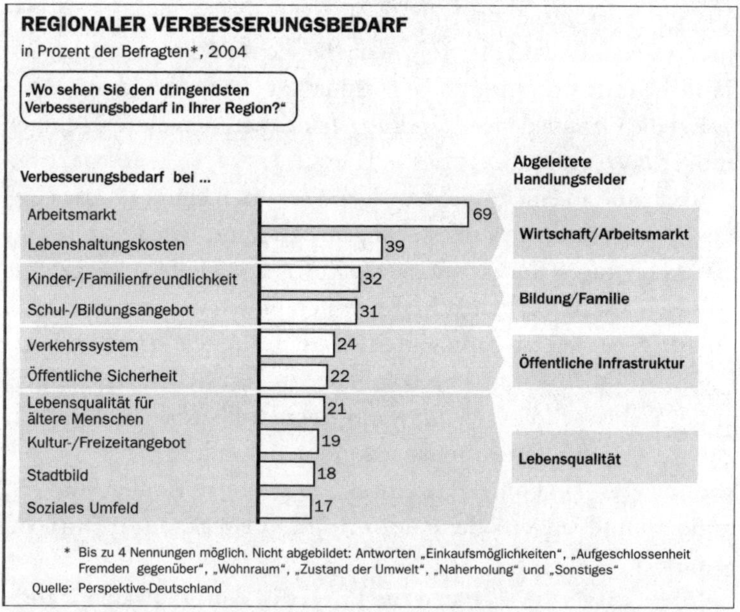

Abb. 35 Regionaler Verbesserungsbedarf

gestaltbaren Faktoren. Es gilt, die besonderen Stärken der Region und ihrer Bewohner strategisch und kreativ für die Weiterentwicklung zu nutzen. Perspektive-Deutschland wollte darum herausfinden, in welchen Bereichen die Menschen die wichtigsten Ansatzpunkte für eine nachhaltige Verbesserung der Lebensqualität in ihrer Region sehen. Im Jahr 2004 widmete sich die Befragung besonders ausführlich dieser Thematik.[19]

Als Erstes sollten die Teilnehmer angeben, in welchen Feldern sie den dringendsten Handlungsbedarf in ihrer Region sehen. Ein wenig überraschendes Ergebnis: Auch aus regionaler Perspektive stehen Wirtschaft/Arbeitsmarkt ganz oben auf der Aufgabenliste. Mit

19 Soweit nicht anders vermerkt, beziehen sich die folgenden Ausführungen auf das Befragungsjahr 2004.

Abstand, aber immer noch als deutlich dringlicher bewertet als alle anderen Handlungsfelder, folgen die Bereiche Bildung/Familie, Öffentliche Infrastruktur und Lebensqualität (siehe Abbildung 35).

Für die verschiedenen Handlungsfelder nannten die Teilnehmer konkrete Verbesserungsansätze. Hieraus entwickelte Perspektive-Deutschland in einem mehrstufigen Verfahren einen »Werkzeugkasten« für regionale Verbesserungsprogramme. Jede Region kann hier Anregungen finden, wie sie die Zufriedenheit ihrer Bürger mit politisch-wirtschaftlichen Maßnahmen in den genannten Handlungsfeldern steigern kann. Ein Blick auf die besten Regionen zeigt: Dafür sind nicht einmal Spitzenplätze in sämtlichen Disziplinen nötig. Viel ist schon erreicht, wenn zu einer überdurchschnittlich guten Lage auf dem Arbeitsmarkt eine besondere Stärke hinzukommt, etwa ein hoher Freizeitwert, ausgeprägte Kinder- und Familienfreundlichkeit oder eine Vertrauen erweckende öffentliche Sicherheit.

Interessanterweise trauen die Bürger in dem zentralen Handlungsfeld Wirtschaft/Arbeitsmarkt den Verantwortlichen vor Ort wesentlich mehr zu als der großen Politik. Besonders stark ausgeprägt ist diese Meinung unter den »Entscheidungsträgern«, also Selbständigen, freiberuflich tätigen Akademikern und leitenden Angestellten. Nach ihrer Ansicht hat die Qualität der Führung vor Ort nahezu ausschlaggebende Bedeutung für die Lage auf dem Arbeitsmarkt und die Zukunftsfähigkeit der Region. Sorgfältig beobachten die Menschen die Führungsstärke der Verantwortlichen aus den diversen Bereichen, vor allem aus Politik und Wirtschaft, sowie deren Vernetzungsgrad. Sie honorieren, wenn eine klare regionale Entwicklungsstrategie mit Mut zum Wandel umgesetzt wird. Darüber hinaus nennen die lokalen Unternehmensmanager drei weitere Erfolgsvoraussetzungen: die Verfügbarkeit gut ausgebildeter, flexibler Arbeitskräfte, attraktive Finanzierungsmöglichkeiten und niedrige lokale Steuersätze (siehe Abbildung 36: Attraktivität für Investoren beispielhaft für ein ganzes Bündel von weiteren Abfragen zum Thema Wirtschaft/Arbeitsmarkt).

Für jede Region existierten aus Sicht der Befragten klare Erfolgs-

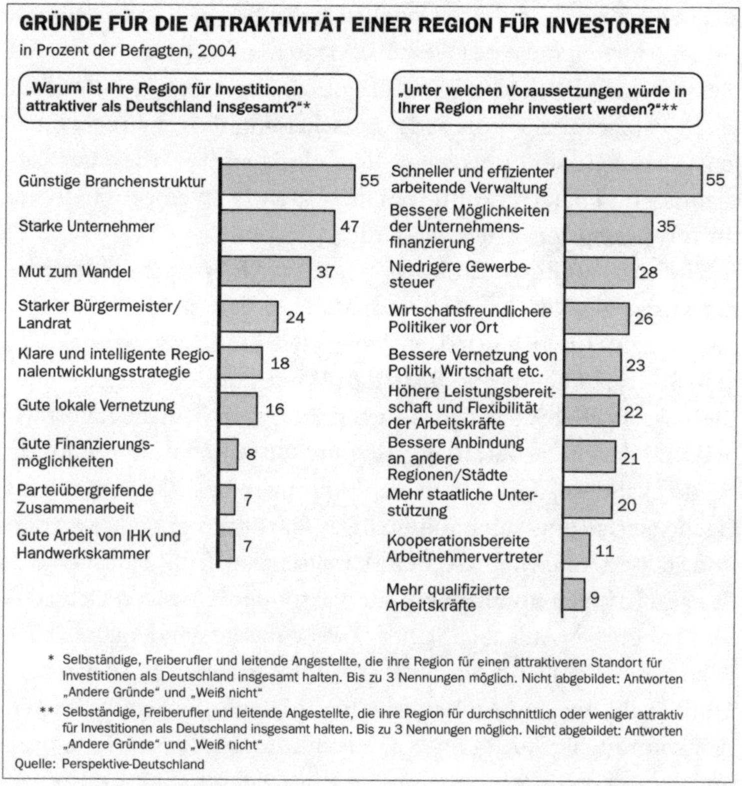

Abb. 36 Gründe für die Attraktivität einer Region für Investoren

muster. So gelten beispielsweise in den südlichen Regionen Stuttgart, Ingolstadt und Ludwigsburg/Böblingen starke Unternehmer als Garanten einer positiven Entwicklung, während die Leipziger eher auf starke Kommunalpolitiker mit Mut zum Wandel bauen.[20]

Umgekehrt mangelt es nach Ansicht der Bewohner in zahlreichen Regionen gerade an solchen Erfolgsfaktoren. So wurde vor allem in den neuen Bundesländern Kritik laut, wo es vielfach noch

20 Im Anhang »Regionenatlas« befindet sich die »Regionentabelle« mit zahlreichen Details zum Abschneiden der einzelnen Regionen bei den diversen Bewertungen.

an gut funktionierenden Netzwerken fehlt, aber auch in traditionellen Standortregionen des Westens, wie in Duisburg oder Essen. Als Hemmnis wird vielfach die Ineffizienz der Verwaltung empfunden. Nicht weniger als 55 Prozent der Entscheidungsträger aus der lokalen Wirtschaft sind überzeugt, dass eine bessere Arbeit der Gemeinde- und Stadtverwaltungen die Attraktivität eines Standortes für Investoren stark erhöhen würde.

Bildung/Familie ist für die Befragten nach Wirtschaft/Arbeitsmarkt das zweitwichtigste regionale Handlungsfeld. Dies überrascht nicht, ist doch den Menschen – wie im siebten Kapitel dargestellt – mehr denn je bewusst, dass Wissen und somit ein lokales Bildungsangebot Schlüsselressourcen sind. Zwar liegt die Kulturhoheit und damit die Verantwortung für Wissenschaft und Bildung bei den Ländern, doch haben die Kommunen und Kreise durchaus eigene Gestaltungsspielräume, die es zu nutzen gilt. Gemeinden und Städte können beispielsweise bereits bei der frühkindlichen Bildung in Krippen und Kindergärten aktiv werden, die in Deutschland vor großen Aufgaben stehen. Zwei von fünf Kindergärten sind in kommunaler Hand. Die lokalen Behörden haben einen direkten Einfluss auf die Umsetzung der Bildungspläne. Bei Schulen bieten sich kommunale Spielräume vor allem in der baulichen Gestaltung und der Ausstattung mit Sachmitteln, beispielsweise für Computer.

Eine besondere Herausforderung für die Kommunen sind die von den Bürgern deutlich angesprochenen Missstände an vielen öffentlichen Schulen – vom Unterrichtsausfall über die Verschmutzung der Klassenräume bis hin zu der wachsenden Gewaltbereitschaft der Schüler, die von 40 Prozent der Teilnehmer beklagt wird. Besonders betroffen sind vor allem Regionen mit diesen drei Kennzeichen: hohe Anteile von Sozialhilfeempfängern, Ausländern und Arbeitslosen. Für sich allein betrachtet erklärt keiner dieser Faktoren das Problem. Kommen sie zusammen, so steigt der Anteil der Menschen, die Gewalt an den Schulen vermehrt beklagen. Zugleich nehmen damit in aller Regel weitere Probleme der Sicherheit zu, wie zum Beispiel Belästigungskriminalität.

Auch in der Familienförderung kann vieles vor Ort verbessert werden. Ein ausreichendes Angebot an Krippen und Kindertagesstätten mit pädagogisch besser geschulten Kräften wird schon bald zum Standardangebot jeder Kommune gehören müssen. Denn gerade auf junge, gut ausgebildete Menschen wirkt eine Region kaum anziehend, wenn sie dort ihre Vorstellungen von einer Vereinbarkeit von Beruf und Familie und von der bestmöglichen Vorbereitung ihrer Kinder auf die Schule nicht realisieren können. Weitere wichtige Voraussetzungen für ein familienfreundliches Klima sind nach Ansicht der Befragten ausreichend große und bezahlbare Wohnungen sowie – an die Adresse der lokalen Arbeitgeber gerichtet – flexible Arbeitszeiten.

Öffentliche Infrastruktur wurde als drittwichtigstes regionales Handlungsfeld genannt (siehe Abbildung 35). Das hierzu gehörige Thema der öffentlichen Sicherheit hat in den vergangenen Jahren immer mehr an Bedeutung gewonnen. Unter dem Eindruck von Meldungen über ansteigende Gewalt- und Einbruchskriminalität registrieren die Menschen sehr genau, in welchen Regionen, an welchen Plätzen ihrer Stadt sie sich sicher fühlen können, wo sie auf den Schutz der Polizei vertrauen können und ob schwere Straftaten aufgeklärt werden. Erwartungsgemäß kommt die Sicherheitslage in den Großstädten nicht gut weg. Im Jahr 2004 mahnte fast jeder zweite Frankfurter auf diesem Feld dringenden Handlungsbedarf an; in Hamburg und Berlin waren es mit 45 bzw. 41 Prozent kaum weniger. Was die Bürger zunehmend beunruhigt, sind aber nicht allein der mangelnde Schutz vor Einbrechern und Gewalttätern, sondern auch Vandalismus und Verwahrlosung. Knapp die Hälfte aller Teilnehmer forderte ein entschiedeneres Vorgehen gegen Sachbeschädigungen und die Verschmutzung öffentlicher Plätze. In bestimmten ländlichen Regionen Süddeutschlands dagegen scheint die Welt noch in Ordnung zu sein. So sahen im bayerischen Oberland gerade einmal 6 Prozent der Befragten Defizite in der öffentlichen Sicherheit, nur ein Fünftel forderte eine bessere Arbeit der Polizei.

Welche Zukunftsaussichten die Menschen ihrer Region zubilligen, hängt nicht zuletzt von der Qualität der öffentlichen Einrichtungen und Dienstleistungen ab. Ein gutes Drittel aller Teilnehmer machte gegenüber ihren Stadt- oder Gemeindeverwaltungen einen »dringenden Verbesserungsbedarf« geltend. Unter denen, die mit kommunalen Ämtern häufiger zu tun haben, waren es deutlich mehr als 40 Prozent. Die Mängelliste ist lang und reicht vor allem in den Augen vieler westdeutscher Bürger von zu laschen Kontrollen sozialen Missbrauchs über eine zögerliche Nutzung des Internets oder Zeit raubende Genehmigungsverfahren bis hin zu mangelnder Servicebereitschaft der Mitarbeiter. Auch wenn die Hüter des öffentlichen Wohls heute bereits weit mehr als früher auf die Wünsche der Bürger eingehen, haben sie nach deren Ansicht auf dem langen Weg zu einer Dienstleistungsagentur noch ein gutes Stück zurückzulegen.

Vor allem in den ländlichen Räumen sind die Bürger zudem mit dem öffentlichen Personennahverkehr und der Anbindung an das Fernstreckennetz der Bahn unzufrieden. Betroffene Kommunen und Regionen werden im Zusammenspiel mit den Anbietern innovative Verkehrskonzepte entwickeln müssen, die kundenfreundlicher und zugleich wirtschaftlicher sind als die »Geisterautobusse«, die während der Randzeiten mit ein oder zwei Passagieren übers Land fahren.

Einen weiteren wichtigen Aspekt für die positive Beurteilung ihrer Region im regionalen Handlungsfeld öffentliche Infrastruktur sahen die Menschen in der medizinischen Versorgung, auch wenn in diesem Thema weit weniger Brisanz steckt. Für den Fall, dass sie durch Krankheit oder Unfall ärztliche Hilfe benötigen, fühlten sie sich an ihrem Wohnort in guten Händen. Zwei Drittel von ihnen stuften sowohl die stationäre Versorgung als auch die ambulante Betreuung durch niedergelassene Ärzte als gut oder sehr gut ein. Geringer war mit 58 Prozent die Zufriedenheit der Bürger mit der örtlichen Notfallversorgung. Die Position des Spitzenreiters nahm in allen drei Bereichen München ein. Das insgesamt positive Bild kann jedoch einen Mangel an niedergelassenen Ärzten in bestimmten Regionen nicht überdecken, den vor allem die Bürger in Ostdeutschland kritisch wahrnahmen. So waren beispielsweise in der Region Lausitz-Spreewald nur 40 Prozent mit der ambulanten Versorgung zufrieden.

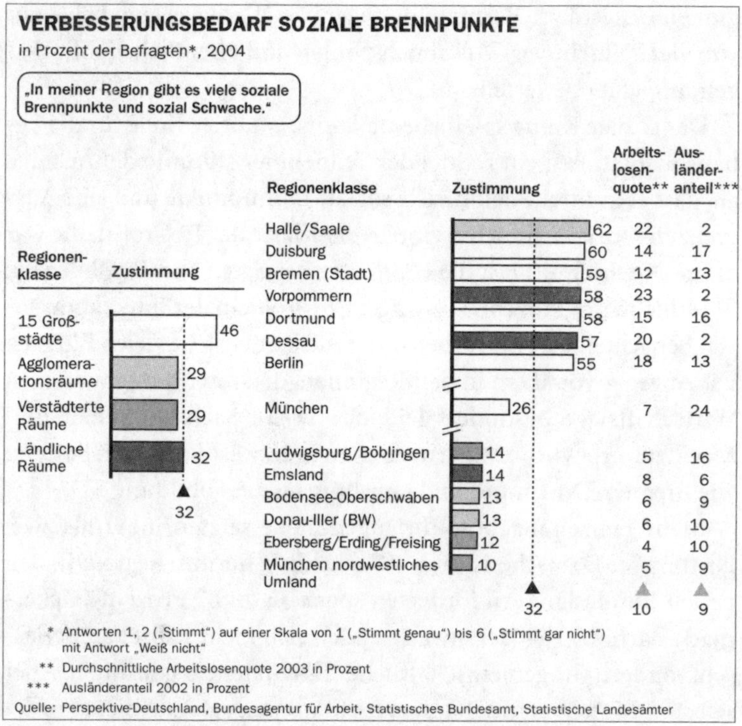

Abb. 37 Verbesserungsbedarf soziale Brennpunkte

Die Lebensqualität ist das vierte Handlungsfeld für Verbesserungen in den Regionen: Neben einem intakten gesellschaftlichen Umfeld gehören dazu auch ein vielfältiges Kultur- und Freizeitangebot, vor allem für Jugendliche, und Fortbildungsmöglichkeiten für Erwachsene. Insgesamt waren im Jahr 2004 in den 15 Großstädten zwei Drittel der Teilnehmer mit den Volkshochschulen und Büchereien zufrieden, in den Agglomerationsräumen und verstädterten Räumen noch gut die Hälfte, in den ländlichen Räumen etwas weniger. Bundesweiter Spitzenreiter war München mit 79 Prozent. In Ostdeutschland ist das Bild uneinheitlich: Nur die Leipziger und Dresdner waren mit ihren lokalen Fortbildungseinrichtungen sehr zufrieden (jeweils 68 Prozent), während beispielsweise in den Regionen Uckermark-Barnim und Prignitz-Oberhavel lediglich einer von vier Teilnehmern Volkshochschulen und öffentliche Bibliotheken mit »gut« bewertete.

Das soziale Klima spielt ebenfalls eine wichtige Rolle für die Lebensqualität. Fast ein Drittel der Teilnehmer stimmte der Aussage zu, dass es in ihrer Region viele soziale Brennpunkte und eine Ausgrenzung sozial Schwacher gibt. In der Klasse der 15 Großstädte war es im Durchschnitt fast die Hälfte der Befragten – in Duisburg 60, in München 26 Prozent. Das ungelöste Problem der Integration sozial Benachteiligter und arbeitsloser Ausländer steht vielen Bürgern vor Augen – vor allem in den Regionen, die unter der schwierigen Wirtschaftslage besonders leiden, etwa in Sachsen-Anhalt und Mecklenburg-Vorpommern, aber auch in westdeutschen Städten wie Bremen, Dortmund und Duisburg (siehe Abbildung 37).

Mehr Freizeitangebote für Jugendliche setzten mehr als zwei Drittel aller Deutschen auf die Wunschliste für ihre Region. In den neuen Bundesländern forderten sogar bis zu 87 Prozent (Uckermark-Barnim), die Heranwachsenden sich nicht selbst zu überlassen, sondern für gemeinschaftliche Aktivitäten zu gewinnen. Aber selbst in München unterstützte mehr als jeder Zweite diese Forderung. Zudem rücken allmählich die Bedürfnisse älterer Menschen stärker ins Blickfeld. Jeder Fünfte war der Meinung, dass die Lebensqualität der Senioren »dringend verbessert« werden müsste.

Insgesamt kommt es für die Verantwortlichen vor Ort darauf an, ihr Verbesserungsprogramm auf wenige Schwerpunkte zu konzentrieren. Auf allen Feldern nur eine durchschnittliche Bürgerzufriedenheit zu erreichen, dürfte im Zweifel weniger bewirken, als genau dort gezielt anzusetzen, wo die Regionen ihre besonderen Stärken ausspielen. Auch in den regionalpolitischen Leitsätzen der EU-Kommission ist der Anspruch verankert, dass sich eine regionale Strategie unter anderem »auf das Erbe und die kulturelle Vielfalt einer Region oder auf ihre spezifischen Fähigkeiten, ihre strategisch günstige Lage, ihre außergewöhnliche Umwelt sowie ihre Bildungs- und Kulturinfrastruktur« stützt. Allerdings ist und bleibt eine erträgliche Lage auf dem Arbeitsmarkt die unabdingbare Voraussetzung dafür, dass die Bürger mit ihren örtlichen Lebensbedingungen zufrieden sind.

Um eine auf ihr Stärken-Schwächen-Profil abgestimmte Entwicklungsstrategie zu finden, muss jede Region ihren eigenen Weg gehen. Eigener Weg – das heißt keineswegs, alle, auch schlechte Erfahrungen selbst sammeln zu müssen: Aus den Erfolgsmustern anderer Regionen lässt sich viel lernen. Wie haben es erfolgreiche Regionen geschafft, ihre Stärken zu nutzen? Was macht ihre Bürger zufriedener? Im Wettbewerb zwischen Unternehmen ist dieses gegenseitige Messen, das Orientieren an »Benchmarks« und »Best Practice« längst nichts Ungewöhnliches mehr. Wenn es um die Entwicklung von Regionen geht, steht diese Herangehensweise jedoch erst am Anfang.

Hierzu lohnt sich der Blick auf vier ausgewählte Regionen. Jede macht auf ihre Weise vieles richtig. Jede bietet Anschauungsmaterial, von dem andere lernen können. Zwei der Beispielregionen, Leipzig und Havelland-Fläming, gehören zu den »Hoffnungsträgern«: Hier schätzen die Menschen die Aussichten deutlich besser ein, als es auf Grund der immer noch prekären wirtschaftlichen Lage zu erwarten war. Die beiden anderen, der Südliche Oberrhein und das Emsland, können als erfolgreich gelten, weil die Menschen dort 2004 und 2005 Gegenwart und Zukunft deutlich positiver einschätzten als der Durchschnitt ihrer Regionenklasse. Mit diesen vier Beispielen sind zugleich alle Regionenklassen vertreten sowie alle Himmelsrichtungen: zwei aus dem Osten, zwei aus dem Westen; eine der Westregionen liegt im Süden, die andere im Norden.

LEIPZIG

Regionenklasse	15 Großstädte
Einwohner 2005	498.500 (932.600)
Arbeitslosenquote 2005	20,8 % (14,5 %)
Verfügbares Nettoeinkommen pro Kopf 2005	14.200 EUR (18.100 EUR)
Bevölkerungsentwicklung 2005 vs. 2000	+1,1 % (+0,7 %)

() = Ø Regionenklasse

Leipzig rangiert bei der heutigen Zufriedenheit auf dem viertletzten Platz unter den 15 größten deutschen Städten, erreichte aber bei der erwarteten Zufriedenheit Platz 4. Das schlechte Abschneiden bei der heutigen Zufriedenheit überrascht kaum angesichts der gegenwärtigen Probleme: Leipzig hat von allen Großstädten derzeit die schwierigste Situation auf dem Arbeitsmarkt. Mit einer Arbeitslosenquote von 20,8 Prozent übertrifft sie Dortmund (18,1 Prozent) und Berlin (19,0 Prozent). Die negative Beschäftigungsbilanz schlägt sich auch in den Löhnen und Gehältern nieder: Das verfügbare Nettoeinkommen liegt bei 14.200 Euro und damit fast 4.000 Euro unter dem Durchschnitt der 15 Großstädte. Fast 90 Prozent der Leipziger mahnten demzufolge auch dringend Verbesserungen am Arbeitsmarkt an.

Doch halten solch deprimierende Zahlen die Leipziger nicht davon ab, optimistischer als die Bewohner von 11 anderen im Klub der 15 deutschen Großstädte zu sein. Immerhin 44 Prozent äußerten ihre Erwartung, in fünf bis zehn Jahren in ihrer Stadt gut oder sogar sehr gut leben zu können; das sind 5 Prozentpunkte mehr als im Klassendurchschnitt. Damit erreichte Leipzig unter den deutschen Großstädten Platz 4 in der Rangfolge der künftig erwarteten Zufriedenheit. Fast drei Viertel der Selbständigen und leitenden Angestellten glaubten, dass ihre Region attraktiver oder deutlich attraktiver für Investoren ist als Deutschland insgesamt. Jeder dritte Bewohner erwartete, dass sich das Angebot an Arbeitsplätzen in Leipzig künftig besser als anderswo entwickeln werde. Hier schnitt Leipzig um 7 Prozentpunkte über dem Durchschnitt der 15 Großstädte ab. Immerhin 37 Prozent seiner Bürger vertrauten der Zukunftsfähigkeit der regionalen Unternehmen. Auch das sind 7 Prozentpunkte mehr als im Schnitt aller Großstädte.

Auf welche Stärken vertrauen die Menschen, wenn sie voller Optimismus in die Zukunft blicken? An erster Stelle auf die Menschen selbst. Mit ihrer aus der Position des Außenseiters gestarteten, couragierten Olympia-Bewerbung 2003 demonstrierten die Sachsen, dass sie im Wettbewerb mit der versammelten Weltkonkurrenz für ein ehrgeiziges Ziel mit Elan und Phantasie kämpfen können. Mit dem ihnen eigenen Mut zum Wandel begründeten die Leipziger ihre Überzeugung, dass ihr Standort für Investoren attraktiver ist als die Bundesrepublik insgesamt. Immerhin 55 Prozent bekennen sich zu dieser Aussage. Damit nimmt Leipzig in Deutschland die Spitzenstellung ein. 41 Prozent führten die Attraktivität der Region auch auf die Arbeit führungsstarker Kommunalpolitiker zurück – dreimal so viele wie im Bundesdurchschnitt, und auch das ist Spitze. 22 Prozent bewerteten das Zusammenspiel von Politik, Verwaltung, Wirtschaft und Wissenschaft als gut oder sehr gut. Damit liegt Leipzig unter den 15 Großstädten seiner Klasse auf Platz 4. Insgesamt hatten die Bürger aber auch den Eindruck, dass die Region eine klare und intelligente Entwicklungsstrategie verfolgt. Die Ansiedlung von Unternehmensteilen bekannter Großunternehmen wie Porsche, BMW und der Post-Logistiktochter DHL hat zu dieser Einschätzung sicherlich entscheidend beigetragen.

Und nicht zuletzt ist Leipzig eine Stadt mit Lebensqualität: In nur zwei Regionen in Deutschland sind die Bürger mit dem kulturellen Angebot, mit Theater, Konzert und Oper ähnlich zufrieden wie in Leipzig; die Restaurants und Szenelokale der Stadt erhielten bundesweit sogar die Bestnote.

Was können andere Regionen von Leipzig mit seiner Aufbruchstimmung lernen? Die Region beweist, dass ein enges und von der Kommunalpolitik gut orchestriertes Zusammenspiel von Bürgern, Politik, Wirtschaft und Wissenschaft eine tragfähige Basis für den regionalen Erfolg sein kann. Ohne Frage hat Leipzig wie auch andere ostdeutsche Regionen gerade bei Großprojekten stark von massiven staatlichen Fördermitteln profitiert. Doch wurden sie hier erfolgreicher als in vielen anderen Fällen auf einem konsequenten, für die Bürger glaubwürdigen Modernisierungskurs genutzt; ihrer Ansicht nach hat die politische Spitze mit einem wirksamen Netzwerkmanagement wesentlich dazu beigetragen.

Soll aus den positiven Erwartungen der Bürger Wirklichkeit werden, müssen der wirtschaftspolitische Kurs fortgesetzt und die Attraktivität der Stadt selbst weiter erhöht werden. Hier besteht umfassender Handlungsbedarf. Beispielsweise bleibt die Verwaltung der Stadt noch deutlich hinter den Erwartungen der Menschen zurück, auch wenn den Bürgern der persönliche Einsatz ihres populären, inzwischen zum Bundesverkehrsminister berufenen Oberbürgermeisters Wolfgang Tiefensee offensichtlich imponiert hat. Nur ganze 4 Prozent bescheinigten der Verwaltung eine gute Arbeit, 41 Prozent bemängelten zu lange Bearbeitungszeiten. Lediglich in 5 anderen unter bundesweit insgesamt 117 Regionen äußerten sich die Befragten noch kritischer.

Nachlegen muss die Region bei der Haushaltsführung und Ausgabenkontrolle; 31 Prozent mahnten hier dringende Verbesserungen an, nur vier Regionen in Deutschland kommen in den Augen ihrer Bürger noch schlechter weg. Auch die Lage an den Schulen, soziale Brennpunkte in Teilen der Stadt, die hohe Zahl von Sachbeschädigungen und Diebstahlsdelikten sowie Defizite in der Kinderbetreuung bereiten den Leipzigern Sorgen. Nachholbedarf hat die sächsische Metropole zudem in der Imagepflege: Nur 7 Prozent der Deutschen zählten Leipzig zu den drei Großstädten, in die sie am ehesten umziehen würden. Für München als Spitzenreiter konnten sich dies fast 40 Prozent aller Teilnehmer vorstellen. Insgesamt also eine anspruchsvolle Agenda für Leipzig – aber die Bürger rechnen ihrer Stadt offenbar gute Chancen für eine positive Entwicklung aus.

HAVELLAND-FLÄMING

Regionenklasse	Agglomerationsräume
Einwohner 2005	738.700 (801.800)
Arbeitslosenquote 2005	15,5 % (10,9 %)
Verfügbares Nettoeinkommen pro Kopf 2005	14.400 EUR (17.600 EUR)
Bevölkerungsentwicklung 2005 vs. 2000	+1,9 % (+0,4 %)

() = Ø Regionenklasse

Im Gegensatz zur Region Leipzig, die an eine alte Industrietradition anknüpfen kann, sucht Havelland-Fläming aus seiner Randlage zur Metropole Berlin heraus den Weg in eine bessere Zukunft. Ähnlich wie in Leipzig haben die Menschen trotz einer Arbeitslosenquote von 15,5 Prozent relativ hohes Vertrauen in ihre Zukunft. Liegt die Region in der aktuellen Zufriedenheit ihrer Bürger nur auf Platz 30 unter den 37 Agglomerationsräumen, belegt sie bei der erwarteten Zufriedenheit Platz 26. Der Anteil der Zufriedenen hat sich in den vergangenen zwei Jahren deutlich um 8 Prozentpunkte erhöht, während er in der gesamten Regionenklasse im Schnitt um 2 Prozentpunkte gesunken ist. Anders als in den meisten Gegenden Ostdeutschlands, die mit abnehmenden Bevölkerungszahlen zu kämpfen haben, wuchs die Zahl ihrer Bewohner von 2000 bis 2005 um 1,9 Prozent.

Das Image des »Fontane-Landes« vor den Toren Berlins mit seinem Zentrum Potsdam ist bis heute von den Landschaftsschilderungen des großen Romanciers und der Preußenresidenz Schloss Sanssouci geprägt. Mit diesem kulturellen Erbe wäre es für das Havelland wenig Erfolg versprechend gewesen, dem großen Nachbarn klassische Industrieansiedlungen streitig machen zu wollen. Vielmehr versuchte es sich gegenüber der mit den Problemen einer Millionenmetropole ringenden Hauptstadt als Umland von hoher Lebensqualität abzugrenzen. Nur 4 Prozent der Befragten erschien das Wohnungsangebot unzureichend, gerade einmal 4 Prozent hatten an den Naherholungsmöglichkeiten und 8 Prozent am Zustand der Natur etwas auszusetzen. Auch in der Einschätzung der verfügbaren Betreuungseinrichtungen für Kinder, der Lebensbedingungen für ältere Menschen und der öffentlichen Sicherheit schneidet die Region deutlich besser ab als Berlin. Die hohe Lebensqualität bestätigten auch die Menschen, die in die Region gezogen sind. Nach den Gründen für ihren Umzug befragt, gaben 59 Prozent die Natur, die Ruhe und die schöne Landschaft an. Jeder Fünfte nannte die geringere Kriminalität und die bessere Verfügbarkeit von Wohnraum. Immerhin noch 13 Prozent lobten das angenehmere soziale Umfeld. Doch würde das allein den Optimismus nicht erklären.

Für ein Fünftel der Befragten war auch der bessere Arbeitsmarkt ein Grund für den Umzug in die Region. Tatsächlich entwickelt sich Havelland-Fläming zunehmend zu einem lebendigen und kreativen Lebensraum für Gründer und Hightech-Netzwerke. So siedelten sich in den vergangenen Jahren in Potsdam und in den Nachbarstädten Luckenwalde und Brandenburg an der Havel zahlreiche Firmen aus den Bereichen Software, Telekommunikation oder Medizintechnik und Luftfahrt an – mit gezielter finanzieller Unterstützung der öffentlichen Hand. Unter den »Neusiedlern« sind so namhafte Unternehmen wie ORACLE, die Deutsche Telekom, E-Plus und Toll Collect oder MTU. Zudem sind Potsdam und Luckenwalde inzwischen wichtige Knoten im Berlin-Brandenburgischen Netzwerk der Biotechnologie-Industrie.

Wenngleich die meisten dieser Investitionen ihre volle Wirkung auf dem Arbeitsmarkt erst in einigen Jahren entfalten werden, so lassen sie die Menschen der Region bereits heute vorsichtig optimistisch nach vorn blicken. Für Euphorie sehen sie gleichwohl noch keinen Anlass. Erst jeder Fünfte äußerte Vertrauen in die Zukunft der regionalen Unternehmen (Platz 91 unter allen 117 Regionen), nur 24 Prozent sahen für sich selbst eine gute berufliche Zukunft – 5 Prozentpunkte weniger als im Durchschnitt der Regionenklasse.

Wie stark Realität und Zukunftserwartung immer noch auseinander klaffen, unterstreicht die Mängelliste der Bürger: Als stark verbesserungsbedürftig empfinden sie nicht nur die Zusammenarbeit zwischen Politik, Verwaltung, Wirtschaft und Wissenschaft – nur verschwindende 3 Prozent schätzten diese Kooperation als gut oder sehr gut ein. Havelland-Fläming belegt damit im bundesweiten Vergleich Platz 114 von 117 Regionen. 40 Prozent der Befragten glaubten, dass in ihrer Region mehr investiert würde, wenn die kommunale Verwaltung schneller und effizienter arbeitete – im Durchschnitt glaubten dies nur 30 Prozent. Dass mehr investiert würde, wenn die maßgeblichen Politiker vor Ort wirtschaftsfreundlicher wären, meinten 31 Prozent, gegenüber nur 14 Prozent in der gesamten Bundesrepublik. Deutliche Defizite sahen die Bewohner auch im Schul- und Bildungswesen, im Stadtbild und im Kultur- und Freizeitangebot.

Havelland-Fläming ist also längst noch keine Vorzeigeregion. Zur positiven Einschätzung ihrer künftigen Lebensverhältnisse gelangten die Bürger aber aus der realistischen Erwartung, dass sich die komplementären Stärken der Metropole Berlin und ihrer vorgelagerten »Provinz« in idealer Weise ergänzen.

Das Beispiel Havelland-Fläming zeigt, wie sich ein Wirtschaftsraum dank seiner guten Lebensqualität positiv von einem benachbarten Ballungszentrum absetzen kann, dabei die Nähe zu einer attraktiven Metropole nutzt und in seiner regionalen Entwicklungspolitik eigene, seinen Stärken entsprechende Schwerpunkte setzt. Nun kommt es darauf an, diese Strategie nach Möglichkeit noch zu verfeinern und sich als Hightech-Insel vor den Toren Berlins zu profilieren.

SÜDLICHER OBERRHEIN

Regionenklasse	Verstädterte Räume
Einwohner 2005	1.033.900 (684.500)
Arbeitslosenquote 2005	6,8 % (11,2 %)
Verfügbares Nettoeinkommen pro Kopf 2005	16.800 EUR (16.200 EUR)
Bevölkerungsentwicklung 2005 vs. 2000	+2,9 % (+0,1 %)

() = Ø Regionenklasse

Wenn die Verhältnisse in Deutschland überall so wären wie am Südlichen Oberrhein, könnten sich die Politiker erfreulicheren Themen zuwenden als denen, die ihnen zur Zeit Sorgen bereiten. Die Bewohner des Dreiländerecks sind nicht nur heute schon mit ihrem Leben sehr zufrieden, sondern blicken auch wesentlich optimistischer als die meisten anderen nach vorn. Sowohl bei der heutigen als auch bei der erwarteten Zufriedenheit erreicht die Region 2005 Rang 1 (2004: Rang 2) im bundesweiten Ranking. 80 Prozent würden ihren Freunden und guten Bekannten empfehlen, in diesen Winkel der Republik an der Grenze zum Elsass und der Schweiz zu ziehen. 2005 lebten dort denn auch 2,9 Prozent mehr Menschen als fünf Jahre zuvor. Zum Vergleich: Im Durchschnitt wuchs die Bevölkerung der verstädterten Räume in diesem Zeitraum nur um 0,1 Prozent.

Neben dem südlich-milden Klima und der Nähe zum Schwarzwald ist es vor allem die gesunde Wirtschaftsstruktur, die die Menschen in dieser Region weniger besorgt in die Zukunft blicken lässt. 70 Prozent glaubten, dass der Südliche Oberrhein für Investoren besser geeignet sei als konkurrierende Standorte in Deutschland. Bundesweit behaupteten dies nur 43 Prozent von ihrer Region. 45 Prozent vertrauten auf die Zukunftsfähigkeit der regionalen Unternehmen, mehr als in anderen Regionen. Mit einer Arbeitslosenquote von 6,8 Prozent schnitt der Südliche Oberrhein 2005 deutlich besser ab als der Klassendurchschnitt von 11,2 Prozent. Zwar blieben auch hier der heimischen Wirtschaft, etwa in der feinmechanischen Industrie, Strukturkrisen nicht erspart. Doch ist es gelungen, auf der Grundlage moderner Zukunftstechnologien neue Produkte zu entwickeln, beispielsweise in der Umweltwirtschaft, der Informations-, der Medien- und der Biotechnologie. Die Region profitiert dabei von ihrer in diesen Bereichen äußerst fruchtbaren Forschungslandschaft: Neben der Universität Freiburg haben zwei Max-Planck-Institute und fünf Fraunhofer-Institute ihren Sitz in dieser Region, darunter das Institut für Solare Energiesysteme (ISE) mit über 400 Mitarbeitern. Um diese Forschungszentren herum hat sich in den vergangenen Jahren eine sehr lebendige Gründerszene entwickelt. Auch nach dem Ende des New-Economy-Booms konnten sich hier immer noch 57 Prozent der Bürger vorstellen, den Schritt in die Selbständigkeit zu wagen – 6 Prozent mehr als in Deutschland insgesamt.

Das Zusammenspiel von Wirtschaft, Wissenschaft und Politik erhielt besonders gute Noten von den Bürgern (Rang 4 in der Regionenklasse und Rang 15 bundesweit), ebenso die örtliche IHK und die Handwerkskammer (Rang 4 bzw. 5 in Deutschland). Überdurchschnittlich viele Menschen in der Region sahen neben dem günstigen Branchenmix und dem Mut zum Wandel starke Unternehmer und Lokalpolitiker sowie die erwähnte enge Kooperation zwischen den Verantwortlichen aus Politik, Verwaltung, Wirtschaft und Wissenschaft als Gründe dafür, dass Investoren bei ihnen bessere Bedingungen vorfinden als andernorts.

Gleichzeitig ist die Lebensqualität am Südlichen Oberrhein sehr hoch. In fast allen Belangen, von der medizinischen Versorgung über die Kinder- und Familienfreundlichkeit, das Schul- und Bildungsangebot bis hin zum Freizeitwert der Natur, zu Sportmöglichkeiten, Vereinsleben und zu Veranstaltungen und Festen erhielt die Region zwischen Schwarzwald, Vogesen und Alpen Bestnoten von ihren Bürgern.

Bei allen Vorzügen, die die Einwohner anerkennen, mahnen sie auch klaren Verbesserungsbedarf an, insbesondere bei den Themen öffentliche Sicherheit und Verfügbarkeit von Wohnraum.

EMSLAND

Regionenklasse	Ländliche Räume
Einwohner 2005	443.200 (447.800)
Arbeitslosenquote 2005	9,1 % (11,8 %)
Verfügbares Nettoeinkommen pro Kopf 2005 (15.400 EUR)	15.000 EUR
Bevölkerungsentwicklung 2005 vs. 2000	+2,4 % (-0,6 %)

() = Ø Regionenklasse

Nicht immer sind es die auf den ersten Blick erkennbaren Stärken, die eine Region erfolgreicher als andere erscheinen lassen. Das Emsland hat nicht durch spektakuläre Industrieansiedlungen wie etwa Leipzig auf sich aufmerksam gemacht. Es darf sich auch nicht wie die Region Havelland-Fläming als »Speckgürtel« einer Metropole natürliche Vorteile erhoffen, noch kann es wie der Südliche Oberrhein dank einer einmaligen geografischen Lage und Dichte wissenschaftlicher Einrichtungen als attraktiver Standort für Hightech-Ansiedlungen glänzen. Abgesehen von der Transrapid-Versuchsstrecke und den medienwirksamen Stapelläufen der auf der Papenburger Meyer Werft gebauten Kreuzfahrtriesen macht die ländliche Region im Westen Niedersachsens wirtschaftlich nicht viel von sich reden. Daher ist der niedersächsische Landstrich an der Grenze zu den Niederlanden auch beileibe kein allseits bejubelter Superstar, aber ein Hoffnungsträger allemal: Rangiert die Region, was die aktuelle Zufriedenheit ihrer Bürger betrifft, bundesweit noch auf einem Mittelplatz (Rang 41), so ist sie in ihren Zukunftserwartungen bereits auf Rang 32 und damit ins obere Drittel vorgestoßen.

Eine Reihe positiver Standortfaktoren erlaubt dem Emsland einen gelasseneren Blick in die Zukunft als anderen ländlichen Räumen, die oft mit Landflucht, der Aufgabe bäuerlicher Existenzen und kultureller Verödung zu kämpfen haben. Gegen den negativen Trend in seiner Regionenklasse lebten 2005 im Emsland 2,4 Prozent mehr Menschen als fünf Jahre zuvor. Fast ein Viertel der Bewohner war unter 18 Jahre alt – mehr als in anderen vergleichbaren Gebieten. Mit 1,7 Kindern je Frau lag die Geburtenrate der katholisch-konservativ geprägten Region deutlich über dem Bundesdurchschnitt von 1,4 im Jahr 2000. Das Emsland ist eine der »jüngsten« Regionen der Bundesrepublik; und auch bei der Kinderfreundlichkeit erreichte es Platz 6 unter allen 117 Regionen.

Aus der Sicht seiner Bürger besticht das Emsland vor allem durch seine intakten sozialen Strukturen. In keinem anderen ländlichen Raum bewerteten die Menschen die lokalen Einrichtungen für sozial schwache, alte und kranke Menschen positiver. Nur 14 Prozent der Befragten empfanden soziale Brennpunkte als Problem, so wenige wie nur in fünf anderen Regionen bundesweit. Auch Gewalt an Schulen, Verschmutzung von öffentlichen Plätzen und Vandalismus wurden als Probleme kaum wahrgenommen. Signifikanter Verbesserungsbedarf wird lediglich bei den Krankenhäusern angemeldet.

Mit seinem günstigen Bevölkerungsaufbau und einer intakten sozialen Infrastruktur ist das Emsland trotz seines ländlichen Charakters für den Wettbewerb der Regionen gut gerüstet. Es hat gerade da seine besonderen Stärken, wo viele Konkurrenten Schwächen aufweisen. Mit diesen Trümpfen und mit seiner ausgewogenen Wirtschaftsstruktur hat das Emsland zuverlässige Aussichten, weiterhin wirtschaftlich erfolgreich zu bleiben. So sahen es auch die Bürger: Überdurchschnittlich viele Emsländer waren davon überzeugt, dass bei ihnen auch in Zukunft attraktive Arbeitsplätze entstehen würden (Rang 4 in der Gruppe »Ländliche Räume« und Rang 25 unter allen Regionen bundesweit), und beim Vertrauen in die Zukunftsfähigkeit ihrer Unternehmen lag das Emsland unter allen Regionen im oberen Drittel. Zugleich ließ die Befragung eine verhältnismäßig große Aufgeschlossenheit der Bürger gegenüber gesellschaftlichem Wandel erkennen. Mit ihrem Wunsch nach noch schnelleren Veränderungen nahm die Region bundesweit immerhin Rang 6 ein. Auch in der Modernisierung ihrer Infrastruktur drängten die Bewohner dieses im Windschatten der großen Ballungszentren gelegenen Wirtschaftsraums auf ein schnelleres Tempo. Ein Drittel von ihnen sah bei der Anbindung ihrer Region an das überregionale Verkehrsnetz dringenden Handlungsbedarf. Zusammen mit einer effizienteren kommunalen Verwaltung und besseren Möglichkeiten für die Unternehmensfinanzierung sind dies aus der Sicht der Bürger die wichtigsten Faktoren, wenn es gilt, die Attraktivität der Region für Investoren zu steigern.

* * *

Der Blick auf die vier Regionen zeigt: Von Erfolgsmustern lernen bedeutet nicht, schablonenhaft das Erfolgsrezept der Champions zu kopieren. Jede Region ist anders, hat unterschiedliche Stärken und Schwächen. Das beginnt mit ihren unveränderlichen Standortfaktoren, wie geografischer Lage, Topografie, Klima, vereinzelt auch wirtschaftlich interessanten Bodenschätzen. Ihre individuelle Prägung erhalten Regionen aber auch durch ihre gewachsene Branchenstruktur, daraus resultierende besondere Fähigkeiten ihrer Menschen, ihre Mentalität, die Qualität des unmittelbaren Forschungs- und Wissenschaftsumfelds und den Grad von Professionalität in lokalen Entscheidungsnetzwerken. Von Erfolgsmustern lernen heißt demnach vor allem, eigene Stärken zu erkennen und sie konsequent für die Weiterentwicklung der Region zu nutzen.

Die Erkenntnisse von Perspektive-Deutschland über die Gegenwart und die Entwicklungstrends der einzelnen Regionen, aber auch deren Ursachen basieren auf den subjektiven Einschätzungen der Bürger und Kenner vor Ort. Sie ergänzen die reichlich vorhandenen Regionalstudien, die sich ausschließlich auf Fakten stützen. Das Zusammenspiel von objektiven Daten und subjektiver Einschätzung zeigt eindrucksvoll, dass die Bewohner handfeste Gründe für die Bewertung ihrer Region haben. Sie wissen, wovon sie reden. Sie sind eine erste Quelle für sehr konkrete Verbesserungsvorschläge vor Ort. Sie ermuntern dazu, lokale Handlungsspielräume mit Führungsstärke wahrzunehmen.

Gezeigt hat sich überdies, dass Deutschland nicht nur aus »Wessis« und »Ossis«, aus »Nordlichtern« und »Südlichtern« besteht. Vielmehr haben wir es inzwischen mit einem geografisch bunt gemischten Puzzle unterschiedlich erfolgreicher Regionen zu tun. Die Fähigkeit und die Bereitschaft der Menschen, schon in einem frühen Stadium positive Signale für ihr künftiges Leben vor Ort wahrzunehmen, sollte die Verantwortlichen ermutigen, die Profilierung ihrer Region mit allen verfügbaren Mitteln – und das sind nicht wenige – entschlossen voranzutreiben und dabei den Erfahrungsschatz aus der regionalen Vielfalt als Anschauungsmaterial und Inspirationsquelle für die eigene Arbeit vor Ort zu nutzen.

www.perspektive-deutschland.de/regionen

Nachwort von Richard von Weizsäcker

Perspektive-Deutschland: Auf dem Weg zur sozialen Leistungsgesellschaft

Die Ergebnisse von Perspektive-Deutschland, der größten gesellschaftspolitischen Online-Umfrage der Welt, wurden in den vorangegangenen Kapiteln ausführlich dokumentiert und interpretiert. Was aber bedeuten sie in ihrer Summe für den Fortgang der Reformen in Deutschland? Wie passt alles zusammen: die Einstellungen der Menschen, ihre Anforderungen an den Staat und ihre eigene Bereitschaft zur Selbstverantwortung?

Die soziale Marktwirtschaft war das einstige große Erfolgsmodell. Aber anders, als Ludwig Erhard es wollte, wurde es alsbald durch eine nicht vereinbarte, jedoch faktisch bestehende große Koalition der maßgeblichen Parteien im Parlament mit immer neuen sozialen Leistungen geziert und beschwert. Dies hat uns nach Jahrzehnten in eine Sackgasse geführt, der mit einschneidenden Reformen begegnet werden muss. Den Menschen ist offenbar bewusst, dass sich die Richtung ändern muss: Zwei Drittel – Jung und Alt, Frau und Mann, Arm und Reich, Arbeitnehmer und Arbeitgeber – suchen nach mehr Flexibilität in der Gesellschaft.

Freiheit ist und bleibt ein klares Ziel, aber keineswegs eine rücksichtslose Liberalisierung. Gleichfalls wird dem Gedanken weiterer Verstaatlichung eine Absage erteilt. Klar ist vor allem die Absage an den heutigen Zustand.

Die Ergebnisse von Perspektive-Deutschland lesen sich wie ein Plädoyer für eine anspruchsvolle Mischung scheinbar widersprüchlicher Elemente: Der Staat möge mit seinem Netz sozialer Sicherheit die großen Lebensrisiken auffangen. Zugleich soll er sich auf seine heute wichtigsten Aufgaben für Bildung, Wissen und Können konzentrieren, ohne sie zu privatisieren. Zweifellos soll es auch in Zukunft Hilfen für die Schwächsten geben. Im Gegenzug zeigen immer mehr Bürger eine unerwartet hohe private Leistungsbereitschaft. Die meisten Berufstätigen wollen eher mehr als weniger arbeiten. Erfolg im Beruf ist den meisten wichtiger als Lebensgenuss. Leistung soll sich wieder lohnen. Diese Kombination von »links und rechts«, »mehr Markt, aber in Maßen«, dieses Sowohl-als-auch an Stelle des polarisierenden Entweder-oder kennzeichnet unsere »soziale Leistungsgesellschaft«.

Die Teilnehmer bieten einen neuen *Contrat social* an. Sie sehen dabei den Staat ebenso in der Pflicht wie die Bürger. Der deutliche Auftrag an die Politik lautet, die sozialen Ziele nicht aufzugeben, aber Anreize zu schaffen, die das private Angebot zur Leistung fördern. Die Menschen sind stärker als gemeinhin angenommen bereit, selbst mehr zu leisten. Die berühmte Kennedy-Formel abwandelnd, fragen sie sehr wohl, was der Staat für sie tun kann, aber sie fragen eben auch, was sie selbst tun können.

Die wachsende Spannung zwischen Leistungsbereitschaft einerseits und sozialem Ausgleich andererseits muss ungeschönt zur Kenntnis genommen werden. Es genügt nicht, den Markt zu wollen, ohne seine Konsequenzen zu verstehen und zu akzeptieren.

Wodurch das Engagement sich entfesseln lässt, haben die Teilnehmer deutlich umrissen: Arbeit, die Leistung stärker belohnt; eine kinderfreundliche Familienpolitik, die Lebenspläne besser zu erfüllen hilft; eine Bildungspolitik, die vor allen wirtschaftlichen Nützlichkeitserwägungen die Entfaltung der selbstbestimmten und selbstverantwortlichen Persönlichkeit zum Ziel hat, die aber zugleich die Kinder als Mitglieder einer Wissensgesellschaft auf den globalen Wettbewerb vorbereitet. Es geht den Menschen um eine weitsichtige Wissenschaftspolitik, die ihrer Verantwortung für die Pflege unseres wichtigsten Kapitals – Wissen und Können – gerecht wird. Es werden neue Formen sozialen Engagements gefordert, die aus aufgeschlossenen Beobachtern tätige Helfer machen, und größere Offenheit der politischen Institutionen, die aus interessierten Bürgern Mitgestalter der Politik machen.

Die Menschen können Abstriche akzeptieren, wenn bestimmte Spielregeln eingehalten werden. Sie wollen die Wahrheit über Umfang und Ursachen der Probleme erfahren. Zu persönlichen Opfern sind sie bereit, wenn sie wissen, damit auch tatsächlich zur Problemlösung beizutragen. Die Menschen möchten sehen, dass jeder in dem ihm möglichen und sinnvollen Maß hierzu auch wirklich das Seinige tut.

Aus den Antworten zur Umfrage geht klar hervor, dass die Menschen sorgfältig auf die politischen Maßnahmen achten, sorgfältiger, als es Schlagzeilen in den Medien häufig wiedergeben. Zu dieser Sorgfalt gehört auch eine besondere Anerkennung, wenn in einer bestimmten Region oder durch Kommunalpolitiker eigene Wege vorgegeben werden, die ganz offensichtlich eine starke Anziehungskraft auf Bürger ausüben können. In diesem Sinne verringern sich auch die oft allzu pauschal vorgebrachten Unterschiede zwischen West und Ost, Süd und Nord.

Nunmehr kommt es darauf an, das überraschend zu Stande gekommene Angebot einer großen Koalition durch tiefgreifende Reformen zu rechtfertigen. Soziales Gewissen und Eigenleistung gilt es zu paaren. Mit Innovationskraft, Mut und Beharrlichkeit, mit Nüchternheit und klarem Blick in die weitere Zukunft wollen die Menschen sich der Förderung ihres Könnens und Wissens unter den Bedingungen der globalisierten Welt zuwenden. Nicht alle, aber die Mehrheit sieht hier die wichtigste Herausforderung der Zeit an uns Bürger.

Regionenatlas

Im Jahr 2004 waren die Situation und die Verbesserungsprogramme in den deutschen Regionen das Schwerpunktthema von Perspektive-Deutschland. Die wichtigsten Ergebnisse dieses Schwerpunktthemas finden sich in Kapitel 9; vier Regionen sind dort bereits beispielhaft porträtiert: Leipzig, Havelland-Fläming, Südlicher Oberrhein und Emsland.

Der folgende »Regionenatlas« stellt in knapper Form die Ergebnisse für die 16 Bundesländer sowie für 54 Regionen dar. Dort werden die wichtigsten Beobachtungen der Teilnehmer über ihre Region schlaglichtartig zusammengestellt. Der Atlas ist alphabetisch nach Bundesländern gegliedert. Vorangestellt ist jeweils ein Überblick über das Bundesland, dann folgen – wiederum in alphabetischer Reihenfolge – Skizzen der einwohnerstärksten Regionen aus jeder Regionenklasse. In einer Tabelle am Schluss des Kapitels stehen ausgewählte Ergebnisse für alle 117 Regionen.

Die einzelnen Bundesländer- und Regionenskizzen beginnen mit einer Aufstellung wesentlicher Kennzahlen: die Einwohnerzahl gemäß Statistischem Bundesamt zum 1.1.2005, die auf alle Erwerbspersonen bezogene Arbeitslosenquote nach Angabe der Bundesagentur für Arbeit im Jahresdurchschnitt 2005, die regionale Zufriedenheit und die erwartete regionale Zufriedenheit sowie bei den Regionen die Angabe der jeweiligen Regionenklasse. Die regionale Zufriedenheit beschreibt, wie viel Prozent der Befragten meinen, man könne heute (bzw. in fünf bis zehn Jahren für die erwartete regionale Zufriedenheit) in ihrer Region bzw. an ihrem Wohnort gut oder sehr gut leben (Fragestellung: »Alles in allem gesehen kann man in dem Ort oder der Region, wo ich wohne, sehr gut leben«; Antworten 1, 2 auf einer Skala von 1 = »Stimmt genau« bis 6 = »Stimmt gar nicht« mit Antwortmöglichkeit »Weiß nicht«). Daneben ist der daraus resultierende Rangplatz innerhalb der Regionenklasse bzw. unter den Bundesländern angegeben, wobei Platz 1 der besten Platzierung entspricht. Bei den Regionen ist daneben in Klammern der Rangplatz im Bundesvergleich der 117 Regionen notiert. Falls mehrere Regionen identische Prozentzahlen aufweisen, besetzen sie den gleichen Rang.

Die Definition der vier Regionenklassen »15 Großstädte«, »Agglomerationsräume« (37 Regionen), »Verstädterte Räume« (42 Regionen) und »Ländliche Räume« (23 Regionen) ist in Kapitel 9 im Detail erläutert.

Die Bundesländer- und Regionendarstellungen fassen dann die wichtigsten Beobachtungen der Bewohner über sich selbst zusammen. Es handelt sich somit um die subjektiven Meinungen der von Perspektive-Deutschland Befragten als Kenner ihrer Region (z. B. über ihre Grundeinstellungen zur Leistungsbereitschaft oder den empfundenen Verbesserungsbedarf beim Angebot von Kindergartenplätzen). Sie ergänzen somit die verschiedenen Publikationen auf Basis statistischer Kennziffern (z.B. des tatsächlichen Angebots von Kindergartenplätzen).

Bewertungen wie »weniger«, »stärker«, »größer« etc. beziehen sich jeweils auf den Durchschnitt der Bezugsgruppe (Bundesland vs. Bundesdurchschnitt bzw. Rangplatz unter allen Bundesländern, Region vs. Durchschnitt bzw. Rangplatz in der jeweiligen Regionenklasse, teilweise auch vs. Bundesdurchschnitt oder Rangplatz unter allen Regionen). Die Darstellung konzentriert sich auf die wichtigsten Besonderheiten der jeweiligen Regionen.

Für alle Regionen und Bundesländer beziehen sich die Zufriedenheitswerte und die Aussagen zu den momentanen Sorgen auf die Umfrage im Jahr 2005. Bei den Bundesländern stammen auch die Ergebnisse zu den Lebenseinstellungen, zur Leistungsbereitschaft, zum gesellschaftlichen Veränderungstempo und zur Präferenz »Markt oder Staat« ebenfalls aus der Umfrage von 2005. Alle anderen Aussagen beziehen sich auf die Umfrage von 2004.

Auf den folgenden Seiten verwendete Abkürzungen sind:

BL: Bundesland
RK: Regionenklasse
GS: Regionenklasse »15 Großstädte«
AR: Regionenklasse »Agglomerationsräume«
VR: Regionenklasse »Verstädterte Räume«
LR: Regionenklasse »Ländliche Räume«

Folgende Anmerkungen wurden verwendet:

* Rangplatz in Regionenklasse
** Rangplatz innerhalb der Bundesländer

BADEN-WÜRTTEMBERG

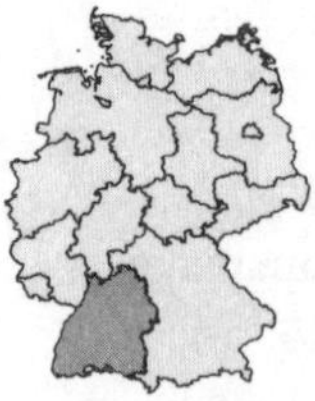

- Einwohner: 10.717.419
- Arbeitslosenquote: 7,0 %
- Regionale Zufriedenheit: 80 % (1)**
- Erwartete reg. Zufriedenheit: 44 % (2)**

Selbstbewusstes, tolerantes Spitzenland mit Verbesserungsbedarf bei Kinderbetreuung

Ausgewählte Schlaglichter aus Bürgersicht

- Spitzenposition bei regionaler Zufriedenheit, mit deutlich weniger regionaler Streuung als in anderen BL
- Relativ geringe Sorgenlast und ausgeprägte Lösungsorientierung im Selbstbild der Bürger
- Überdurchschnittlich starker Wunsch nach mehr marktwirtschaftlichen Elementen und weniger Staat
- Toleranz als wichtiger Wert: Integration von Ausländern sehr gut und soziales Engagement bundesweit am höchsten bewertet

Stärken/Schwächen der Region aus Bürgersicht

⊕ Im Urteil der Bürger starke Unternehmer, fähige Lokalpolitiker und gute Vernetzung. Sehr hohe Zufriedenheit mit regionaler Verwaltung

⊕ Zweithöchste Beurteilung der Attraktivität als Investitionsstandort, Spitzenplätze auch bei Gründerklima und Arbeit der IHK und Handwerkskammer

⊕ Wenige soziale Brennpunkte wahrgenommen

⊖ Sehr großer Erweiterungsbedarf bei Ganztagsschulen und -kindergärten festgestellt

⊖ Überdurchschnittlicher Verbesserungsbedarf auch bei Verkehrsanbindung (Bahn) und ÖPNV gesehen

Franken

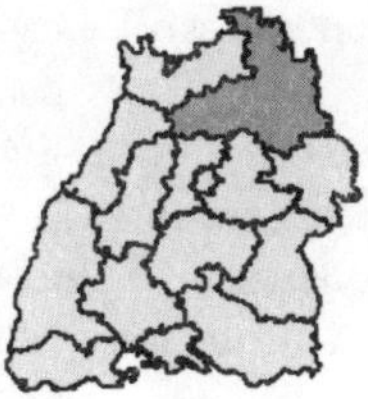

- Regionenklasse: Verstädterte Räume
- Einwohner: 886.719
- Arbeitslosenquote: 7,0 %
- Zufriedenheit: 75 %, 17* (38)
- Erw. Zufriedenheit: 41 %, 15* (37)

Insgesamt zufrieden und lebensfroh

Ausgewählte Schlaglichter aus Bürgersicht

- Zufriedenheit im oberen Mittelfeld
- Planen vergleichsweise ungern und finden es wichtig, das Leben zu genießen sowie andere Meinungen zu tolerieren
- Starkes Engagement im kirchlichen Bereich
- Toleranz und Lebensfreude in gelungener Kombination (»leben und leben lassen«)

Stärken/Schwächen der Region aus Bürgersicht

⊕ Gute Noten für Zusammenspiel von Wirtschaft, Politik und weiteren Beteiligten sowie für die Wirtschaftsförderung

⊕ Starke Unternehmer und gute Arbeit der lokalen IHK sowie der Handwerkskammer

⊕ Optimismus bezüglich neuer attraktiver Arbeitsplätze in der Region

⊖ Erheblicher Erweiterungsbedarf bei Ganztagskindergärten festgestellt

⊖ Großer Verbesserungsbedarf bei Verkehrssystem (Bahn und ÖPNV, Rang 2 bzw. 4 in RK) gesehen

⊖ Verbesserungsbedarf bei Kinder- und Familienfreundlichkeit wahrgenommen

Mittlerer Oberrhein

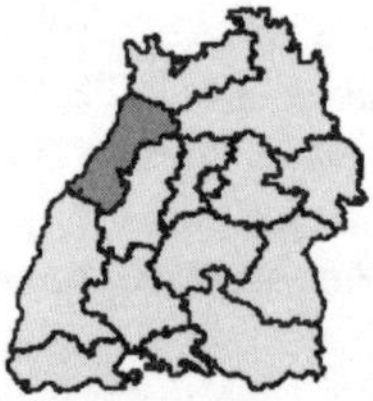

- Regionenklasse: Agglomerationsräume
- Einwohner: 994.325
- Arbeitslosenquote: 7,1 %
- Zufriedenheit: 83 %, 1* (4)
- Erw. Zufriedenheit: 45 %, 10* (21)

Gegenwärtig hochzufrieden, aber weniger optimistisch beim Blick in die Zukunft, Verbesserungsbedarf bei Familienfreundlichkeit

Ausgewählte Schlaglichter aus Bürgersicht

- Spitzenplatz in RK bei heutiger Zufriedenheit, Platz 10 bei Blick in die Zukunft
- Verantwortungsgefühl und Engagement gegenüber der Gesellschaft stark ausgeprägt, bei Aufgeschlossenheit gegenüber Fremden wird sehr hoher Verbesserungsbedarf wahrgenommen
- Grundsätzlich optimistische Sicht des regionalen Arbeitsmarkts (zwei Drittel glauben an gleich bleibende bzw. zunehmende Anzahl an Arbeitsplätzen)
- Phantasie und Kreativität als überdurchschnittlich wichtig empfunden

Stärken/Schwächen der Region aus Bürgersicht

⊕ Verkehrsanbindung und ÖPNV erhalten gute Noten, ebenso die öffentliche Verwaltung

⊕ Bewertung als guter Wirtschaftsstandort dank qualifizierter Arbeitskräfte, Gründerklima und gutem Zusammenspiel von Wirtschaft, Politik und weiteren Beteiligten

⊕ Top-Beurteilung der Lebensqualität, z.B. Vereinsleben, Feste, klassische Unterhaltung, Freizeitwert der Natur

⊖ Kinder- und Familienfreundlichkeit als vergleichsweise dringend verbesserungsbedürftig angesehen, insbesondere Erweiterung der Ganztagsbetreuung (Krippen, Kindergärten, Schulen) angemahnt

Neckar-Alb

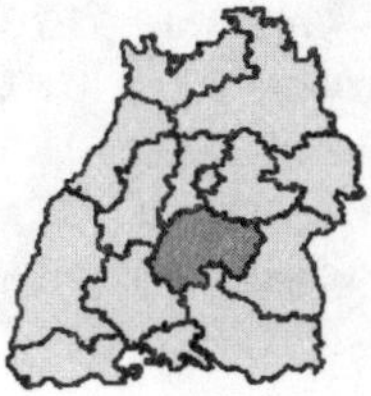

- Regionenklasse: Verstädterte Räume
- Einwohner: 690.575
- Arbeitslosenquote: 6,6 %
- Zufriedenheit: 79 %, 7* (21)
- Erw. Zufriedenheit: 44 %, 9* (25)

Zufriedene Region mit zuversichtlichen und zugleich kritischen Menschen, die deutlichen Verbesserungsbedarf bei der Infrastruktur anmahnen

Ausgewählte Schlaglichter aus Bürgersicht

- Platz im oberen Drittel bei heutiger und bei erwarteter Zufriedenheit
- Optimismus und Erfolgsorientierung im Selbstbild weit verbreitet, hohe Gewichtung des Werts, das Leben zu genießen
- Internationale Konkurrenz und Rationalisierungen/Outsourcing als starke Bedrohung empfunden
- Ausgeprägtes Verantwortungsgefühl für die Gesellschaft

Stärken/Schwächen der Region aus Bürgersicht

⊕ Einschätzung der wirtschaftlichen Rahmenbedingungen und Attraktivität für Investoren weit überdurchschnittlich, Arbeit der Handwerkskammer besonders positiv bewertet

⊕ Ausstattung mit Einrichtungen und Initiativen für die Belange alter und kranker Menschen als besonders gut wahrgenommen

⊕ Bestnoten für Volkshochschulen/Kurse und Büchereien

⊖ Mangel an Gewerbeflächen und unzureichendes Zusammenspiel von Wirtschaft, Politik und weiteren Beteiligten beklagt

⊖ Überdurchschnittlicher Erweiterungsbedarf bei Ganztagsschulen und -kindergärten gesehen

Stuttgart

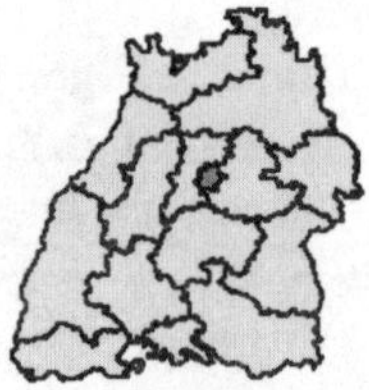

- Regionenklasse: 15 Großstädte
- Einwohner: 590.657
- Arbeitslosenquote: 9,9 %
- Zufriedenheit: 83 %, 1* (4)
- Erw. Zufriedenheit: 48 %, 2* (7)

Zufriedenste Großstadt mit wenigen Sorgen; Bürger mit hohem Verantwortungsbewusstsein für die Gesellschaft

Ausgewählte Schlaglichter aus Bürgersicht

- Großstadt mit höchster Zufriedenheit der Bürger
- Deutlich weniger Sorgen (z.B. Arbeitsplatzverlust) als andere Deutsche
- Besonders hohes Verantwortungsbewusstsein für die Gesellschaft, aber nur durchschnittliches soziales/politisches Engagement
- Technikaffinität und Lösungsorientierung
- Überdurchschnittlich starker Wunsch nach mehr marktwirtschaftlichen Elementen und weniger Staat

Stärken/Schwächen der Region aus Bürgersicht

⊕ Starke Unternehmer, gute lokale Vernetzung und qualifizierte Arbeitskräfte als Basis für hervorragende Position bei Wirtschaft/Arbeitsmarkt gesehen

⊕ Top-Bewertungen in allen Bereichen der Lebensqualität

⊕ Wenige soziale Brennpunkte und gute Integration von Ausländern als positiv wahrgenommen

⊖ Deutlich überdurchschnittlicher Erweiterungsbedarf bei der Ganztagsbetreuung (Schulen, Kindergärten) festgestellt

⊖ Im Vergleich zu anderen Großstädten relativ großer Verbesserungsbedarf bei ÖPNV und Anbindung an Bahnverkehr wahrgenommen

Stuttgart östliches Umland

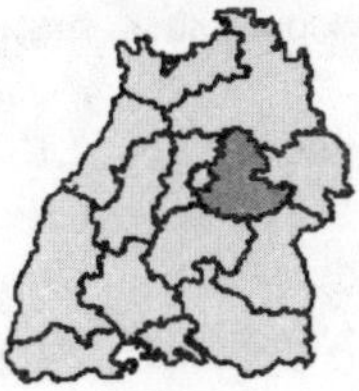

- Regionenklasse: Agglomerationsräume
- Einwohner: 1.189.060
- Arbeitslosenquote: 6,1 %
- Zufriedenheit: 82 %, 2* (6)
- Erw. Zufriedenheit: 47 %, 3* (10)

Sehr hohe Zufriedenheit; dank Engagement und Mut zum Wandel Top-Position in Stuttgarts Nachbarschaft; relativ optimistischer Blick in die Zukunft

Ausgewählte Schlaglichter aus Bürgersicht

- Sehr hohe gegenwärtige Zufriedenheit und geringer Zukunftspessimismus
- Sorge um den Arbeitsplatz – wie andere Zukunftsängste – insgesamt sehr gering
- Besonders großer Mut zum Wandel in Region
- Überdurchschnittliches ehrenamtliches Engagement, vor allem in Kirchen, Schulen und Kindergärten

Stärken/Schwächen der Region aus Bürgersicht

⊕ Starke Unternehmer, qualifizierte Arbeitskräfte und äußerst günstige Branchenstruktur machen aus Sicht der Befragten den Standort für Wirtschaft und Investoren attraktiv

⊖ Verwaltung schneidet gut ab, allerdings Verbesserungsbedarf z.B. gesehen bei Öffnungszeiten

⊖ Überdurchschnittlicher Erweiterungsbedarf bei Ganztagsschulen und -kindergärten wahrgenommen

⊖ Erhöhter Verbesserungsbedarf beim Straßennetz vor Ort bzw. bei der Anbindung an das Fernstraßennetz sowie beim ÖPNV gesehen

Unterer Neckar

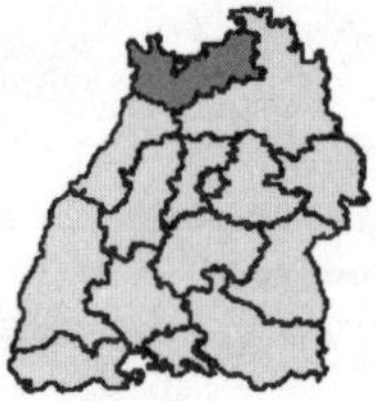

- Regionenklasse: Agglomerationsräume
- Einwohner: 1.134.541
- Arbeitslosenquote: 8,9 %
- Zufriedenheit: 78 %, 12* (26)
- Erw. Zufriedenheit: 40 %, 13* (41)

Lebensfrohe Region, Bewohner zufrieden mit Status quo

Ausgewählte Schlaglichter aus Bürgersicht

- Große Zufriedenheit mit Status quo
- Ausgeprägte Tendenz zu mehr Markt und weniger Staat
- Mehr Vertrauen in Deutschlands Institutionen als in anderen Regionen
- Wichtige Rolle von eigener Phantasie und Kreativität

Stärken/Schwächen der Region aus Bürgersicht

⊕ Starke Unternehmer und qualifizierte Arbeitskräfte im Urteil der Befragten

⊕ Hohe Lebensqualität, z.B. auf Grund von guter medizinischer Versorgung, Veranstaltungsvielfalt, Angebot an Restaurants und Kneipen

⊖ Unter allen Agglomerationsräumen dringendster Erweiterungsbedarf bei Krippen sowie mehr Ganztagskindergärten wahrgenommen

BAYERN

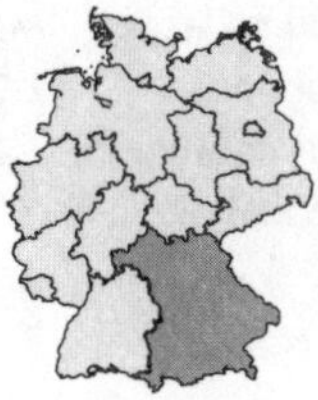

- Einwohner: 12.443.893
- Arbeitslosenquote: 7,8 %
- Regionale Zufriedenheit: 77 %, (3)**
- Erwartete reg. Zufriedenheit: 42 %, (3)**

Spitzenposition mit starken regionalen Unterschieden

Ausgewählte Schlaglichter aus Bürgersicht

- Hohe regionale Zufriedenheit, jedoch große Unterschiede zwischen den einzelnen Regionen
- Selbsteinschätzung als zielstrebig und leistungsbereit
- Deutliche Mehrheit für mehr Marktwirtschaft und weniger staatliche Lenkung
- Deutliche Mehrheit für schnelleren gesellschaftlichen Wandel; allerdings auch stärkere Polarisierung, da zugleich der Anteil der Befürworter für eine Verlangsamung überdurchschnittlich groß ist

Stärken/Schwächen der Region aus Bürgersicht

⊕ Starke Unternehmer, fähige Lokalpolitiker und gute Vernetzung

⊕ Hervorragende Verwaltungsleistung

⊕ Gutes soziales Umfeld, wenige soziale Brennpunkte und viele Einrichtungen/Initiativen für die Belange sozial schwacher bzw. alter und kranker Menschen

⊕ Bundesweit geringster Verbesserungsbedarf bei Organisation der Schulen

⊕ Integration von Ausländern wird als sehr gut eingeschätzt

⊖ Unter allen BL größter Verbesserungsbedarf bei Aufgeschlossenheit gegenüber Fremden

⊖ Überdurchschnittlicher Verbesserungsbedarf bei Infrastruktur (z.B. ÖPNV, Wohnraumverfügbarkeit) wahrgenommen

Augsburg

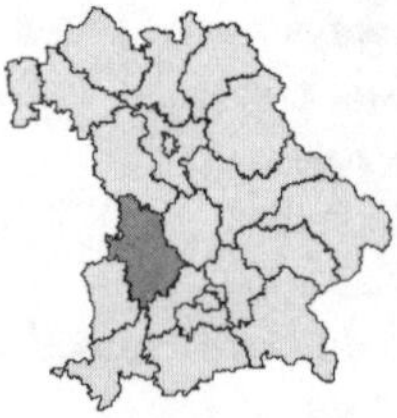

- Regionenklasse: Verstädterte Räume
- Einwohner: 855.906
- Arbeitslosenquote: 8,3 %
- Zufriedenheit: 76 %, 16* (36)
- Erw. Zufriedenheit: 40 %, 16* (41)

Zufrieden, aber Wunsch nach mehr Impuls gebenden Führungspersönlichkeiten

Ausgewählte Schlaglichter aus Bürgersicht

- Oberes Mittelfeld bei heutiger und erwarteter Zufriedenheit
- Weniger persönliche Sorgen als im Durchschnitt der RK
- Klare Mehrheit für einen schnelleren gesellschaftlichen Wandel
- Unterdurchschnittliches Verantwortungsgefühl für die Gesellschaft

Stärken/Schwächen der Region aus Bürgersicht

⊕ Gute Noten für Verwaltung und Polizei, besonderes Lob für IHK und Handwerkskammer

⊕ Aus Sicht der Bürger überdurchschnittlich hoher Freizeitwert, innerhalb der RK sehr gutes Angebot an klassischer Unterhaltung

⊖ Nur durchschnittliche Bewertung der wirtschaftlichen Rahmenbedingungen mit schlechten Noten, insbesondere wegen Mangel an politischen und wirtschaftlichen Führungspersönlichkeiten sowie Mut zum Wandel

⊖ Unterdurchschnittliche Bewertung auch für Verkehrssystem bzw. -anbindung und die häusliche medizinische Versorgung

Donau-Wald

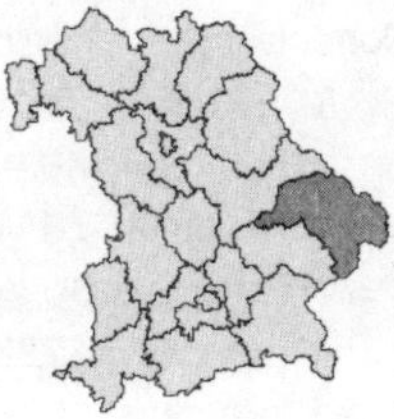

- Regionenklasse: Ländliche Räume
- Einwohner: 663.150
- Arbeitslosenquote: 9,0 %
- Zufriedenheit: 72 %, 7* (56)
- Erw. Zufriedenheit: 37 %, 7* (55)

Region in Randlage mit überzeugendem Schul- und Bildungsangebot

Ausgewählte Schlaglichter aus Bürgersicht

- Überdurchschnittliche Zufriedenheit bei durchschnittlicher Zukunftserwartung
- Pessimistische Beurteilung des Arbeitsmarkts, aber zugleich geringe Bereitschaft zu persönlichen Einschnitte zum Arbeitsplatzerhalt (z.B. Umschulungen, Pendeln)
- Lebensqualität als ausgesprochen gut bewertet
- Verantwortungsgefühl gegenüber der Gesellschaft im Selbstbild geringer ausgeprägt als in anderen Regionen

Stärken/Schwächen der Region aus Bürgersicht

⊕ Attraktivität der Region für die Wirtschaft innerhalb der RK als gut bewertet

⊕ Gute Noten für die Lebensqualität

⊕ Lokale Vernetzung sowie Kompetenz der Politiker positiv eingeschätzt, Verwaltung mit sehr guten Noten

⊕ Schul- und Bildungsangebot aus Sicht der Befragten in Umfang und Qualität eines der besten in Deutschland

⊖ Mangel an qualifizierten Arbeitskräften gesehen

⊖ Erheblicher Verbesserungsbedarf beim Straßennetz vor Ort, der verkehrstechnischen Anbindung sowie beim ÖPNV wahrgenommen

Industrieregion Mittelfranken

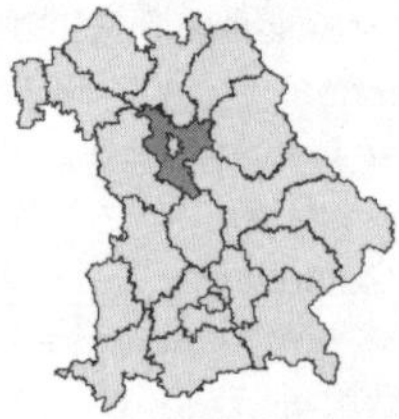

- Regionenklasse: Agglomerationsräume
- Einwohner: 7.934.953
- Arbeitslosenquote: 7,5 %
- Zufriedenheit: 80 %, 9* (18)
- Erw. Zufriedenheit: 42 %, 11* (32)

Zufriedenheit im oberen Drittel der Regionenklasse; Zuversicht und Aufgeschlossenheit für neue Anforderungen

Ausgewählte Schlaglichter aus Bürgersicht

- Aktuelle Sorgen geringer als im Durchschnitt der RK
- Bereitschaft zu mehr bzw. flexiblerem Arbeiten, wenn dadurch Arbeitsplätze erhalten werden können
- Sehr gute Bewertung der Integration von Ausländern
- Großes Engagement im kirchlichen Bereich und starkes Verantwortungsgefühl für die Gesellschaft

Stärken/Schwächen der Region aus Bürgersicht

⊕ Region aus Sicht der Bürger geprägt durch starke Unternehmer und Lokalpolitiker, qualifizierte Arbeitskräfte und Gründerklima

⊕ Gute medizinische Versorgung und hohe öffentliche Sicherheit bzw. geringe Kriminalität spielen wichtige Rolle für Lebensqualität

⊕ Einschätzung als attraktiver Investitionsstandort mit Abstrichen bei Branchenstruktur und Arbeit der IHK bzw. Handwerkskammer

⊖ Überdurchschnittlicher Erweiterungs- und Verbesserungsbedarf bei (Ganztags-)Kindergärten und dem Freizeitangebot für Jugendliche angemahnt

München

- Regionenklasse: 15 Großstädte
- Einwohner: 1.249.176
- Arbeitslosenquote: 8,6 %
- Zufriedenheit: 82 %, 2* (6)
- Erw. Zufriedenheit: 51 %, 1* (1)

Spitzenreiter mit Bestnoten für Wirtschaft und Verwaltung

Ausgewählte Schlaglichter aus Bürgersicht

- Konstanter Platz in der Spitzengruppe bei Zufriedenheit
- Platz 1 bei Blick in die Zukunft
- Im Selbstbild zielstrebige, erfolgsorientierte Menschen, legen besonders hohen Wert auf Genießen des Lebens
- Bundesweit geringstes gesellschaftliches Engagement
- Phantasie und Kreativität sowie ein hoher Lebensstandard überdurchschnittlich wichtig

Stärken/Schwächen der Region aus Bürgersicht

⊕ Bestnoten für die Wirtschaft (in fast allen Dimensionen unter den Top 3 in Deutschland), z.B. bez. allgemeiner Investitionsattraktivität, Branchenstruktur, Gründerklima, qualifizierter Arbeitskräfte, vorbildlicher Leistung von Verwaltung und Polizei

⊕ Arbeitsmarkt nur von halb so vielen Menschen als verbesserungsbedürftig angesehen wie im deutschen Durchschnitt

⊕ Hervorragende Bewertung der Freizeitmöglichkeiten (z. B. Theater, Oper, Restaurants, Sportmöglichkeiten, Veranstaltungen/Feste)

⊖ Sehr hoher Verbesserungsbedarf bei den Lebenshaltungskosten gesehen

⊖ Hoher Verbesserungsbedarf bei Lebensqualität für Ältere (letzter Rang bundesweit) und bei Kinder- und Familienfreundlichkeit (ebenfalls letzter Rang) wahrgenommen

⊖ Bundesweit der größte Bedarf an verfügbarem Wohnraum geäußert

München nordwestliches Umland

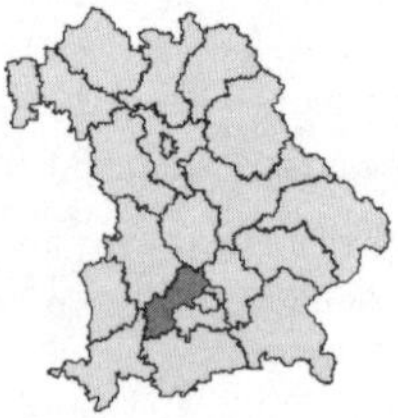

- Regionenklasse: Agglomerationsräume
- Einwohner: 443.662
- Arbeitslosenquote: 5,6 %
- Zufriedenheit: 81 %, 5* (12)
- Erw. Zufriedenheit: 49 %, 1* (4)

Hohe Zufriedenheit; auch im Blick nach vorne optimistisch

Ausgewählte Schlaglichter aus Bürgersicht

- Zielstrebige Bürger mit besonders hoher Bereitschaft, sich selbständig zu machen
- Deutlich ausgeprägter Wunsch nach mehr Markt und weniger Staat, insbesondere bei sozialer Sicherung
- Toleranz und die Unterstützung von sozial Benachteiligten als überdurchschnittlich wichtig angesehen, jedoch geringes ehrenamtliches Engagement bekundet

Stärken/Schwächen der Region aus Bürgersicht

⊕ Durchweg Top-Bewertungen für öffentliche Sicherheit, geringe Kriminalitätsrate und Integration von Ausländern und sozial Schwachen

⊕ Aus Sicht der Befragten besonders attraktiv für Investoren durch klare und intelligente Regionalstrategie, starke politische Führungspersönlichkeiten und lokale Vernetzung

⊕ Gute Noten für Angebot und Qualität der Kinderbetreuung, besonders hinsichtlich Freizeitangebot für Jugendliche

⊕ Überdurchschnittlich gut bewertetes Gründerklima

⊖ Im Vergleich mit anderen Agglomerationsräumen ÖPNV als verbesserungswürdig wahrgenommen

⊖ Hohe Lebenshaltungskosten bei gleichzeitig mangelndem Angebot an Einkaufsmöglichkeiten bzw. Dienstleistungen beklagt

⊖ Verbesserung der Verfügbarkeit von Wohnraum überdurchschnittlich oft gewünscht

Nürnberg

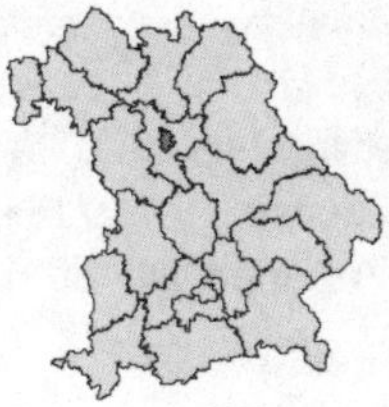

- Regionenklasse: 15 Großstädte
- Einwohner: 495.302
- Arbeitslosenquote: 13,1 %
- Zufriedenheit: 74 %, 7* (41)
- Erw. Zufriedenheit: 35 %, 10* (68)

Fehlende Perspektiven in traditionsreicher Industriestadt

Ausgewählte Schlaglichter aus Bürgersicht

- Deutliche Rangplatzverluste bei erwarteter Zufriedenheit
- Dringender Verbesserungsbedarf beim Arbeitsmarkt
- Unter allen Großstädten schwächste Zustimmung zu schnellerem gesellschaftlichen Wandel
- Genießen des Lebens und Spontaneität wichtig für die Bürger
- Überdurchschnittliche Bedeutung von Macht, Einfluss und Sicherheit

Stärken/Schwächen der Region aus Bürgersicht

⊕ Verfügbarkeit von Gewerbeimmobilien, Arbeit der IHK und Regionalstrategie positiv bewertet

⊕ Die meisten Aspekte der Infrastruktur als gut angesehen (z.B. medizinische Versorgung, Polizei, ÖPNV)

⊕ Vergleichsweise hohe Zufriedenheit mit Lebenshaltungskosten

⊕ Viele Einrichtungen für sozial Schwache; Freizeitangebot für Jugendliche als vergleichsweise gut bewertet

⊖ Zusammenspiel von Wirtschaft, Politik und weiteren Beteiligten als unzureichend beurteilt

⊖ Dringender Erweiterungsbedarf bei Kinderkrippen gesehen

⊖ Bei öffentlicher Verwaltung insbesondere bessere Stadt- und Gemeindeplanung sowie bessere Öffnungszeiten angemahnt

Oberfranken-West

- Regionenklasse: Verstädterte Räume
- Einwohner: 606.796
- Arbeitslosenquote: 9,3 %
- Zufriedenheit: 71 %, 25* (59)
- Erw. Zufriedenheit: 39 %, 19* (45)

Mittlere Zufriedenheit bei insgesamt überdurchschnittlichen Sorgen

Ausgewählte Schlaglichter aus Bürgersicht

- Sorgen insgesamt überdurchschnittlich groß
- Geringes Politikinteresse, aber besonders starkes Engagement in den Bereichen Sport und Umwelt-/Tierschutz
- Wunsch nach schnellerem gesellschaftlichen Wandel unterdurchschnittlich ausgeprägt

Stärken/Schwächen der Region aus Bürgersicht

⊕ Bestnoten für öffentliche Sicherheit und Leistung der Polizei

⊕ Integration von Ausländern überdurchschnittlich häufig als gut bewertet, ebenso Anzahl von Einrichtungen bzw. Initiativen für die Belange von alten und kranken Menschen

⊕ Hohe Zufriedenheit beim Thema Lebenshaltungskosten und sozialem Umfeld

⊖ Bewertung der wirtschaftlichen Rahmenbedingungen als unterdurchschnittlich (insbesondere das Gründerklima und die Verfügbarkeit von Gewerbeflächen/-immobilien), abgesehen von der Verfügbarkeit qualifizierter Arbeitskräfte

⊖ Anbindung an das Fernstraßennetz als dringend verbesserungsbedürftig und als Hindernis für Investoren angesehen

Oberpfalz-Nord

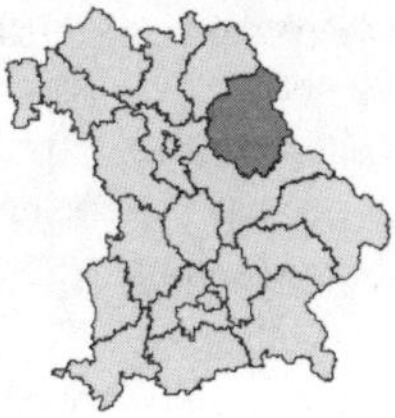

- Regionenklasse: Ländliche Räum
- Einwohner: 519.935
- Arbeitslosenquote: 9,8 %
- Zufriedenheit: 66 %, 15* (83)
- Erw. Zufriedenheit: 31 %, 14* (87)

Wenig Zuversicht auf Grund problematischer Wirtschaftslage

Ausgewählte Schlaglichter aus Bürgersicht

- Deutliches Absinken bei Zufriedenheit (7 Prozentpunkte weniger als 2003)
- Internationale Konkurrenz als besonders starke Bedrohung für Region empfunden
- Vergleichsweise große Angst vor Arbeitsplatzverlust und finanzieller Verschlechterung, dennoch unterdurchschnittliche Bereitschaft zu Mehrarbeit/Gehaltsverzicht zur Arbeitsplatzerhaltung
- Wunsch nach schnellerem gesellschaftlichen Wandel geringer ausgeprägt als im Durchschnitt der RK

Stärken/Schwächen der Region aus Bürgersicht

⊕ Lebenshaltungskosten positiv beurteilt, jedoch Mangel an Einkaufsmöglichkeiten/Dienstleistungsangeboten gesehen

⊕ Bestnoten für Krippen und Kindergärten (vor allem bei Sprachförderung) sowie Angebot an Ganztagsschulen

⊖ Unterdurchschnittliches Abschneiden bei wirtschaftlichen Rahmenbedingungen (insbesondere Wirtschaftsförderung durch die öffentliche Hand), bei Einschätzung der Attraktivität für Investoren lediglich in der Schlussgruppe

⊖ Erheblicher Verbesserungsbedarf beim Verkehrssystem, insbesondere ÖPNV und Anbindung an das Bahnnetz, gesehen

Regensburg

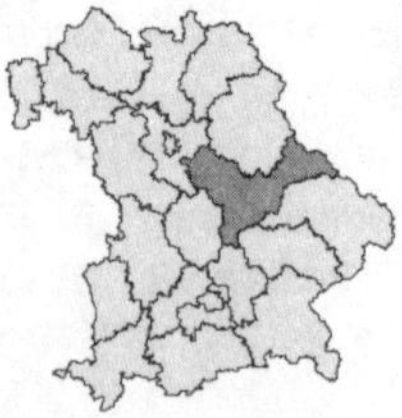

- Regionenklasse: Verstädterte Räume
- Einwohner: 683.293
- Arbeitslosenquote: 7,4 %
- Zufriedenheit: 79 %, 7* (21)
- Erw. Zufriedenheit: 43 %, 10* (27)

Negativer Trend bei Zufriedenheit trotz positiver Aspekte in Wirtschaft und Arbeitsmarkt

Ausgewählte Schlaglichter aus Bürgersicht

- Hohes Zufriedenheitsniveau von 2003 nicht gehalten
- Bemerkenswerter Optimismus hinsichtlich Beschäftigungstrends: 25% der Befragten glauben jedoch an Zunahme der Arbeitsplätze in ihrem Betrieb (16% im Bundesdurchschnitt)
- Gering ausgeprägtes Verantwortungsbewusstsein für die Gesellschaft, Engagement entsprechend gering; jedoch gut bewertete Integration von Minderheiten

Stärken/Schwächen der Region aus Bürgersicht

⊕ Hohe Attraktivität für Investoren durch starke Lokalpolitiker und Unternehmer sowie Mut zum Wandel

⊕ Bestnoten für Verwaltung und Polizei

⊕ Hohe Zufriedenheit mit Schul- und Bildungssystem; hinsichtlich Qualität der Kinderkrippen und Kindergärten in Spitzengruppe

⊖ Erhöhter Verbesserungsbedarf bei Verkehrssystem bzw. -anbindung gesehen

⊖ Erheblicher Erweiterungsbedarf bei Halbtagskindergärten im Vergleich der RK wahrgenommen

Starnberg/Landkreis München

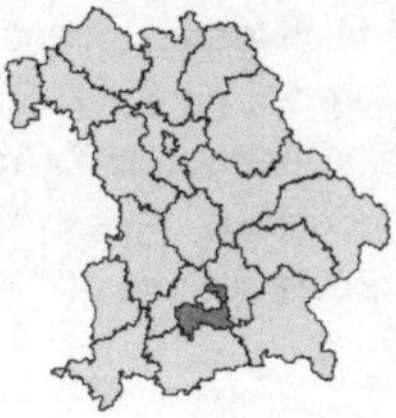

- Regionenklasse: Agglomerationsräume
- Einwohner: 404.403
- Arbeitslosenquote: 4,7 %
- Zufriedenheit: 82 %, 2* (6)
- Erw. Zufriedenheit: 48 %, 2* (7)

Erfolgsregion mit Wirtschaftskraft und Freizeitwert

Ausgewählte Schlaglichter aus Bürgersicht

- Spitzenplatz bei Zufriedenheit, weniger Zukunftssorgen als in anderen Regionen
- Besonders optimistische Einschätzung der regionalen Arbeitsmarktentwicklung
- Im Selbstbild tolerante, zielstrebige Menschen, die großen Wert auf Genießen des Lebens legen
- Wenig gesellschaftliches Engagement (letzter Rang in RK, vorletzter in Deutschland)

Stärken/Schwächen der Region aus Bürgersicht

⊕ Überwiegend Spitzenpositionen bei den wirtschaftlichen Rahmenbedingungen (vor allem qualifizierte Arbeitskräfte, Gründerklima, Finanzierungsmöglichkeiten) und Attraktivität für Investoren

⊕ Bestnoten für die Verwaltung

⊕ Hoher Freizeitwert und höchste Zufriedenheit mit der öffentlichen Sicherheit

⊖ Deutlicher Verbesserungsbedarf bei der Lebensqualität für Ältere, den Lebenshaltungskosten und der Verfügbarkeit von Wohnraum gesehen

Südostoberbayern

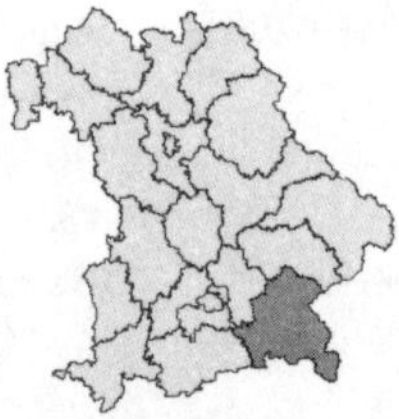

- Regionenklasse: Ländliche Räume
- Einwohner: 798.173
- Arbeitslosenquote: 7,1 %
- Zufriedenheit: 80 %, 2* (18)
- Erw. Zufriedenheit: 49 %, 2* (4)

Ländliche Erfolgsregion mit starken Persönlichkeiten und Marktorientierung

Ausgewählte Schlaglichter aus Bürgersicht

- Spitzenplatzierung bei regionaler Zufriedenheit, geringere Zukunftssorgen
- In der Eigenwahrnehmung besonders zielstrebige, erfolgsorientierte und optimistische Menschen mit äußerst hohem Verantwortungsbewusstsein für die Gesellschaft
- Sehr ausgeprägter Wunsch nach mehr marktwirtschaftlichen Elementen und weniger staatlicher Lenkung

Stärken/Schwächen der Region aus Bürgersicht

⊕ Starke Politiker und Unternehmer im guten Zusammenspiel sowie günstige Branchenstruktur und ausgeprägtes Gründerklima machen die Region im Urteil der Befragten besonders attraktiv für Investoren

⊕ Sehr gute Noten für die Verwaltung

⊕ Insgesamt äußerst positiv bewertete Lebensqualität, z.B. hoher Freizeitwert der Natur, viele Veranstaltungen und Feste

⊖ Häusliche Versorgung als verbesserungswürdig angesehen, trotz insgesamt als gut empfundener medizinischer Versorgung

⊖ Erheblicher Verbesserungsbedarf beim Verkehrssystem, insbesondere ÖPNV, wahrgenommen

BERLIN

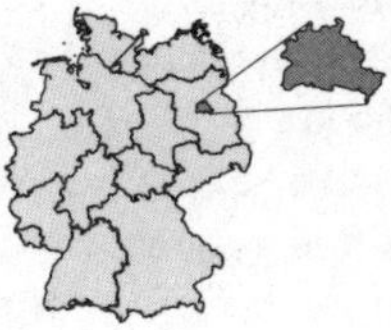

- Einwohner: 3.387.828
- Arbeitslosenquote: 19,0%
- Regionale Zufriedenheit: 61 % (11)[**/***]
- Erwartete reg. Zufriedenheit: 32% (9)[**/***]

Chancen und Mut zum Wandel nutzen, Verbesserungsbedarf bei öffentlicher Sicherheit angehen

Ausgewählte Schlaglichter aus Bürgersicht

- Zufriedenheitswerte im Vergleich zur RK unterdurchschnittlich und identisch in Ost und West
- Trotz hoher Arbeitslosenquote Sorgenlast nicht größer als im Bundesdurchschnitt
- Größere Bereitschaft zu Einschnitten zu Gunsten von mehr Arbeitsplätzen, z.B. durch Arbeitszeitverkürzung oder Streichung von Urlaubstagen
- Im Bundeslandvergleich geringere Zielstrebigkeit und Erfolgsorientierung

Stärken/Schwächen der Region aus Bürgersicht

⊕ Überdurchschnittlicher Mut zum Wandel
⊕ Sehr hohe Zufriedenheit mit Freizeit- und Kulturangebot sowie mit Verkehrsinfrastruktur
⊕ Gute Noten für Angebot an Krippen und Ganztagskindergärten (unter den 15 Großstädten sogar Rang 1), aber Verbesserungsbedarf beim Qualitätsniveau (vor allem Sprachförderung) gesehen

⊖ Aufholbedarf bei Vernetzung von Politik und Wirtschaft
⊖ Aus Sicht der Bürger viele soziale Brennpunkte, wenige Initiativen für Ältere und beim gesellschaftlichen Engagement Schlusslicht der BL
⊖ Dringender Verbesserungsbedarf bei sozialem Umfeld, öffentlicher Sicherheit und Polizei wahrgenommen
⊖ Überdurchschnittlicher Verbesserungsbedarf beim Schul- und Bildungssystem gesehen

*** Für Berlin als Stadt (»15 Großstädte«) gilt: Zufriedenheit Rang 14, erwartete Zufriedenheit Rang 12

BRANDENBURG

- Einwohner: 2.567.704
- Arbeitslosenquote: 18,2 %
- Regionale Zufriedenheit: 51 % (13)**
- Erwartete reg. Zufriedenheit: 28 % (13)**

Trotz großer Sorgen Anstieg der Zufriedenheit mit dem Leben in der Region

Ausgewählte Schlaglichter aus Bürgersicht

- Deutlich gestiegene Zufriedenheit 2005 gegenüber 2003, weitere Verbesserung im Vergleich zu anderen BL erwartet
- Dennoch größere Zukunftssorgen als beim Durchschnitt der Bundesbürger (Arbeitsplatz und zukünftiger finanzieller Situation)
- Im Selbstbild sehr zielstrebige Menschen, die eindeutig für einen schnelleren gesellschaftlichen Wandel votieren
- Starkes Politikinteresse, aber Verantwortungsbewusstsein für die Gesellschaft weniger ausgeprägt; durchschnittliches ehrenamtliches Engagement

Stärken/Schwächen der Region aus Bürgersicht

⊕ Sehr gute Noten für vorschulische Betreuung attestiert

⊕ Hoher Freizeitwert der Natur

⊕ Gute parteiübergreifende Zusammenarbeit und Finanzierungsmöglichkeiten bescheinigt

⊖ Aus Sicht der Befragten geringe Attraktivität für Investoren: Aufholbedarf vor allem bei Führungspersönlichkeiten in Politik und Wirtschaft, bei Mut zum Wandel sowie bei der Verwaltungseffizienz

⊖ Schlusslicht in allen Bereichen der Verfügbarkeit medizinischer Versorgung, ebenso letzte Plätze bei Freizeit- und Kulturangebot

⊖ Von allen BL dringendster Erweiterungsbedarf bei Freizeitangeboten für Jugendliche wahrgenommen

Lausitz-Spreewald

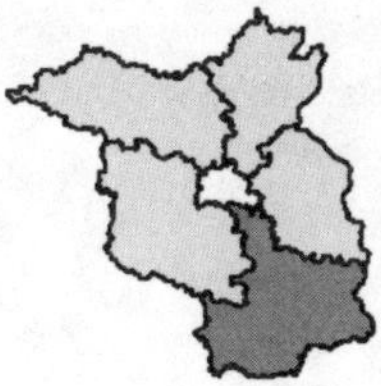

- Regionenklasse: Verstädterte Räume
- Einwohner: 665.124
- Arbeitslosenquote: 19,7 %
- Zufriedenheit: 38 %, 41* (114)
- Erw. Zufriedenheit: 21 %, 40* (113)

Geringe Zufriedenheit angesichts schlechter Wirtschaftslage, jedoch sieht sich die Bevölkerung als leistungsorientiert und kompromissbereit

Ausgewählte Schlaglichter aus Bürgersicht

- Heutige und erwartete Zufriedenheit auf sehr niedrigem Niveau
- Größter Verbesserungsbedarf bei Arbeitsmarkt und Lebenshaltungskosten angemahnt
- Hoher Stellenwert von Fleiß und Ehrgeiz: Befragte fordern dies auch verstärkt als Lehrinhalte der Schulen
- Ausgeprägte Leistungs-/Kompromissbereitschaft zum Erhalt des Arbeitsplatzes (Pendeln/Umschulen)

Stärken/Schwächen der Region aus Bürgersicht

⊕ Überdurchschnittlich positive Bewertung der öffentlichen Sicherheit und der Lebensqualität für Ältere

⊕ Gute Noten für Kinderkrippen und Kindergärten

⊖ Freizeitangebot für Jugendliche aus Sicht der Bürger stark erweiterungsbedürftig

⊖ Verbesserungsbedarf bei der Verwaltungseffizienz und der lokalen Vernetzung als besonders hoch eingeschätzt; gilt als großes Investitionshindernis

BREMEN

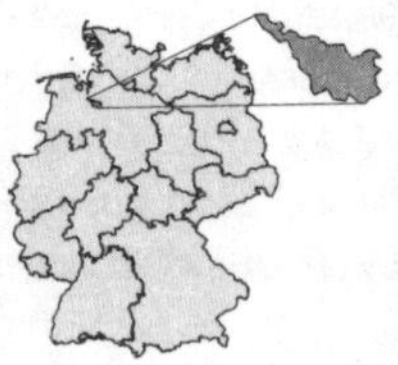

- Einwohner: 663.213
- Arbeitslosenquote: 16,8 %
- Regionale Zufriedenheit: 63 % (10)**/***
- Erwartete reg. Zufriedenheit: 30 % (11)**/***

Negativer Trend in Zufriedenheit, aber Zusammenwirken der Führungskräfte vor Ort positiv wahrgenommen

Ausgewählte Schlaglichter aus Bürgersicht

- Deutlich gesunkene regionale Zufriedenheit gegenüber 2003, negativer Zukunftstrend
- Überdurchschnittlich verbreitete Befürchtung, mit Wissensfortschritt nicht mithalten zu können
- Bei Bereitschaft zu persönlichen Einschnitten zum Arbeitsplatzerhalt nur in der Schlussgruppe; anders die Arbeitslosen, die größte Bereitschaft zu Mehr- und flexiblerer Arbeit bzw. zu Gehaltsverzicht äußern
- Herausgehobene Bedeutung von politischem Engagement

Stärken/Schwächen der Region aus Bürgersicht

⊕ Spitzenplatz beim Zusammenspiel von Wirtschaft, Wissenschaft, Politik und weiteren Beteiligten sowie bei der Wirtschaftsförderung

⊕ Sehr gutes Abschneiden von Verkehrsanbindung und -systemen inklusive ÖPNV

⊖ Dringendster Verbesserungsbedarf im Schul- und Bildungsangebot festgestellt, Gewalt an Schulen als besonders problematisch gesehen

⊖ Hohe Unzufriedenheit mit der Verwaltungseffizienz (z.B. Serviceorientierung der Mitarbeiter, Einrichtung von Bürgerbüros und der Haushaltsführung)

⊖ Überdurchschnittlicher Verbesserungsbedarf bei öffentlicher Sicherheit, viele soziale Brennpunkte; schlechteste Noten für Integration von Ausländern unter allen BL

*** Für Bremen als Stadt (»15 Großstädte«) gilt: Zufriedenheit Rang 10, erwartete Zufriedenheit Rang 11

HAMBURG

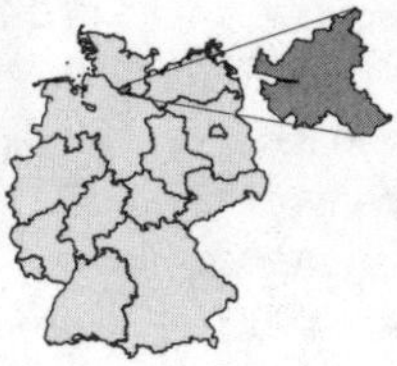

- Einwohner: 1.734.830
- Arbeitslosenquote: 11,3 %
- Regionale Zufriedenheit: 78 % (2)**/***
- Erwartete reg. Zufriedenheit: 45 % (1)**/***

Hamburg ist und bleibt Spitze – Verbesserungsbedarf bei öffentlicher Sicherheit

Ausgewählte Schlaglichter aus Bürgersicht

- Sehr wenige Sorgen hinsichtlich eigener Zukunft und Arbeitsmarkt; 26% rechnen mit Zunahme von Arbeitsplätzen in ihrem Betrieb (Rang 1 der BL)
- Größtes Verantwortungsbewusstsein für die Gesellschaft (sowohl unter den BL als auch unter den »15 Großstädten«)
- Besonders starkes Vertrauen in Reformfähigkeit bzw. -willigkeit der Politik und Bürger
- Bundesweit größte Bereitschaft, sich selbständig zu machen

Stärken/Schwächen der Region aus Bürgersicht

⊕ Hoher Freizeitwert und sehr gutes Kulturangebot attestiert

⊕ Besonders hoch eingeschätzte Attraktivität für Wirtschaft und Investoren wegen Branchenstruktur, starker Unternehmer, ausgeprägten Mutes zum Wandel sowie ausgesprochen positiven Gründerklimas

⊖ Schlusslicht bei Kinder- und Familienfreundlichkeit, erheblicher Erweiterungsbedarf bei der Kinderbetreuung festgestellt

⊖ Aus Sicht der Bürger dringendster Verbesserungsbedarf bei öffentlicher Sicherheit unter den BL (auch Gewalt an Schulen großes Problem) und große Unzufriedenheit mit der Polizei

*** Für Hamburg als Stadt (»15 Großstädte«) gilt: Zufriedenheit Rang 3, erwartete Zufriedenheit Rang 3

HESSEN

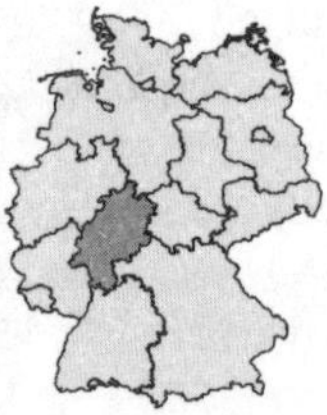

- Einwohner: 6.097.765
- Arbeitslosenquote: 9,7 %
- Regionale Zufriedenheit: 72 % (5)*
- Erwartete reg. Zufriedenheit: 38 % (5)*

Zufriedenheit im oberen Drittel – nach Werten und Einstellungen in der Mitte Deutschlands

Ausgewählte Schlaglichter aus Bürgersicht

- Regionale Zufriedenheit im oberen Drittel, aber gegenüber 2003 leicht gesunken
- Zukunftssorgen unterdurchschnittlich
- Wunsch nach mehr marktwirtschaftlichen Elementen und weniger Staat leicht überdurchschnittlich
- Hinsichtlich Politikinteresse, Wertvorstellungen (Familie, Gesetz und Ordnung, Fleiß und Ehrgeiz) sowie Grundeinstellungen wie Zielstrebigkeit, Erfolgsorientierung, Genießen des Lebens etc. im Durchschnitt

Stärken/Schwächen der Region aus Bürgersicht

⊕ Gute Note für Branchenstruktur, Finanzierungsmöglichkeiten und Unternehmerpersönlichkeiten sowie für die gute regionale Verwaltungsleistung

⊕ Insgesamt überdurchschnittlich eingeschätzte Kinder- und Familienfreundlichkeit

⊕ Wenige soziale Brennpunkte

⊖ Unterdurchschnittlich bewertete Verfügbarkeit von Gewerbeflächen und qualifizierten Arbeitskräften

⊖ Wirtschaftsförderung der öffentlichen Hand aus Sicht der Befrageten ausbaufähig

⊖ Überdurchschnittlicher Erweiterungsbedarf bei Ganztagsschulen und Kinderkrippen gesehen; Befragte beklagen außerdem am deutlichsten unter den BL Stundenausfall an Schulen

Frankfurt am Main

- Regionenklasse: 15 Großstädte
- Einwohner: 646.889
- Arbeitslosenquote: 10,3 %
- Zufriedenheit: 75 %, 5* (38)
- Erw. Zufriedenheit: 42 %, 6* (32)

Guter Arbeitsmarkt; Handlungsbedarf bei öffentlicher Sicherheit

Ausgewählte Schlaglichter aus Bürgersicht

- Vergleichsweise geringe Sorge um Arbeitsplatz, stark ausgeprägte Kompromissbereitschaft für eine Verbesserung des Arbeitsmarkts (z.B. Mehrarbeit)
- Überdurchschnittliches Politikinteresse
- Im Vergleich der Regionen höchster stellenwert von »das Leben genießen«

Stärken/Schwächen der Region aus Bürgersicht

⊕ Starke Unternehmer, gute Branchenstruktur und vor allem gute Finanzierungsmöglichkeiten von Befragten gesehen

⊕ Sehr gute Noten für die Verkehrsanbindung in allen Bereichen

⊖ Deutlich überdurchschnittlicher Verbesserungsbedarf bei öffentlicher Sicherheit und Gewalt an Schulen im Vergleich der 15 Großstädte

⊖ Dringende Verbesserung der Lebensqualität für Ältere und der medizinischen Versorgung angemahnt (letzter Platz in der häuslichen Versorgung)

⊖ Großer Erweiterungsbedarf bei Ganztagsschulen und -kindergärten sowie Kinderkrippen

Mittelhessen

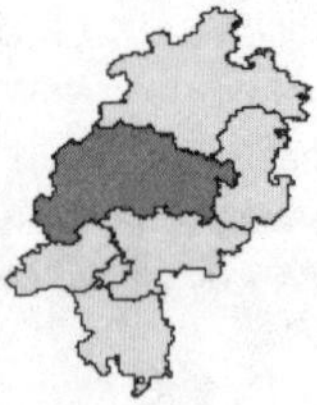

- Regionenklasse: Verstädterte Räume
- Einwohner: 1.064.228
- Arbeitslosenquote: 10,1%
- Zufriedenheit: 69%, 29* (72)
- Erw. Zufriedenheit: 34%, 28* (73)

Fehlende wirtschaftliche Perspektiven, aber positive Bewertung des sozialen Umfelds

Ausgewählte Schlaglichter aus Bürgersicht

- Zufriedenheit im unteren Drittel der RK, erhebliche Verschlechterung im Rangplatz bei der erwarteten Zufriedenheit gegenüber 2003
- Unterdurchschnittliches Politikinteresse, aber großes ehrenamtliches Engagement geäußert
- Vergleichsweise geringe Lösungsorientierung

Stärken/Schwächen der Region aus Bürgersicht

⊕ Im Urteil der Bürger gutes soziales Umfeld, relativ wenige soziale Brennpunkte

⊕ Gute häusliche medizinische Versorgung, Verbesserungsbedarf jedoch bei der Verfügbarkeit der stationären Versorgung

⊕ Geringer Verbesserungsbedarf bei den Lebenshaltungskosten

⊖ Bei der Attraktivität für die Wirtschaft aus Sicht der Befragten in der Schlussgruppe; Mangel an Führungskräften gesehen

⊖ Unterdurchschnittliche Bewertung der IHK, mehr Mut zum Wandel angemahnt

⊖ Im Urteil der Bürger stark verbesserungsbedürftige Lebensqualität für Ältere

Offenbach/Hanau

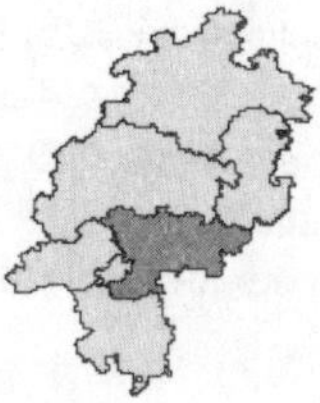

- Regionenklasse: Agglomerationsräume
- Einwohner: 1.166.652
- Arbeitslosenquote: 9,2 %
- Zufriedenheit: 71 %, 19* (59)
- Erw. Zufriedenheit: 37 %, 17* (55)

Solider Arbeitsmarkt und effiziente Verwaltung, aber Schwächen bei öffentlicher Sicherheit und Ganztagsschulen

Ausgewählte Schlaglichter aus Bürgersicht

- Einschätzung des Arbeitsmarkts und persönlichen Situation leicht über dem Durchschnitt der Regionenklasse, dennoch hohe Bereitschaft zu persönlichen Einschnitten (z.B. Gehaltsverzicht)
- Relativ hohes Engagement der Bürger im Bereich Kunst und Kultur
- Überdurchschnittliche Bedeutung von Gesetz und Ordnung, aber auch von Toleranz gegenüber anderen Meinungen

Stärken/Schwächen der Region aus Bürgersicht

⊕ Wirtschaftliche Rahmenbedingungen unterdurchschnittlich bewertet, Region in den Augen ihrer Bürger dennoch attraktiv für Investoren auf Grund guter Branchenstruktur und Finanzierungsmöglichkeiten

⊕ Sehr gute Noten für Verwaltung

⊖ Dringender Verbesserungsbedarf beim Angebot von Ganztagsschulen und bei der Qualität der Kinderkrippen

⊖ Stark verbesserungsbedürftige öffentliche Sicherheit angemahnt

Osthessen

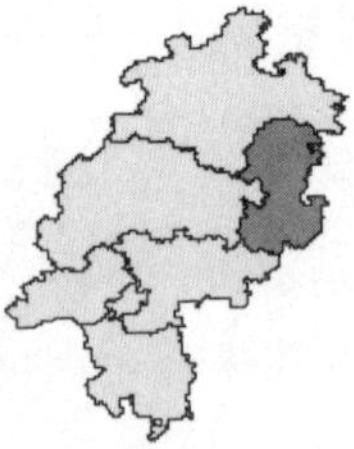

- Regionenklasse: Ländliche Räume
- Einwohner: 347.961
- Arbeitslosenquote: 9,0 %
- Zufriedenheit: 71 %, 9* (59)
- Erw. Zufriedenheit: 37 %, 7* (55)

Vergleichsweise positiver Blick in die Zukunft – Führung vor Ort positiv eingeschätzt

Ausgewählte Schlaglichter aus Bürgersicht

- Zufriedenheit in der oberen Hälfte der RK
- Großes gesellschaftliches Engagement (stärkstes Engagement in der Jugendarbeit)
- Insgesamt hohe Bereitschaft für Mehrarbeit zur Sicherung des Arbeitsplatzes, Arbeitslose zeigen jedoch deutlich unterdurchschnittliche Bereitschaft zu persönlichen Einschnitten
- Überdurchschnittliche Bedeutung von Macht und Einfluss
- Hohe Wertschätzung für politisches Engagement und Toleranz gegenüber anderen
- Überdurchschnittlich starker Wunsch nach schnellem gesellschaftlichen Wandel

Stärken/Schwächen der Region aus Bürgersicht

⊕ Gute Noten für öffentliche Verwaltung und Zusammenarbeit von Politik und Wirtschaft und weiteren Beteiligten

⊕ Spitzenposition bei Bewertung der Arbeit der IHK

⊕ Wenige soziale Brennpunkte, Aufgeschlossenheit gegenüber Fremden jedoch stark verbesserungswürdig eingeschätzt

⊖ Kultur- und Freizeitangebot insgesamt aus Sicht der Bürger verbesserungswürdig

⊖ Im Vergleich der RK dringendster Erweiterungsbedarf bei Kinderkrippen, aber auch mehr Ganztagskindergärten und -schulen gefordert

MECKLENBURG-VORPOMMERN

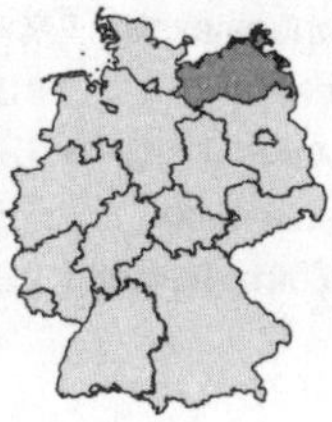

- Einwohner: 1.719.653
- Arbeitslosenquote: 20,3 %
- Regionale Zufriedenheit: 49 % (15)**
- Erwartete reg. Zufriedenheit: 25 % (14)**

Schlussrang bei Zufriedenheit, aber gute Grundlagen für die Zukunft

Ausgewählte Schlaglichter aus Bürgersicht

- Bei regionaler Zufriedenheit zwar auf Schlussrang, aber deutliche Steigerung gegenüber 2003 (um 9 Prozentpunkte)
- Überdurchschnittliche Angst vor Arbeitsplatzverlust und Armut im Alter
- Fleiß, Ehrgeiz und Zielstrebigkeit als besonders wichtig eingeschätzte Tugend
- Sehr starkes Politikinteresse und großes Bedürfnis, sich für sozial Benachteiligte und gesellschaftliche Randgruppen einzusetzen

Stärken/Schwächen der Region aus Bürgersicht

⊕ Aus Sicht der Befragten überdurchschnittliche Attraktivität für Investoren (bestes ostdeutsches Land); Gründe in Mut zum Wandel und klarer Regionalentwicklungsstrategie gesehen

⊕ Rang 1 für Freizeitwert der Natur

⊕ Gute Bewertung der Infrastruktur (Sicherheit, Stadtbild etc.)

⊖ Bundesweit höchster angemahnter Verbesserungsbedarf bei Arbeitsmarkt und Lebenshaltungskosten, zweithöchster bei Schul- und Bildungsangebot sowie bei Freizeitangeboten für Jugendliche

⊖ Hohe Unzufriedenheit mit Verwaltungsleistung (insb. Öffnungszeiten)

⊖ Verbesserungsbedarf bei Verkehrsanbindung (insb. Anbindung per Bahn, Flugzeug und Auto an andere Regionen)

Mittleres Mecklenburg/Rostock

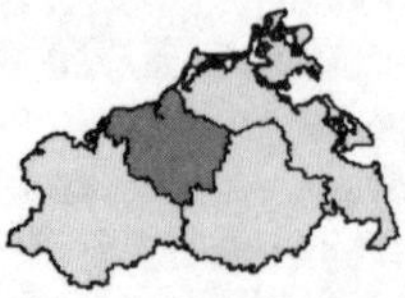

- Regionenklasse: Verstädterte Räume
- Einwohner: 426.186
- Arbeitslosenquote: 19,8 %
- Zufriedenheit: 55 %, 34* (97)
- Erw. Zufriedenheit: 29 %, 33* (95)

Gestiegene Zufriedenheit und Mut zum Wandel

Ausgewählte Schlaglichter aus Bürgersicht

- Starker Anstieg der regionalen Zufriedenheit gegenüber 2003 (+8 Prozentpunkte), gleichzeitig Sorgen um den Arbeitsmarkt bei 92% der Menschen
- Hohe Technikbegeisterung
- Ausgeprägtes Politikinteresse
- Hohe Bedeutung für die Unterstützung sozial Benachteiligter bekundet, jedoch wenig ehrenamtliches Engagement

Stärken/Schwächen der Region aus Bürgersicht

⊕ Mut zum Wandel und klare Regionalentwicklungsstrategie als Vorteile bewertet

⊕ Bei Kindergärten und Krippen wenig Erweiterungs- bzw. Verbesserungsbedarf

⊕ Gute Bewertung des regionalen Verkehrssystems und der Verkehrsanbindung

⊖ Dringender Verbesserungsbedarf bei Lebenshaltungskosten, Schul- und Bildungsangebot und Verwaltung angemahnt

⊖ Soziales Umfeld verbesserungswürdig (z. B. soziale Brennpunkte, Sachbeschädigungen)

⊖ Verbesserungsbedarf bei Verwaltung angemahnt (insb. Serviceorientierung der Mitarbeiter, Öffnungszeiten und Haushaltsführung)

Westmecklenburg

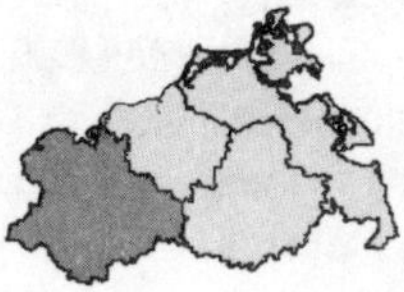

- Regionenklasse: Ländliche Räume
- Einwohner: 496.593
- Arbeitslosenquote: 15,9 %
- Zufriedenheit: 50 %, 17* (105)
- Erw. Zufriedenheit: 24 %, 18* (107)

Hoher Freizeitwert, aber Unzufriedenheit bei Schulen und öffentlicher Sicherheit

Ausgewählte Schlaglichter aus Bürgersicht

- In der Schlussgruppe bei heutiger und erwarteter Zufriedenheit
- Hohes Politikinteresse, allerdings unterdurchschnittliches ehrenamtliches Engagement
- Überdurchschnittlich häufig Forderung nach einem stärkeren Staat
- Hoher Stellenwert der Familie und des politischen Engagements

Stärken/Schwächen der Region aus Bürgersicht

⊕ Qualität der Krippen sehr zufrieden stellend bewertet

⊕ Gute Noten für Freizeitwert der Natur sowie vergleichsweise gutes Angebot an klassischer Unterhaltung

⊕ Aus Sicht der Befragten überdurchschnittliche Attraktivität für Investitionen

⊖ Überdurchschnittlich eingeschätzter Verbesserungsbedarf im Schul- und Bildungssystem, bei der öffentlichen Sicherheit und der Polizei sowie bei der Verwaltung (insb. Öffnungszeiten und Bearbeitungszeiten)

⊖ Gewalt an Schulen als großes Problem angesehen

NIEDERSACHSEN

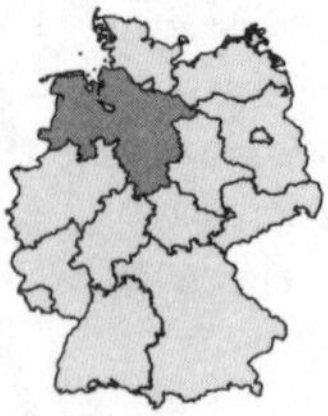

- Einwohner: 8.000.909
- Arbeitslosenquote: 11,6 %
- Regionale Zufriedenheit: 71 % (6)**
- Erwartete reg. Zufriedenheit: 38 % (5)**

Gute Position unter den Bundesländern, aber Attraktivität für Investoren unterschiedlich eingeschätzt

Ausgewählte Schlaglichter aus Bürgersicht

- Leicht überdurchschnittliche heutige und erwartete Zufriedenheit, aber uneinheitlich in den einzelnen Regionen
- Wichtigste Wertvorstellungen: die eigene Familie um sich zu haben, Gesetz und Ordnung zu respektieren sowie fleißig und ehrgeizig zu sein
- Sorgen/Zukunftsängste unter Bundesdurchschnitt
- Vergleichsweise großes Vertrauen in bundesdeutsche Institutionen

Stärken/Schwächen der Region aus Bürgersicht

⊕ Unter den BL größte Zufriedenheit mit den Lebenshaltungskosten

⊕ Gute Noten für die Leistung von Verwaltung und Polizei

⊕ Aus Bürgersicht wenige soziale Brennpunkte

⊖ Unterdurchschnittliche Bewertung in allen Dimensionen der Attraktivität für Investoren, insbesondere zu wenig starke Führungspersönlichkeiten in Politik und Wirtschaft und geringer Mut zum Wandel

⊖ Geringe Verfügbarkeit von qualifizierten Arbeitskräften und als unterdurchschnittlich bewertete Wirtschaftsförderung durch die öffentliche Hand

Braunschweig

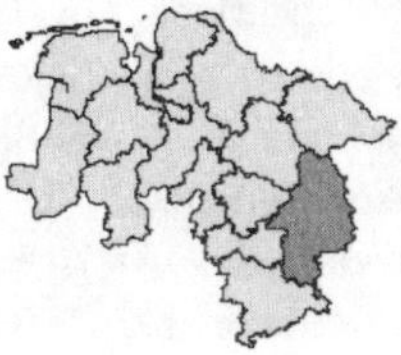

- Regionenklasse: Verstädterte Räume
- Einwohner: 1.164.829
- Arbeitslosenquote: 12,0 %
- Zufriedenheit: 66 %, 30* (83)
- Erw. Zufriedenheit: 32 %, 30* (81)

Gesunkene Zufriedenheit und hoher Verbesserungsbedarf bei Attraktivität für Investoren

Ausgewählte Schlaglichter aus Bürgersicht

- Deutliche Rangplatzverschlechterung bei regionaler Zufriedenheit gegenüber 2003 (um 13 Plätze)
- Pessimistische Sicht der Beschäftigungstrends: Über die Hälfte der Befragten rechnen mit einer Abnahme der Arbeitsplätze in ihrem Betrieb; mehr als in anderen Regionen wird dies auf schlechtes Management zurückgeführt
- Ehrenamtliches Engagement im Bundesdurchschnitt

Stärken/Schwächen der Region aus Bürgersicht

⊕ Das Zusammenspiel von Wirtschaft, Politik und weiteren Beteiligten erhält überdurchschnittlich positive Bewertung

⊖ Schlechtere Bewertung der Attraktivität für Investoren als in anderen Regionen, Verbesserungsansätze gesehen in kooperationsbereiteren Arbeitnehmervertretern und effizienterer Verwaltung (insbesondere bei Serviceorientierung der Mitarbeiter und Kontrolle von Leistungsempfängern)

⊖ Großer Verbesserungsbedarf beim Stadtbild und bei regionalen Hochschulen wahrgenommen

⊖ Durchweg unterdurchschnittliche Noten für Verfügbarkeit der medizinischen Versorgung

Bremen-Umland

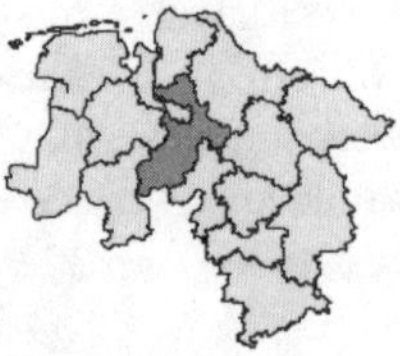

- Regionenklasse: Agglomerationsräume
- Einwohner: 538.427
- Arbeitslosenquote: 10,0 %
- Zufriedenheit: 74 %, 14* (41)
- Erw. Zufriedenheit: 37 %, 17* (55)

Große Sorgen und hoher Verbesserungsbedarf bei wirtschaftlichen Rahmenbedingungen

Ausgewählte Schlaglichter aus Bürgersicht

- Im Mittelfeld der RK bei heutiger Zufriedenheit, im Schlussfeld bei erwarteter Zufriedenheit
- Insgesamt überdurchschnittlich große Sorgen; das Leben zu genießen, ist den Menschen aber sehr wichtig
- Wenig Bereitschaft bekundet, sozial Benachteiligten zu helfen

Stärken/Schwächen der Region aus Bürgersicht

⊕ Hohe Zufriedenheit mit Lebenshaltungskosten
⊕ Große Bereitschaft, sich selbständig zu machen

⊖ Eine als gering eingestufte Attraktivität für Investoren und ungünstige wirtschaftliche Rahmenbedingungen (z.B. bundesweit letzte Plätze bei Verfügbarkeit qualifizierter Arbeitskräfte und Führungspersönlichkeiten in Politik und Wirtschaft)
⊖ Dringender Verbesserungsbedarf beim Verkehrssystem, insbesondere ÖPNV, angemahnt
⊖ Hoher Verbesserungsbedarf im Schul- und Bildungssystem, auch großer Erweiterungsbedarf bei Halbtagskindergärten gesehen

Hamburg-Umland-Süd

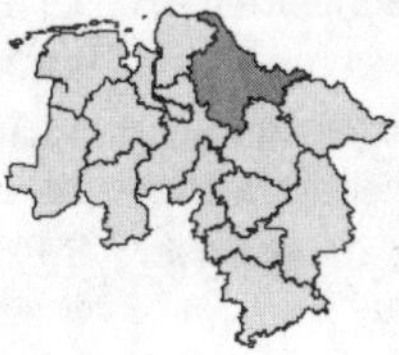

- Regionenklasse: Agglomerationsräume
- Einwohner: 600.632
- Arbeitslosenquote: 9,0 %
- Zufriedenheit: 80 %, 9* (18)
- Erw. Zufriedenheit: 46 %, 5* (15)

Optimistische Menschen, großer Verbesserungsbedarf bei wirtschaftlichen Rahmenbedingungen und Verkehrsanbindung

Ausgewählte Schlaglichter aus Bürgersicht

- Hohe Zufriedenheit und starker Optimismus, Sorgen zum überwiegenden Teil unter dem Bundesdurchschnitt
- Sehr starkes Votum für mehr Marktwirtschaft und weniger staatlichen Einfluss
- Große Bereitschaft zu persönlichen Einschnitten zum Erhalt von Arbeitsplätzen (v.a. flexiblere Arbeitszeiten, weniger jedoch Bereitschaft zu Umschulungen)
- Im deutschlandweiten Vergleich geringste Bedeutung von Streben nach Macht und Einfluss im Selbstbild

Stärken/Schwächen der Region aus Bürgersicht

⊕ Zufriedenheit mit der öffentlichen Verwaltung, aber Verbesserung bei Öffnungszeiten und Bürgerbüros gefordert

⊕ Größte Zufriedenheit mit den Lebenshaltungskosten in der RK

⊖ Attraktivität für Investoren und wirtschaftliche Rahmenbedingungen fast durchgehend als unterdurchschnittlich bewertet, z.B. schlechte Noten für Zusammenspiel von Wirtschaft und Politik und Wirtschaftsförderung durch die öffentliche Hand

⊖ Verkehrssystem und -anbindung aus Sicht der Bürger stark verbesserungsbedürftig und als Investitionshindernis angesehen, vor allem ÖPNV und Anbindung an den Bahnverkehr

Hannover

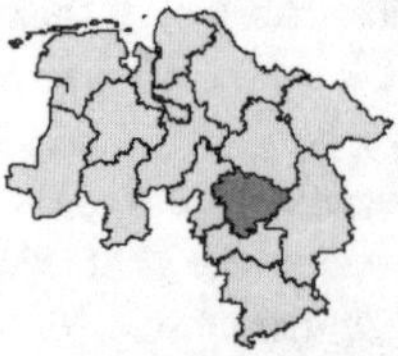

- Regionenklasse: 15 Großstädte
- Einwohner: 1.128.336
- Arbeitslosenquote: 14,1 %
- Zufriedenheit: 74 %, 7* (41)
- Erw. Zufriedenheit: 39 %, 8* (45)

Bei Zufriedenheit im Mittelfeld, aber schlechte Noten für die Wirtschaft

Ausgewählte Schlaglichter aus Bürgersicht

- Position im Mittelfeld der 15 Großstädte bei heutiger und erwarteter Zufriedenheit
- Hohes Verantwortungsbewusstsein für die Gesellschaft, aber unterdurchschnittliches ehrenamtliches Engagement
- Weniger deutliche Mehrheit für schnelleren gesellschaftlichen Wandel als in den anderen Großstädten

Stärken/Schwächen der Region aus Bürgersicht

⊕ Größte Zufriedenheit mit den Lebenshaltungskosten unter den »15 Großstädten«
⊕ Besonders gute Noten für die Verwaltung, insbesondere für die Serviceorientierung der Mitarbeiter und Einrichtung von Bürgerbüros
⊕ Als vielfältig wahrgenommenes Angebot von Einrichtungen und Initiativen, die sich um die Belange alter und kranker Menschen kümmern
⊕ Verbesserungsbedarf bei Ganztagsschulen vergleichsweise gering

⊖ Unterdurchschnittliche Bewertung aller Dimensionen im Bereich Wirtschaft
⊖ Großer Verbesserungsbedarf beim Kultur- und Freizeitangebot sowie bei den Einkaufsmöglichkeiten/Dienstleistungen gesehen
⊖ Mut zum Wandel und wirtschaftliches Gründerklima am schwächsten eingeschätzt

Osnabrück

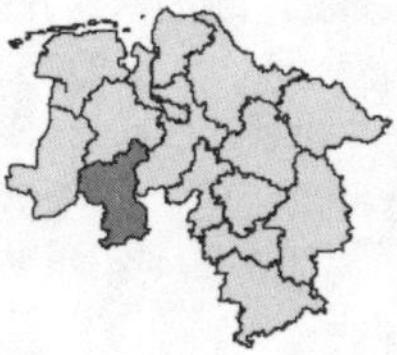

- Regionenklasse: Verstädterte Räume
- Einwohner: 655.548
- Arbeitslosenquote: 9,0 %
- Zufriedenheit: 78 %, 10* (26)
- Erw. Zufriedenheit: 46 %, 7* (15)

Region insgesamt gut aufgestellt

Ausgewählte Schlaglichter aus Bürgersicht

- Rückgang der Zufriedenheit 2005 gestoppt; erwartete Zufriedenheit relativ hoch
- Besonders oft bekundetes Streben nach Macht und Einfluss, dagegen geringerer Stellenwert von Entwicklung eigener Kreativität
- Stärkster Glaube an zunehmende Reformbereitschaft der Deutschen

Stärken/Schwächen der Region aus Bürgersicht

⊕ Hohe Zufriedenheit mit Verwaltung (insb. Serviceorientierung der Mitarbeiter und Bearbeitungszeiten für Genehmigungsverfahren)

⊕ Sehr gute Noten für medizinische Versorgung

⊕ Attraktivität für Investoren als überdurchschnittlich hoch bewertet, z.B. wegen guter lokaler Vernetzung und guter Leistung der IHK/Handwerkskammer

⊕ Deutlich überdurchschnittliche Zufriedenheit mit Angebot und Qualität der Kinderkrippen und Kindergärten

⊖ Dringender Verbesserungsbedarf bei öffentlicher Sicherheit/ Kriminalität angemahnt

⊖ Überdurchschnittlich hoher Verbesserungsbedarf auch im kirchlichen Bereich gesehen

Südheide

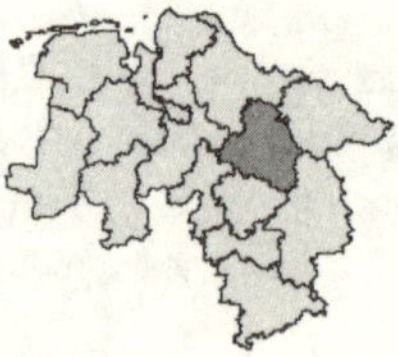

- Regionenklasse: Ländliche Räume
- Einwohner: 325.556
- Arbeitslosenquote: 11,8 %
- Zufriedenheit: 69 %, 11* (72)
- Erw. Zufriedenheit: 36 %, 11* (66)

Zuversicht bei Arbeitsplatzentwicklung trotz Negativtrend bei Zufriedenheit

Ausgewählte Schlaglichter aus Bürgersicht

- Deutlicher Rückgang der Zufriedenheit des Vorjahrs wurde 2005 teilweise wettgemacht
- Mehrheit glaubt an gleich bleibende bzw. zunehmende Anzahl von Arbeitsplätzen in der Region (zweitbeste Bewertung bei den »ländlichen Räumen«)
- Hoher Lebensstandard und aktuelle Technik weniger wichtig eingeschätzt als bei allen anderen Deutschen, dafür Entwicklung eigener Kreativität mit höherer Priorität

Stärken/Schwächen der Region aus Bürgersicht

⊕ Relativ hohe Zufriedenheit mit Lebenshaltungskosten sowie mit Kinder- und Familienfreundlichkeit und Aufgeschlossenheit gegenüber Fremden

⊖ Verbesserungsbedarf bei öffentlicher Sicherheit gesehen (am größten innerhalb Regionenklasse)

⊖ Dringender Erweiterungsbedarf bei Krippen, Ganztagskindergärten und -schulen wahrgenommen

⊖ Hinsichtlich Verkehrssystem bzw. -anbindung nur in Schlussgruppe in der Bewertung der Bürger (Ausnahme: Straßennetz vor Ort)

⊖ Als weit unterdurchschnittlich beurteilte Attraktivität für Investoren; Verbesserungspotenzial hinsichtlich Effizienz der Verwaltung und geeigneter Finanzierungsmöglichkeiten

NORDRHEIN-WESTFALEN

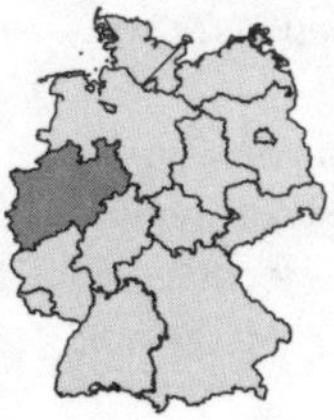

- Einwohner: 18.075.352
- Arbeitslosenquote: 12,0 %
- Regionale Zufriedenheit: 71 % (6)**
- Erwartete reg. Zufriedenheit: 37 % (7)**

Zufriedenheit im oberen Drittel – schlechte Noten für Wirtschaft und Kinderbetreuung

Ausgewählte Schlaglichter aus Bürgersicht

- Befragungsergebnisse meist im Durchschnitt aller BL, Sorgen der Nordrhein-Westfalen entsprechen denen der meisten Bundesbürger
- Etwas geringere Bedeutung von hohem Lebensstandard sowie Fleiß und Ehrgeiz im Selbstbild als im Bundesdurchschnitt
- Größere Bedeutung von Macht und Einfluss, in der Schlussgruppe bei Akzeptanz leistungsorientierterer Entlohnung

Stärken/Schwächen der Region aus Bürgersicht

⊕ Leicht überdurchschnittliche Zufriedenheit mit Lebenshaltungskosten, Schul- und Bildungssystem sowie Verkehrssystem bzw. -anbindung

⊕ Oberes Mittelfeld bei Bewertung der Berufsschulen sowie VHS-Angebot und Büchereien

⊖ Unterdurchschnittliche Beurteilung der Branchenstruktur und der wirtschaftlichen Führung; fehlender Mut zum Wandel und hohe Gewerbesteuer als Investitionshindernis gesehen

⊖ Unterdurchschnittliche Verfügbarkeit qualifizierter Arbeitskräfte bemängelt

⊖ Erhöhter Erweiterungsbedarf bei Kinderbetreuungsangeboten, vor allem bei Freizeitangeboten für Jugendliche und Halbtagskindergärten

Aachen

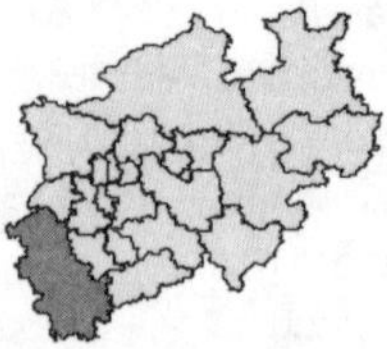

- Regionenklasse: Agglomerationsräume
- Einwohner: 1.278.500
- Arbeitslosenquote: 12,2 %
- Zufriedenheit: 71 %, 19* (59)
- Erw. Zufriedenheit: 37 %, 17* (55)

Gute wirtschaftliche Grundlagen, aber Schwächen bei Lebensqualität

Ausgewählte Schlaglichter aus Bürgersicht

- Überdurchschnittliche Sorgen, vor allem bezüglich einer Verschlechterung der Gesundheit
- Entwicklung eigener Kreativität und Phantasie sowie hoher Stellenwert von Zusammensein mit der Familie
- Ausgeprägte Bereitschaft zur Selbständigkeit bekundet
- Überdurchschnittliches ehrenamtliches Engagement

Stärken/Schwächen der Region aus Bürgersicht

⊕ Überdurchschnittlich bewertete wirtschaftliche Rahmenbedingungen (außer Verfügbarkeit qualifizierter Arbeitskräfte)

⊕ Gutes Zusammenspiel von Wirtschaft, Politik und weiteren Beteiligten attestiert

⊖ Unterdurchschnittlicher Freizeitwert, vor allem mit Blick auf Sportmöglichkeiten sowie Freizeitangebot für Jugendliche

⊖ Schlechte Noten für die Verfügbarkeit häuslicher medizinischer Versorgung (aber gute Bewertung der Krankenhäuser)

⊖ Dringender Verbesserungsbedarf bei öffentlicher Sicherheit und Polizei angemahnt, Hinweis auf ausgeprägte Gewalt an Schulen

Arnsberg

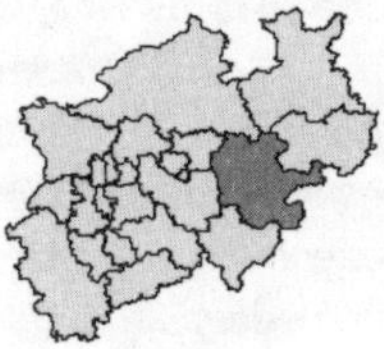

- Regionenklasse: Verstädterte Räume
- Einwohner: 586.728
- Arbeitslosenquote: 10,4 %
- Zufriedenheit: 72 %, 24* (56)
- Erw. Zufriedenheit: 37 %, 24* (55)

Vertrauen in regionale Arbeitsmarktentwicklung

Ausgewählte Schlaglichter aus Bürgersicht

- Überdurchschnittliche Zuversicht hinsichtlich Entstehung neuer Arbeitsplätze im eigenen Betrieb
- Trotz Zufriedenheit mit Lebenshaltungskosten äußerst geringe bekundete Bereitschaft zu Gehaltsverzicht für die Erhaltung des Arbeitsplatzes
- Starkes Interesse an Politik, äußerst lebendiges Vereinsleben und zweithöchstes ehrenamtliches Engagement in Deutschland

Stärken/Schwächen der Region aus Bürgersicht

⊕ Sehr gute Noten für einzelne arbeitsmarktrelevante Aspekte, z.B. Arbeit IHK und v.a. Handwerkskammer sowie parteiübergreifende Zusammenarbeit

⊕ Sehr gute häusliche medizinische Versorgung attestiert

⊖ Als dringend eingeschätzter Verbesserungsbedarf bei den Einkaufsmöglichkeiten bzw. dem Dienstleistungsangebot sowie dem Kultur- und Freizeitangebot allgemein

⊖ Schlechte Noten für Integration von Ausländern

Bielefeld

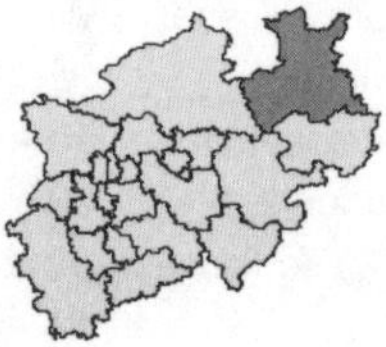

- Regionenklasse: Agglomerationsräume
- Einwohner: 1.620.525
- Arbeitslosenquote: 11,6 %
- Zufriedenheit: 74 %, 14* (41)
- Erw. Zufriedenheit: 37 %, 17* (55)

Mittlere Zufriedenheit und überdurchschnittliche Bereitschaft zur Selbständigkeit

Ausgewählte Schlaglichter aus Bürgersicht

- Heutige und erwartete regionale Zufriedenheit leicht über Durchschnitt der RK
- Besonders ausgeprägte Bereitschaft, sich selbständig zu machen und Reformen mitzutragen
- Weit unterdurchschnittliche Bereitschaft, für einen Arbeitsplatz zwei Stunden täglich zu pendeln
- Hohes Verantwortungsgefühl für die Gesellschaft und überdurchschnittliches politisches Engagement bekundet

Stärken/Schwächen der Region aus Bürgersicht

⊕ Unterdurchschnittlicher Verbesserungsbedarf bei Schul- und Bildungsangebot

⊖ Schlechte Noten für Zusammenspiel von Politik, Wirtschaft und Verwaltung sowie Wirtschaftsförderung der öffentlichen Hand

⊖ Wahrgenommene Investitionshemmnisse vor allem Ineffizienz der kommunalen Verwaltung, geringe Leistungsbereitschaft der Arbeitnehmer und hohe Gewerbesteuer

⊖ Überdurchschnittlicher Verbesserungsbedarf bei der Kinder- und Familienfreundlichkeit angemahnt

Bochum/Hagen

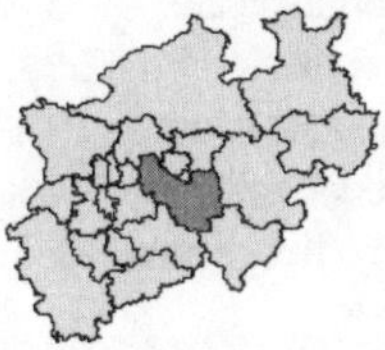

- Regionenklasse: Agglomerationsräume
- Einwohner: 1.555.035
- Arbeitslosenquote: 12,7 %
- Zufriedenheit: 63 %, 29* (87)
- Erw. Zufriedenheit: 32 %, 28* (81)

Zufriedenheit im unteren Drittel mit Verbesserungsbedarf für Junge und Alte

Ausgewählte Schlaglichter aus Bürgersicht

- Geringe Zufriedenheit und überdurchschnittlich ausgeprägte Zukunftssorgen
- Großes Politikinteresse, im Selbstbild hoher Stellenwert von Respekt vor Gesetz und Ordnung
- Geringe Bereitschaft zu persönlichen Einschnitten zum Erhalt von Arbeitsplätzen

Stärken/Schwächen der Region aus Bürgersicht

⊕ Gute Bewertung der häuslichen medizinischen Versorgung und der Notfallversorgung

⊕ Hohe Zufriedenheit mit ÖPNV und IHK

⊖ Dringender Verbesserungsbedarf bei Stadtbild und Sicherheit angemeldet (insbesondere Verschmutzung öffentlicher Plätze, Sachbeschädigungen, Belästigungen, Gewalt an Schulen)

⊖ Verbesserungsbedarf bei Lebensqualität für Ältere gesehen

⊖ Erhöhter Erweiterungsbedarf des Kindergartenangebots, auch Qualitätsverbesserung als dringend erforderlich eingeschätzt

Dortmund

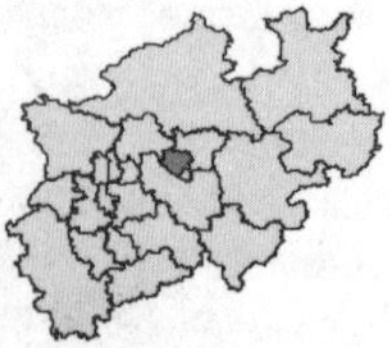

- Regionenklasse: 15 Großstädte
- Einwohner: 588.680
- Arbeitslosenquote: 18,1 %
- Zufriedenheit: 64%, 13* (86)
- Erw. Zufriedenheit: 32 %, 12* (81)

Ausgeprägter Mut zum Wandel bei schwieriger Ausgangslage

Ausgewählte Schlaglichter aus Bürgersicht

- Bei Zufriedenheit in der Schlussgruppe der 15 Großstädte, insgesamt Sorgenlast größer als in den meisten anderen Großstädten
- Dringenden Verbesserungsbedarf beim Arbeitsmarkt sehen 82%
- In der Selbsteinschätzung vergleichsweise geringere Erfolgsorientierung und Zielstrebigkeit, dafür ehrenamtliches Engagement relativ groß

Stärken/Schwächen der Region aus Bürgersicht

⊕ Sehr gute Noten für Verkehrssystem und Verfügbarkeit häuslicher medizinischer Versorgung

⊕ Relativ hohe Zufriedenheit mit Kinder- und Familienfreundlichkeit sowie mit Verwaltung (insbesondere Serviceorientierung der Mitarbeiter und Öffnungszeiten)

⊕ Arbeit der IHK und Mut zum Wandel positiv bewertet

⊖ Bewertung sonstiger wirtschaftlicher Rahmenbedingungen bzw. Attraktivität für Investoren nur im unteren Mittelfeld

⊖ Hoher Verbesserungsbedarf beim sozialen Umfeld und bei öffentlicher Sicherheit gesehen, Gewalt an Schulen und Sachbeschädigungen als großes Problem

⊖ Viele soziale Brennpunkte, aus Bürgersicht Schwierigkeiten bei der Integration von Ausländern

Düsseldorf

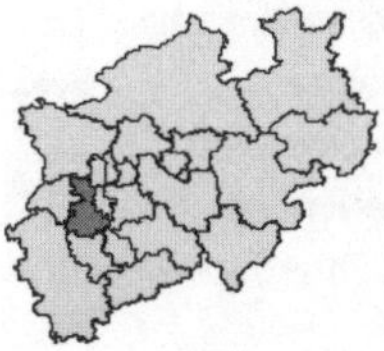

- Regionenklasse: 15 Großstädte
- Einwohner: 572.663
- Arbeitslosenquote: 12,2 %
- Zufriedenheit: 78 %, 3* (26)
- Erw. Zufriedenheit: 43 %, 5* (27)

Gute Noten für Wirtschaft und Verwaltung, aber Lebensqualität für Ältere als schwach bewertet

Ausgewählte Schlaglichter aus Bürgersicht

- Gute Platzierung bei Zufriedenheit
- Größte Ziel- und Lösungsorientierung in der Selbsteinschätzung der Bevölkerung unter den Großstädten
- Weit überdurchschnittlicher Optimismus und ausgeprägte Technikbegeisterung
- Überdurchschnittlicher Wunsch nach schnellerem gesellschaftlichen Wandel

Stärken/Schwächen der Region aus Bürgersicht

⊕ Gute Beurteilung von Wirtschaft/Arbeitsmarkt wegen Gründerklima, Branchenstruktur und Arbeit der örtlichen Handwerkskammer

⊕ Effiziente Verwaltung: neben starker politischer Führung und guter Arbeit der Stadtverwaltung vor allem auch gute Haushaltsführung attestiert

⊖ Schlechte Beurteilung der medizinischen Versorgung, vor allem der Verfügbarkeit häuslicher Pflege

⊖ Hoher Verbesserungsbedarf bei der Lebensqualität für Ältere gesehen, u.a. Anzahl an Einrichtungen/Initiativen für alte und kranke Menschen

Duisburg

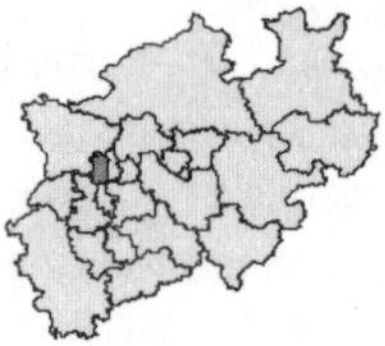

- Regionenklasse: 15 Großstädte
- Einwohner: 504.403
- Arbeitslosenquote: 17,7 %
- Zufriedenheit: 55 %, 15* (97)
- Erw. Zufriedenheit: 28 %, 15* (98)

Schlusslicht unter den 15 Großstädten bei Zufriedenheit, als schwierig wahrgenommenes soziales Umfeld

Ausgewählte Schlaglichter aus Bürgersicht

- Geringste heutige und erwartete Zufriedenheit aller 15 Großstädte; Zufriedenheit auch gegenüber 2003 deutlich verschlechtert (um 6 Prozentpunkte)
- Ausgeprägte Sesshaftigkeit: fast 80% leben seit mehr als 20 Jahren in Duisburg
- Im Selbstbild hohe Bedeutung von Familienleben, Sicherheit, Fleiß und Toleranz
- Aus Bürgersicht mangelnde Integration von Ausländern

Stärken/Schwächen der Region aus Bürgersicht

⊕ Durchschnittliche Noten für die Verwaltung, jedoch Anerkennung der Serviceorientierung der Mitarbeiter und der Öffnungszeiten

⊕ IHK schneidet besonders gut ab

⊖ Durchweg unterdurchschnittliche Bewertung des Wirtschaftsstandorts

⊖ Äußerst hoher Verbesserungsbedarf bei sozialem Umfeld (meiste soziale Brennpunkte in Deutschland, stärkste Ausprägung von Gewalt an Schulen), der Polizei und der Verwaltung

⊖ Dringender Erweiterungsbedarf bei Kindergärten, außerdem erheblicher Verbesserungsbedarf bei Qualität von Krippen und Kindergärten

Essen

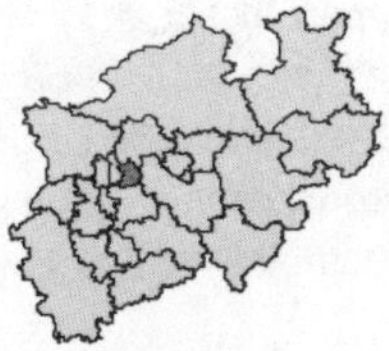

- Regionenklasse: 15 Großstädte
- Einwohner: 588.084
- Arbeitslosenquote: 16,3 %
- Zufriedenheit: 67 %, 11* (80)
- Erw. Zufriedenheit: 30 %, 14* (90)

Im Vergleich zu anderen Großstädten geringe Zufriedenheit, Stadtbild als besonders verbesserungswürdig empfunden

Ausgewählte Schlaglichter aus Bürgersicht

- Besonders bei erwarteter Zufriedenheit sehr schwache Platzierung
- Hoher Stellenwert von Verantwortungsbewusstsein, Toleranz und Unterstützung von sozial Benachteiligten im Selbstbild
- Ehrenamtliches Engagement über dem Durchschnitt der 15 Großstädte, Essener besonders aktiv im kirchlichen Bereich
- Eher geringe Bereitschaft zu persönlichen Einschnitten für den Erhalt von Arbeitsplätzen
- Besonders hohes Interesse an Technik

Stärken/Schwächen der Region aus Bürgersicht

⊕ Überdurchschnittliche Zufriedenheit mit medizinischer Versorgung und Anzahl Einrichtungen und Initiativen für Belange von alten und kranken Menschen

⊖ Besonders hoher Verbesserungsbedarf beim Stadtbild gesehen

⊖ Wirtschaftliche Rahmenbedingungen als unterdurchschnittlich beurteilt, insbesondere Zusammenspiel von Politik und Wirtschaft sowie Mangel an Gewerbeflächen

Köln

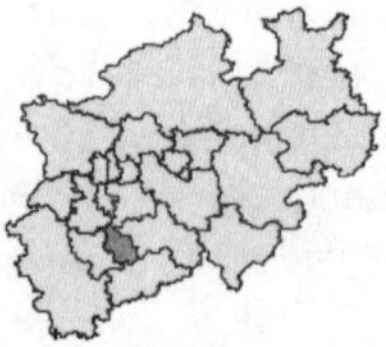

- Regionenklasse: 15 Großstädte
- Einwohner: 969.709
- Arbeitslosenquote: 13,5 %
- Zufriedenheit: 75 %, 5* (38)
- Erw. Zufriedenheit: 39 %, 8* (45)

Stadt mit hohem Freizeitwert, aber Aufholbedarf bei Verwaltung

Ausgewählte Schlaglichter aus Bürgersicht

- Im Selbstverständnis hohe Bedeutung von Entwicklung der eigenen Kreativität, Spontanität und Genießen des Lebens
- Bei Zufriedenheit im oberen Drittel der 15 Großstädte, bei erwarteter Zufriedenheit nur auf Mittelplatz
- Vielfältigstes Szeneleben aller 15 Großstädte, besonders lebendiges Vereinsleben, viele Feste und höchste Aufgeschlossenheit gegenüber Fremden, gleichzeitig bundesweit zweitstärkstes Verantwortungsbewusstsein für die Gesellschaft
- Hohe bekundete Bereitschaft zu persönlichem Einsatz für Erhalt von Arbeitsplätzen, insbesondere zu Mehrarbeit

Stärken/Schwächen der Region aus Bürgersicht

⊕ In allen Dimensionen der Lebensqualität (außer Freizeitwert der Natur) weit überdurchschnittliche Bewertung

⊕ Gute Noten für die Attraktivität für Investoren, vor allem wegen günstiger Branchenstruktur

⊖ Großer Verbesserungsbedarf bei öffentlicher Sicherheit und beim Stadtbild gesehen (v.a. hinsichtlich Diebstahl, Verhalten im Straßenverkehr und Verschmutzung von öffentlichen Plätzen)

⊖ Dringender Verbesserungsbedarf bei öffentlicher Verwaltung (insbesondere Serviceorientierung der Mitarbeiter und Einrichtung von Bürgerbüros) und Schulen gesehen

Münster

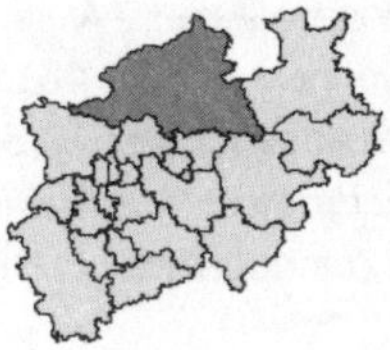

- Regionenklasse: Verstädterte Räume
- Einwohner: 1.585.162
- Arbeitslosenquote: 8,4 %
- Zufriedenheit: 82 %, 3* (6)
- Erw. Zufriedenheit: 49 %, 2* (4)

Insgesamt sehr hohe Zufriedenheit, Kritik an Einkaufsmöglichkeiten und Dienstleistungsangebot

Ausgewählte Schlaglichter aus Bürgersicht

- Weniger deutliches Votum für mehr marktwirtschaftliche Elemente als in anderen Regionen
- Im deutschlandweiten Vergleich eher geringes Politik- und Technikinteresse
- Unterdurchschnittlich bekundete Bereitschaft zu persönlichen Einschnitten für den Arbeitplatzerhalt, besonders hinsichtlich flexibler Arbeitszeiten oder Umschulungen

Stärken/Schwächen der Region aus Bürgersicht

⊕ Positive Bewertung von Kinder- und Familienfreundlichkeit, entsprechend unterdurchschnittlicher Erweiterungs- und Verbesserungsbedarf bei Kinderbetreuungsangeboten

⊕ Relativ gute Noten für öffentliche Verwaltung (insbesondere Öffnungszeiten und Bürgerbüros)

⊕ Integration von sozial Schwachen und Älteren gut bewertet

⊖ Dringender Verbesserungsbedarf bei Einkaufsmöglichkeiten und Dienstleistungsangebot angemahnt

⊖ Als unterdurchschnittlich bewertete wirtschaftliche Rahmenbedingungen (mit Ausnahme Zusammenspiel von Wirtschaft und Politik und weiteren Beteiligten), vor allem mangelnde Verfügbarkeit qualifizierter Arbeitskräfte

Paderborn

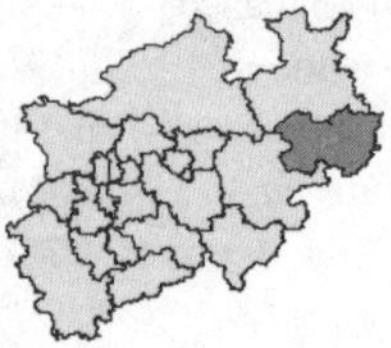

- Regionenklasse: Verstädterte Räume
- Einwohner: 451.963
- Arbeitslosenquote: 10,3 %
- Zufriedenheit: 74 %, 18* (41)
- Erw. Zufriedenheit: 40 %, 16* (41)

Sehr gute Beurteilung der Kinderbetreuungseinrichtungen, kritische Beurteilung der öffentlichen Sicherheit trotz guter Noten für Polizei und Verwaltung

Ausgewählte Schlaglichter aus Bürgersicht

- Bei heutiger und erwarteter Zufriedenheit im Mittelfeld der RK
- Geringes Politikinteresse, aber sehr starkes ehrenamtliches Engagement, vor allem in Kirche, Sport, Schulen und Kindergärten
- Wenige wahrgenommene soziale Brennpunkte und sozial Schwache, allerdings am schlechtesten bewertete Integration von Ausländern in Deutschland
- Stark unterdurchschnittliche Opferbereitschaft zum Erhalt von Arbeitsplätzen, vor allem hinsichtlich Umschulungen

Stärken/Schwächen der Region aus Bürgersicht

⊕ Sehr gute Bewertung von Umfang und Qualität der Kinderbetreuungseinrichtungen

⊕ Äußerst positive Bewertung der Leistung von Polizei und Verwaltung, insbesondere Bürgerbüros und Haushaltsführung

⊖ Dennoch dringender Verbesserungsbedarf bei der öffentlichen Sicherheit (v.a. Belästigungen) und der Aufgeschlossenheit Fremden gegenüber attestiert

RHEINLAND-PFALZ

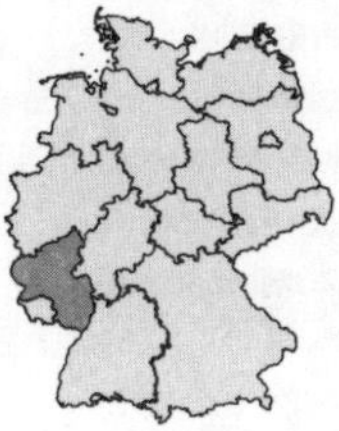

- Einwohner: 4.061.105
- Arbeitslosenquote: 8,8 %
- Regionale Zufriedenheit: 70 % (8)**
- Erwartete reg. Zufriedenheit: 36 % (8)**

Bei Zufriedenheit mittlere Position unter den BL, Attraktivität für Investoren allerdings unterdurchschnittlich eingeschätzt

Ausgewählte Schlaglichter aus Bürgersicht

- Lebensfreude als prägende Grundeinstellung
- Überdurchschnittliche Sorgen um Verschlechterung der Gesundheit (größere Sorge als Verlust des Arbeitsplatzes)
- Starkes ehrenamtliches Engagement, überdurchschnittlich vor allem in den Bereichen Freizeit und Politik/Interessenvertretung
- Mehrheitsvotum für schnelleren gesellschaftlichen Wandel, weniger deutlich als im Bundesdurchschnitt

Stärken/Schwächen der Region aus Bürgersicht

⊕ Gute Noten für regionale Verwaltung

⊕ Aus Bürgersicht wenige soziale Brennpunkte, gutes soziales Umfeld

⊕ Sehr gut bewertetes Schul- und Bildungsangebot

⊖ Aus Sicht der Bürger unteres Mittelfeld bei Verfügbarkeit qualifizierter Arbeitskräfte sowie bei der Attraktivität für Investoren

⊖ Höchster Verbesserungsbedarf bei der Verkehrsanbindung unter den BL, vor allem beim ÖPNV

⊖ Dringender Verbesserungsbedarf bei der Lebensqualität für ältere Menschen attestiert

Mittelrhein-Westerwald

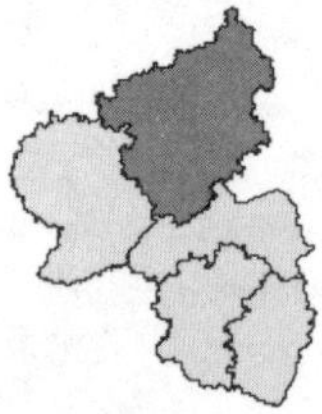

- Regionenklasse: Verstädterte Räume
- Einwohner: 1.280.006
- Arbeitslosenquote: 9,0 %
- Zufriedenheit: 71 %, 25* (59)
- Erw. Zufriedenheit: 37 %, 24* (55)

Durchschnittliche Zufriedenheit mit Potenzial für mehr

Ausgewählte Schlaglichter aus Bürgersicht

- Heutige und zukünftige regionale Zufriedenheit im Mittelfeld der RK
- Vergleichsweise stärkeres Vertrauen in die Entstehung von neuen Arbeitsplätzen in ihren Betrieben
- Weniger deutliches Votum für mehr Markt und weniger Staat

Stärken/Schwächen der Region aus Bürgersicht

⊕ Gute Noten für Schul- und Bildungsangebot, hohe Zufriedenheit mit dem Angebot an Ganztagsschulen sowie insbesondere an Kinderkrippen und Kindergärten

⊕ Überdurchschnittliche Zufriedenheit, vor allem mit Schulen und der Stadt-/Gemeindeverwaltung

⊖ Überdurchschnittlicher Verbesserungsbedarf bei Kultur- und Freizeitangebot, Lebensqualität für Ältere sowie Verkehrssystem (vor allem ÖPNV und Anbindung an das Bahnnetz) gesehen

Rheinpfalz

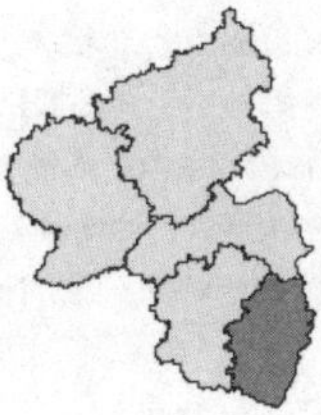

- Regionenklasse: Agglomerationsräume
- Einwohner: 877.026
- Arbeitslosenquote: 8,3 %
- Zufriedenheit: 73 %, 16* (51)
- Erw. Zufriedenheit: 39 %, 14* (45)

Mittlere Zufriedenheit, aber wirtschaftliche Rahmenbedingungen als schlecht bewertet

Ausgewählte Schlaglichter aus Bürgersicht

- Zufriedenheit leicht über Durchschnitt der Regionenklasse
- Unterdurchschnittliches ehrenamtliches Engagement und Verantwortungsbewusstsein für die Gesellschaft, aber im Bundesdurchschnitt stärkste Absichtserklärung für mehr Engagement
- Im Selbstbild Gewicht auf Durchsetzen eigener Bedürfnisse gegen andere
- Geringe artikulierte Bereitschaft zu persönlichen Einschnitten für den Arbeitsplatzerhalt

Stärken/Schwächen der Region aus Bürgersicht

⊕ Zufriedenheit mit Kinderbetreuungsangeboten, allerdings sehr großer Verbesserungsbedarf bei Ausbildung von Erzieher(inne)n in Kindergärten und Kinderkrippen

⊕ Leicht überdurchschnittliche Bewertung von Zusammenspiel von Politik, Wirtschaft und weiteren Beteiligten

⊖ Schlusslicht bei der wahrgenommenen Lebensqualität für Ältere im Vergleich der RK

⊖ Insgesamt schlechte Noten für wirtschaftliche Rahmenbedingungen, vor allem fehlen Gründerklima und Mut zum Wandel

Trier

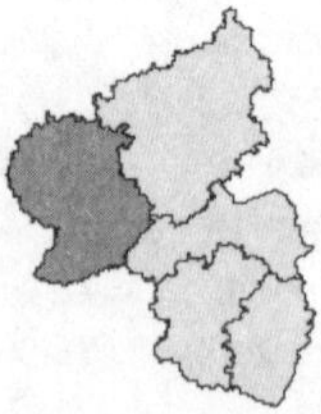

- Regionenklasse: Ländliche Räume
- Einwohner: 513.861
- Arbeitslosenquote: 6,8 %
- Zufriedenheit: 68 %, 13* (76)
- Erw. Zufriedenheit: 37 %, 7* (55)

Randregion mit Zufriedenheit im unteren Mittelfeld

Ausgewählte Schlaglichter aus Bürgersicht

- Leicht angestiegene Zufriedenheit bei anhaltendem Optimismus
- »Das Leben genießen« mit hohem Stellenwert im Selbstbild
- Bestnoten für Integration von Ausländern bei ländlichen Räumen, trotzdem erhöhter Verbesserungsbedarf bei Offenheit gegenüber Fremden

Stärken/Schwächen der Region aus Bürgersicht

⊕ Hohe Zufriedenheit mit Lebenshaltungskosten und Kinder- und Familienfreundlichkeit, allerdings überdurchschnittlicher Erweiterungsbedarf bei der Ganztagsbetreuung sowie deutschlandweit stärkste Forderung nach besserer Schulausstattung

⊕ Gute Noten für öffentliche Verwaltung

⊖ Aus Bürgersicht dringender Verbesserungsbedarf bei Verkehrssystem und -anbindung (v.a. ÖPNV, Bahnverkehr und Straßennetz vor Ort) und Lebensqualität für Ältere

SAARLAND

- Einwohner: 1.056.417
- Arbeitslosenquote: 10,7 %
- Regionale Zufriedenheit: 67 % (9)**/***
- Erwartete reg. Zufriedenheit: 29 % (12)**/***

Negative Trend trotz starker Lokalpolitiker – bessere Bedingungen für Familien und Ältere gefordert

Ausgewählte Schlaglichter aus Bürgersicht

- Starker Rückgang der Zufriedenheit 2005 zum Stillstand gekommen, Wert unter Bundesdurchschnitt, nur Rang 12 bei erwarteter Zufriedenheit
- Überdurchschnittlich große Sorgen, vor allem um den Arbeitsplatz; und darum, mit dem Wissensfortschritt nicht mithalten zu können
- Besondere Sesshaftigkeit mit 71% unter den BL höchster Anteil derjenigen, die bereits über 20 Jahre in der gleichen Region leben
- Deutlich häufiger geäußertes ehrenamtliches Engagement als im Bundesdurchschnitt
- Schlussgruppe bei Bereitschaft, persönliche Einschnitte zur Verbesserung des Arbeitsmarkts hinzunehmen

Stärken/Schwächen der Region aus Bürgersicht

⊕ Als sehr stark eingeschätzte Lokalpolitiker

⊕ Ausgesprochen gut beurteilte Verfügbarkeit der medizinischen Versorgung – ambulant wie stationär

⊖ Geringe Verfügbarkeit von Gewerbeflächen und qualifizierten Arbeitskräften bescheinigt

⊖ Erheblicher Verbesserungsbedarf bei öffentlichen Institutionen, insbesondere bei Polizei, Verwaltung und Kirchengemeinden gesehen

⊖ Erheblicher Erweiterungsbedarf bei der Kinderbetreuung, vor allem Krippen und Ganztagskindergärten, äußerst dringender Verbesserungsbedarf bei Lebensqualität für Ältere und beim Stadtbild angemahnt

*** Für Saarland als Region (»Agglomerationsraum«) gilt: Zufriedenheit Rang 27 von 37, erwartete Zufriedenheit Rang 34

SACHSEN

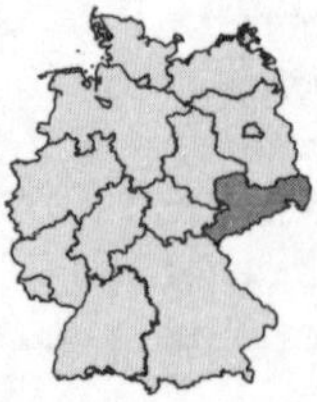

- Einwohner: 4.296.284
- Arbeitslosenquote: 18,3 %
- Regionale Zufriedenheit: 55 % (12)**
- Erwartete reg. Zufriedenheit: 32 % (9)**

Spitzenreiter im Osten bei Zufriedenheit sowie Beurteilung von Unternehmertum und Mut zum Wandel

Ausgewählte Schlaglichter aus Bürgersicht

- Zufriedenheit nur im unteren Mittelfeld, allerdings beste Platzierung unter den neuen BL; Steigerung gegenüber 2003 um 10 Prozentpunkte
- Größte Sorge: finanzielle Lage heute und im Alter (allerdings weniger als in allen anderen neuen BL), sowie überdurchschnittlich große Angst vor Arbeitsplatzverlust
- Im Selbstbild geringeres Verantwortungsbewusstsein für die Gesellschaft als im Bundesdurchschnitt und unterdurchschnittliches ehrenamtliches Engagement

Stärken/Schwächen der Region aus Bürgersicht

⊕ In den Augen der Bürger großer Mut zum Wandel, starke lokale Unternehmer und gute Verfügbarkeit von Gewerbeflächen sowie qualifizierten Arbeitskräften

⊕ Bestnoten für die Wirtschaftsförderung

⊕ Positives Urteil über Lebensqualität für Ältere

⊖ Überdurchschnittlicher Verbesserungsbedarf beim Schul- und Bildungsangebot konstatiert

⊖ Aus Bürgersicht dringendster Verbesserungsbedarf bei Kinder- und Familienfreundlichkeit im Vergleich der BL, wenn auch Betreuungsangebot (außer für Jugendliche) vergleichsweise gut

Chemnitz-Erzgebirge

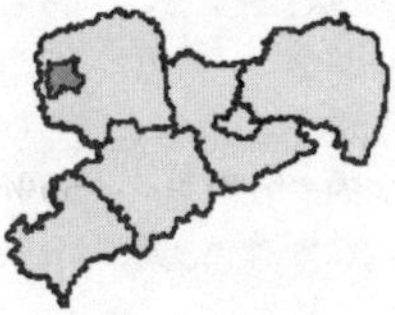

- Regionenklasse: Agglomerationsräume
- Einwohner: 928.871
- Arbeitslosenquote: 17,6 %
- Zufriedenheit: 51 %, 36* (103)
- Erw. Zufriedenheit: 30 %, 32* (90)

Unverändert niedriges Zufriedenheitsniveau verbunden mit großen Sorgen um Arbeitsmarkt und eigenen Arbeitsplatz

Ausgewählte Schlaglichter aus Bürgersicht

- Zufriedenheit weiterhin auf niedrigem Niveau
- Hohe geäußerte Bereitschaft zu Umschulungen und zur Lockerung des Kündigungsschutzes, wenn es der Verbesserung der Arbeitsmarktlage dient; Selbständigkeit für die wenigsten eine Option
- Unterdurchschnittlich oft artikulierter Wunsch nach mehr Markt und weniger Staat

Stärken/Schwächen der Region aus Bürgersicht

⊕ Große Zufriedenheit mit Angebot an Krippen und Ganztagsschulen Lob auch für Qualität der Krippen, aber schlechte Noten für Schulen

⊕ Hohe wahrgenommene Lebensqualität für Ältere

⊖ Dringendster Verbesserungsbedarf bei Kinder- und Familienfreundlichkeit in RK gesehen, starke Forderung nach mehr Freizeitangeboten für Jugendliche

⊖ Höchster Verbesserungsbedarf beim Arbeitsmarkt in der Regionenklasse, besonders große Sorgen um den eigenen Arbeitsplatz

Dresden

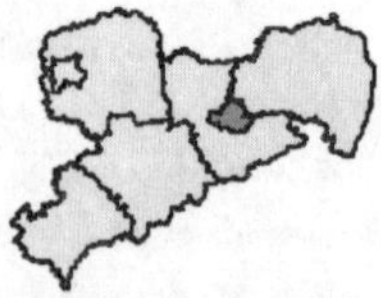

- Regionenklasse: 15 Großstädte
- Einwohner: 487.421
- Arbeitslosenquote: 15,0 %
- Zufriedenheit: 70 %, 9* (65)
- Erw. Zufriedenheit: 42 %, 6* (32)

Steigende Zufriedenheit – Bürger schätzen in ihrer Region Leistungsbereitschaft, Unternehmertum sowie Freizeitwert

Ausgewählte Schlaglichter aus Bürgersicht

- Seit 2003 stetige Verbesserung der heutigen und erwarteten Zufriedenheit (um insgesamt 10 Prozentpunkte)
- Optimistische Grundeinstellung, hohe Leistungsbereitschaft
- Sehr deutlicher Verbesserungsbedarf bei Aufgeschlossenheit gegenüber Fremden gesehen, obwohl Integration bereits als gut bewertet

Stärken/Schwächen der Region aus Bürgersicht

⊕ Aus Bürgersicht Vorteile für die Wirtschaft auf Grund starker Unternehmer und großen Mutes zum Wandel; gute Verfügbarkeit von Gewerbeflächen und qualifizierten Arbeitnehmern

⊕ Gute Note für Freizeitwert und bestes Angebot an Theater/Oper etc. in der RK

⊖ Bei Verwaltung dringendster wahrgenommener Verbesserungsbedarf unter den 15 Großstädten, dagegen hohe Zufriedenheit mit der Polizei

⊖ Im Urteil der Bürger größter Verbesserungsbedarf bei Kinder- und Familienfreundlichkeit bundesweit sowie immer noch sehr großer Verbesserungsbedarf beim Schul- und Bildungsangebot

Oberlausitz-Niederschlesien

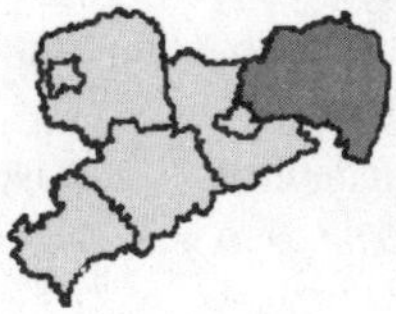

- Regionenklasse: Verstädterte Räume
- Einwohner: 649.380
- Arbeitslosenquote: 19,9 %
- Zufriedenheit: 40 %, 40* (113)
- Erw. Zufriedenheit: 20 %, 42* (116)

Geringe Zufriedenheit und bundesweit größter Verbesserungsbedarf beim Arbeitsmarkt

Ausgewählte Schlaglichter aus Bürgersicht

- Platz in der Schlussgruppe bei heutiger und erwarteter Zufriedenheit
- Verbesserungsbedarf am Arbeitsmarkt von über 90% gesehen, mehr als irgendwo sonst in Deutschland
- Im Selbstbild besonderer Stellenwert der eigenen Familie, von Fleiß und Ehrgeiz sowie Streben nach Sicherheit
- Unterdurchschnittliches Verantwortungsbewusstsein für die Gesellschaft und ehrenamtliches Engagement
- Aus Bürgersicht sehr viele soziale Brennpunkte und wenige Einrichtungen für sozial Schwache

Stärken/Schwächen der Region aus Bürgersicht

⊕ Bestnoten für Angebot und Qualität der Krippen, aber erhöhter Verbesserungsbedarf bei Qualität der Schulen

⊕ Medizinische Versorgung überdurchschnittlich gut bewertet mit Ausnahme der Verfügbarkeit der niedergelassenen Ärzte

⊖ Kultur- und Freizeitangebot im Bürgerurteil stark verbesserungswürdig (insbesondere für Jugendliche), Vereinsleben und Sportmöglichkeiten unterdurchschnittlich

⊖ Trotz unterdurchschnittlich beurteiltem Verbesserungsbedarfs bei der öffentlichen Sicherheit große Probleme mit Diebstahldelikten und Sachbeschädigungen attestiert

SACHSEN-ANHALT

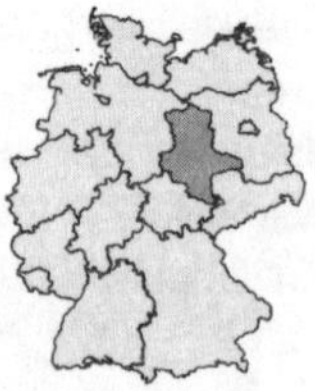

- Einwohner: 2.494.437
- Arbeitslosenquote: 20,2 %
- Regionale Zufriedenheit: 39 % (16)**
- Erwartete reg. Zufriedenheit: 23 % (16)**

Schlusslicht bei Zufriedenheit und große Sorgen um den Arbeitsplatz

Ausgewählte Schlaglichter aus Bürgersicht

- Letzter Rang unter den BL bei heutiger und erwarteter Zufriedenheit trotz Zunahme der Zufriedenheit um 9 Prozentpunkte
- Deutlich größere Zukunftssorgen als beim Durchschnitt der Bundesbürger, besonders hinsichtlich Arbeitsplatz und zukünftiger finanzieller Situation; viele soziale Brennpunkte gesehen
- Größte Technikbegeisterung unter BL
- Votum für mehr Markt und weniger Staat schwächer als in allen anderen BL
- Im Selbstbild hohe Bedeutung von Zusammensein mit der Familie sowie Fleiß und Ehrgeiz

Stärken/Schwächen der Region aus Bürgersicht

⊕ Wenig Erweiterungsbedarf beim Kinderbetreuungsangebot, allerdings überdurchschnittlicher Verbesserungsbedarf bei Qualität attestiert

⊕ Als überdurchschnittlich eingeschätzte Verfügbarkeit von Gewerbeflächen und qualifizierten Arbeitskräften

⊖ Nur Plätze im unteren Mittelfeld bei Branchenstruktur, Führungsstärke der Unternehmer sowie Zusammenspiel von Politik, Wirtschaft und weiteren Beteiligten

⊖ Höchster wahrgenommener Verbesserungsbedarf bei Arbeitsmarkt und Familienfreundlichkeit unter BL, zweithöchster Verbesserungsbedarf bei Lebenshaltungskosten

Dessau

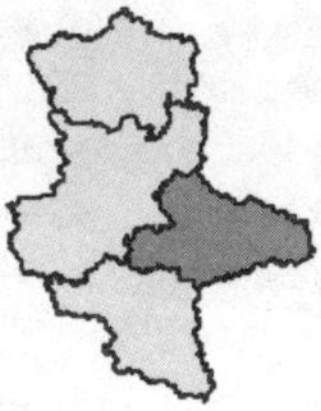

- Regionenklasse: Ländliche Räume
- Einwohner: 507.831
- Arbeitslosenquote: 20,3 %
- Zufriedenheit: 38 %, 22* (114)
- Erw. Zufriedenheit: 23 %, 19* (109)

Mit besserer Zusammenarbeit von Wirtschaft und Politik zaghaften Aufwärtstrend fortsetzen

Ausgewählte Schlaglichter aus Bürgersicht

- Starker Anstieg der Zufriedenheit gegenüber 2003 (um 11 Prozentpunkte), trotzdem noch in Schlussgruppe
- Als sehr groß wahrgenommener Verbesserungsbedarf beim Arbeitsmarkt, vergleichsweise viele glauben aber an Entstehung neuer Arbeitsplätze in ihrem Betrieb
- Wenig artikuliertes Verantwortungsbewusstsein für die Gesellschaft; sich und die eigenen Bedürfnisse durchzusetzen ist Dessauern wichtiger als allen anderen Deutschen
- Geringste Bereitschaft, sich selbständig zu machen

Stärken/Schwächen der Region aus Bürgersicht

⊕ Sehr gute Bewertung von Verkehrssystem/-anbindung

⊕ Wirtschaftliche Rahmenbedingungen z.T. überdurchschnittlich beurteilt (z.B. Verfügbarkeit von qualifizierten Arbeitskräften)

⊖ Schlechte Noten für Attraktivität für Investoren, vor allem auf Grund fehlender Koordination zwischen Wirtschaft, Politik und weiterer Beteiligter

⊖ Dringender Verbesserungsbedarf bei der öffentlichen Verwaltung angemeldet

⊖ Stärkster Verbesserungsbedarf bei Arbeitsagenturen bundesweit angemeldet

Magdeburg

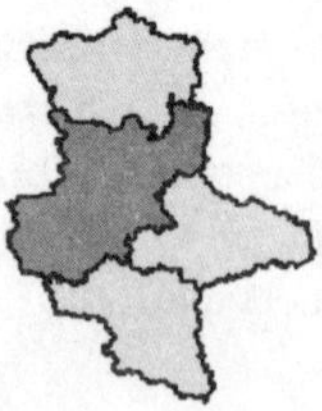

- Regionenklasse: Verstädterte Räume
- Einwohner: 931.110
- Arbeitslosenquote: 18,9 %
- Zufriedenheit: 45 %, 39* (110)
- Erw. Zufriedenheit: 27 %, 35* (99)

Lichtblicke in der Wirtschaft, aber schlechte Noten für Kinder- und Familienfreundlichkeit

Ausgewählte Schlaglichter aus Bürgersicht

- In Schlussgruppe bei Zufriedenheit
- Im Selbstbild hohes Gewicht auf Tugenden wie Fleiß, Achten von Gesetz und Ordnung, Streben nach Sicherheit
- Größte Technikbegeisterung in RK
- Mehrheitsvotum für mehr marktwirtschaftliche Elemente, ein Viertel votiert aber für mehr staatlichen Einfluss
- Aus Bürgersicht überdurchschnittlich viele soziale Brennpunkte

Stärken/Schwächen der Region aus Bürgersicht

⊕ Überdurchschnittliche Bewertungen für viele wirtschaftliche Rahmenbedingungen (z.B. Verfügbarkeit qualifizierter Arbeitskräfte, Wirtschaftsförderung durch öffentliche Hand)

⊕ Gute Noten für Angebot an Krippen und Ganztagsschulen

⊖ Aufholbedarf bei Attraktivität für Investoren

⊖ Äußerst hoher wahrgenommener Verbesserungsbedarf bei Familienfreundlichkeit sowie Schul- und Bildungssystem

⊖ Dringendster angemahnter Verbesserungsbedarf bei Qualität von Kindergärten und Kinderkrippen in RK

⊖ Hohe Unzufriedenheit mit Lebenshaltungskosten und Freizeitangebot, z.B. für Jugendliche oder hinsichtlich Veranstaltungen und Festen

SCHLESWIG-HOLSTEIN

- Einwohner: 2.828.760
- Arbeitslosenquote: 11,6 %
- Regionale Zufriedenheit: 75 % (4)**
- Erwartete reg. Zufriedenheit: 42 % (3)**

Oberes Viertel bei Zufriedenheit – gutes soziales Umfeld, aber Schwächen bei Wirtschaft

Ausgewählte Schlaglichter aus Bürgersicht

- Überdurchschnittliche regionale Zufriedenheit, bei erwarteter Zufriedenheit sogar Platz 3
- Weniger Zukunftssorgen als Deutsche insgesamt, mit Ausnahme der Sorge, mit dem Wissensfortschritt nicht mithalten zu können
- Verantwortungsbewusstsein für die Gesellschaft als ausgeprägtes Merkmal des Selbstbilds (je Rang 2)
- Bedeutung des Strebens nach hohem Lebensstandard geringer als bei den meisten anderen Deutschen
- Gute Noten für Integration von Ausländern, wenige soziale Brennpunkte und vergleichsweise geringe Kriminalität bzw. Gewalt an Schulen

Stärken/Schwächen der Region aus Bürgersicht

⊕ Höchste Zufriedenheit mit Kinder- und Familienfreundlichkeit unter den BL

⊕ Leicht überdurchschnittlich bewertete regionale Verwaltungsleistung

⊖ Erhöhter wahrgenommener Verbesserungsbedarf beim Schulsystem und Bildungsangebot

⊖ Durchweg unterdurchschnittliche Beurteilung der Bedingungen für Wirtschaft und Investoren, z.B. hinsichtlich der Verfügbarkeit qualifizierter Arbeitskräfte oder Führungsstärke der Unternehmer

⊖ Bewertung der medizinischen Versorgung nur im unteren Drittel

⊖ Hoher Verbesserungsbedarf bei Wirtschaftsförderung

Schleswig-Holstein-Mitte

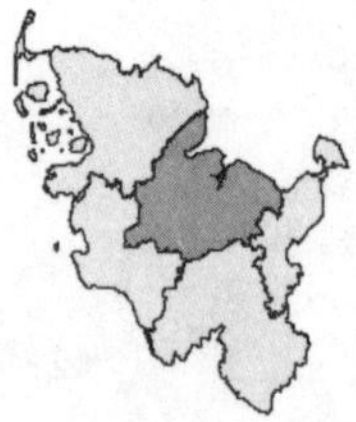

- Regionenklasse: Verstädterte Räume
- Einwohner: 720.460
- Arbeitslosenquote: 12,7 %
- Zufriedenheit: 74 %, 18* (41)
- Erw. Zufriedenheit: 38 %, 20* (50)

Kinder- und familienfreundliche Region mit Aufholbedarf bei Führungspersönlichkeiten

Ausgewählte Schlaglichter aus Bürgersicht

- Heutige und erwartete Zufriedenheit im oberen Mittelfeld
- Fleiß und Ehrgeiz, Streben nach einem hohen Lebensstandard oder nach Sicherheit viel weniger wichtig als in anderen Regionen
- Erhöhte artikulierte Bereitschaft, für den Erhalt von Arbeitsplätzen Einschnitte hinzunehmen, vor allem beim Verzicht auf Urlaubstage

Stärken/Schwächen der Region aus Bürgersicht

⊕ Aus Bürgersicht hohe Kinder- und Familienfreundlichkeit

⊕ Bundesweit am besten bewertetes Straßennetz vor Ort, überdurchschnittliche Bewertung auch für ÖPNV und überregionale Verkehrsanbindung (bis auf Flughäfen)

⊖ Hoher Verbesserungsbedarf beim Schulsystem und Bildungsangebot gesehen

⊖ Durchweg unterdurchschnittliche Bewertung der wirtschaftlichen Rahmenbedingungen, vor allem Mangel an qualifizierten Arbeitskräften und starken Führungskräften in Wirtschaft und Politik

⊖ Geringe Einschätzung der Attraktivität für Investoren

Schleswig-Holstein-Nord-West

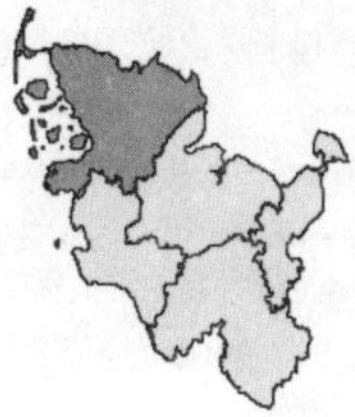

- Regionenklasse: Ländliche Räume
- Einwohner: 452.371
- Arbeitslosenquote: 11,7 %
- Zufriedenheit: 73 %, 6* (51)
- Erw. Zufriedenheit: 41 %, 5* (37)

Stark engagierte Bürger sehen Aufholbedarf bei Wirtschaft und Kinderbetreuung

Ausgewählte Schlaglichter aus Bürgersicht

- Bei Zufriedenheit im oberen Viertel der RK, deutlich weniger pessimistisch bei Blick in die Zukunft
- Politisches Engagement und Toleranz sind Befragten sehr wichtig, starkes Politikinteresse sowie ehrenamtliches Engagement
- Geringes Vertrauen in deutsche Institutionen
- Gute Integration von Ausländern, aber überdurchschnittlich viele soziale Brennpunkte
- Äußerst hohe Bereitschaft zur Selbständigkeit

Stärken/Schwächen der Region aus Bürgersicht

⊕ Starke Unternehmer, gute parteiübergreifende Zusammenarbeit und Finanzierungsmöglichkeiten sind einzelne Lichtblicke im sonst eher schlecht beurteilten wirtschaftlichen Umfeld

⊕ Für einen ländlichen Raum gute Noten für das Verkehrssystem (außer Bahn)

⊖ Überdurchschnittlicher Erweiterungs- und Verbesserungsbedarf bei der Kinderbetreuung, z.B. bei Beratungsangeboten für die Eltern und bei der Erzieherausbildung in Krippen und Kindergärten

⊖ Schlechte Noten für die Verwaltung, insbesondere bei der Haushaltsführung und der Einrichtung von Bürgerbüros

Schleswig-Holstein-Süd

- Regionenklasse: Agglomerationsräume
- Einwohner: 964.090
- Arbeitslosenquote: 9,0 %
- Zufriedenheit: 79 %, 11* (21)
- Erw. Zufriedenheit: 47 %, 3* (10)

Sehr gute Zufriedenheitswerte trotz unterdurchschnittlicher Bewertung der Wirtschaft

Ausgewählte Schlaglichter aus Bürgersicht

- Zufriedenheit weit überdurchschnittlich, sogar Platz 3 in RK bei erwarteter Zufriedenheit
- Weniger Zukunftssorgen als der Durchschnitt
- Bewertung in vielen Dimensionen so wie im Bundesdurchschnitt
- Durchschnittliche Bereitschaft zu persönlichen Einschnitten für den Erhalt von Arbeitsplätzen, aber sehr hohe Pendelbereitschaft

Stärken/Schwächen der Region aus Bürgersicht

⊕ Gut bewertete regionale Verwaltung

⊕ Aus Bürgersicht sehr hohe Kinder- und Familienfreundlichkeit (z.B. Angebot an Kinderbetreuung; Erweiterungsbedarf nur bei Ganztagsschulen leicht überdurchschnittlich)

⊕ Lebenshaltungskosten relativ niedrig eingeschätzt

⊖ Wirtschaftliche Rahmenbedingungen (besonders Wirtschaftsförderung) durchweg unterdurchschnittlich bewertet, ebenso die Attraktivität für Investoren

⊖ Medizinische Versorgung nur im unteren Mittelfeld gesehen

⊖ Durchschnittliche Bewertung der Verwaltung, erweiterte Öffnungszeiten gefordert

THÜRINGEN

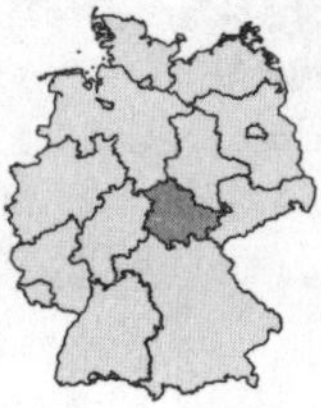

- Einwohner: 2.355.280
- Arbeitslosenquote: 17,1 %
- Regionale Zufriedenheit: 50 % (14)**
- Erwartete reg. Zufriedenheit: 25 % (14)**

Bei Zufriedenheit in Schlussgruppe – Handlungsbedarf besonders im Bereich Wirtschaft/Arbeitsmarkt trotz qualifizierter Arbeitskräfte

Ausgewählte Schlaglichter aus Bürgersicht

- Regionale Zufriedenheit gegenüber 2003 um 5 Prozentpunkte gestiegen, allerdings weniger stark als in den übrigen neuen BL insgesamt
- Zukunftssorgen deutlich überdurchschnittlich, besonders bezüglich zukünftiger finanzieller Situation und Arbeitsplatz (am größten bzw. zweitgrößten von allen BL)
- Hohe Bereitschaft zu persönlichen Einschnitten für den Erhalt von Arbeitsplätzen (eigener oder in Deutschland allgemein), z.B. flexible Arbeitszeit, Pendeln oder Umschulungen

Stärken/Schwächen der Region aus Bürgersicht

⊕ Aus Bürgersicht beste Verfügbarkeit von qualifizierten Arbeitskräften unter allen BL

⊕ Überdurchschnittlich eingeschätzter Mut zum Wandel

⊖ Verbesserungsbedarf Bearbeitungszeiten und Öffnungszeiten der Verwaltung reklamiert

⊖ Hohe Zufriedenheit mit dem ÖPNV, aber dringender Verbesserungsbedarf bei Straßennetz vor Ort und Anbindung an Fernstraßennetz genannt

⊖ Stationäre und ambulante medizinische Versorgung als ausbaufähig eingestuft

⊖ Ansonsten unterdurchschnittlich bewertete wirtschaftliche Rahmenbedingungen (insb. Wirtschaftsförderung) und Regionalentwicklungsstrategie

Ostthüringen

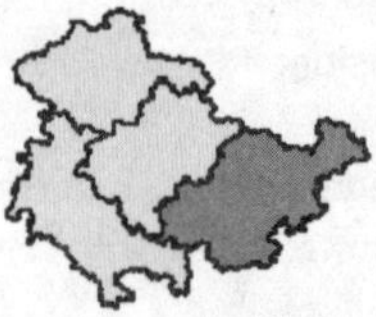

- Regionenklasse: Verstädterte Räume
- Einwohner: 746.204
- Arbeitslosenquote: 17,3 %
- Zufriedenheit: 51 %, 37* (103)
- Erw. Zufriedenheit: 25 %, 38* (105)

Vorsichtiger Aufwärtstrend, z.T. gute Beurteilung für Wirtschaft/Arbeitsmarkt

Ausgewählte Schlaglichter aus Bürgersicht

- Deutlicher Anstieg der heutigen Zufriedenheit (um 6 Prozentpunkte) seit 2003, trotzdem weiterhin Schlussgruppe; erwartete Zufriedenheit sogar rückläufig
- Ostthüringer insgesamt wenig optimistisch, überdurchschnittlich große Zukunftssorgen
- Neueste Technik und hoher Lebensstandard sind Befragten sehr wichtig
- Toleranz gegenüber anderen Meinungen unterdurchschnittlich relevant; Durchsetzungsfähigkeit wichtig

Stärken/Schwächen der Region aus Bürgersicht

⊕ Aus Bürgersicht: beste Verfügbarkeit von qualifizierten Arbeitskräften in RK (Rang 4 in Deutschland), überdurchschnittlicher Mut zum Wandel sowie gute lokale Vernetzung

⊕ Hervorragende Bewertung der Lebensqualität für Ältere

⊖ Erhöhter Verbesserungsbedarf bei regionaler Verwaltung, z.B. bei Öffnungszeiten und Stadt- und Gemeindeplanung gesehen

⊖ Dringender Verbesserungsbedarf bei Kultur- und Freizeitangebot und Straßennetz vor Ort (Rang 1 in RK) angeführt

Südthüringen

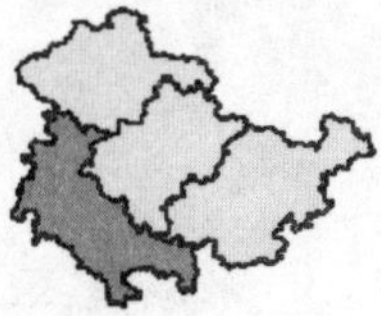

- Regionenklasse: Ländliche Räume
- Einwohner: 502.518
- Arbeitslosenquote: 13,8 %
- Zufriedenheit: 46 %, 19* (109)
- Erw. Zufriedenheit: 23 %, 19* (109)

Sehr wenig Vertrauen in Arbeitsmarkt und Institutionen

Ausgewählte Schlaglichter aus Bürgersicht

- Schlechteste Einschätzung der Perspektiven für Arbeitsmarkt, Sorge um eigenen Arbeitsplatz besonders groß
- Letzter Platz hinsichtlich Vertrauen in deutsche Institutionen
- Neueste Technik und höherer Lebensstandard ist den Befragten sehr wichtig
- Größte Akzeptanz bei der Lockerung des Kündigungsschutzes in Deutschland

Stärken/Schwächen der Region aus Bürgersicht

⊕ Handwerkskammer und IHK erhalten gute Noten, ebenso in RK überdurchschnittlich gute Branchenstruktur und Unternehmerpersönlichkeiten

⊕ Bestnoten für den ÖPNV, v.a. innerhalb RK

⊖ Überdurchschnittlicher Verbesserungsbedarf bei regionaler Verwaltung (Kontrolle von Leistungsempfängern) reklamiert

⊖ Dringender Verbesserungsbedarf beim Kultur- und Freizeitangebot (auch für Jugendliche) angemahnt, z.B. nur Schlussränge bei Sportmöglichkeiten und Veranstaltungshäufigkeit

⊖ Mehr staatliche Unterstützung für Investitionen gefordert

ERLÄUTERUNGEN ZUR TABELLE

Wortlaut Tabelle	Originaltext Fragebogen	Antwortmöglichkeit	Durchschnittswert in Prozent der Befragten: Deutschland	15 Großstädte	Agglomerationsräume	Verstädterte Räume	Ländliche Räume
Regionale Zufriedenheit							
• Heutige Zufriedenheit	• Alles in allem gesehen kann man in dem Ort oder der Region, wo ich wohne, sehr gut leben	Stimmt genau 1 2 3 4 5 6 Stimmt gar nicht / Weiß nicht – Häufigkeit der Nennungen von 1 oder 2	**69**	70	71	67	62
• Erwartete Zufriedenheit	• Alles in allem gesehen wird man in 5 bis 10 Jahren in dem Ort oder der Region, wo ich wohne, sehr gut leben können		**37**	41	40	37	34
Verbesserungsbedarf							
• Arbeitsmarkt	Wo sehen Sie den dringendsten Verbesserungsbedarf in Ihrer Region?	Liste von 16 Antwortmöglichkeiten, bis zu 4 auswählbar – Häufigkeit der Nennungen	**69**	64	64	72	78
• Familienfreundlichkeit			**32**	35	33	31	30
• Öffentliche Sicherheit			**22**	34	22	19	15
• Lebensqualität Ältere			**21**	24	22	19	18
Gute Zusammenarbeit Politik	Wie beurteilen Sie die folgenden wirtschaftlichen Rahmenbedingungen in Ihrer Region? – Zusammenspiel von Politik, Wirtschaft, Verwaltung, Banken, Hochschulen etc.	Sehr gut 1 2 3 4 5 6 Sehr schlecht / Weiß nicht – Häufigkeit der Nennungen von 1 oder 2	**15**	15	15	14	14
Erweiterungsbedarf	Für wie dringend halten Sie eine Erweiterung der Kinderbetreuungsangebote in Ihrer Region?						
• Ganztagsschulen	• Ganztagsschulen	Sehr dringend 1 2 3 4 5 6 Überhaupt nicht dringend / Weiß nicht – Häufigkeit der Nennungen von 1 oder 2	**49**	53	50	47	47
• Freizeitangebot für Jugendliche	• Freizeitangebot für Jugendliche (Jugendgruppen, Jugendtreffs, Vereinsangebote)		**67**	68	67	67	70
Verbesserungsbedarf Verwaltungseffizienz	Für wie dringend halten Sie die Verbesserung der folgenden regionalen Organisationen und Einrichtungen? – Stadt-/Gemeindeverwaltung		**35**	38	35	34	34

Region (RK)	Kfz-Kennzeichen in Region	Regionale Zufriedenheit						Wirtschaft/ Arbeitsmarkt				Bildung/Familie				Öffentliche Infrastruktur				Lebensqualität			
		Heutige Zufriedenheit (Ø 69%)			Erwartete Zufriedenheit (Ø 37%)			Verbesserungsbedarf **Arbeitsmarkt**		**Gute Zusammenarbeit** Politik, Wirtschaft etc.		Verbesserungsbedarf **Familienfreundlichkeit**		Erweiterungsbedarf **Ganztagsschulen**		Verbesserungsbedarf **öffentliche Sicherheit**		Verbesserungsbedarf **Verwaltungseffizienz**		Verbesserungsbedarf **Lebensqualität Ältere**		Erweiterungsbedarf **Freizeitangebote Jugendliche**	
			Position			Position		Position		Position		Position		Position		Position		Position		Position		Position	
		%	in RK	in D	%	in RK	in D	in RK	in D	in RK	in D	in RK	in D	in RK	in D	in RK	in D	in RK	in D	in RK	in D	in RK	in D
Baden-Württemberg																							
Bodensee-Oberschwaben (VR)	FN, RV, SIG	84	A	A	48	A	A	A	A	B	B	B	B	E	E	A	B	C	C	B	B	C	B
Donau-Iller (VR)	UL, BC	81	A	A	47	A	A	A	A	A	A	D	D	D	C	C	C	A	A	C	B	A	A
Franken (VR)	HN, KÜN, SHA, TBB	75	B	B	41	B	B	A	B	A	A	E	D	D	C	C	C	B	B	D	C	B	B
Hochrhein-Bodensee (VR)	KN, LÖ, WT, BÜS	77	B	B	45	A	A	B	B	B	B	C	B	E	E	D	C	C	C	C	C	A	A
Ludwigsburg/ Böblingen (AR)	BB, LB	82	A	A	46	A	A	A	A	B	B	E	E	E	E	B	C	B	B	C	D	B	B
Mittlerer Oberrhein (AR)	BAD, KA, RA	83	A	A	45	B	A	A	A	A	A	E	E	D	E	C	D	A	B	D	E	A	A
Neckar-Alb (VR)	RT, TÜ, BL	79	A	A	44	A	B	A	B	D	D	C	C	E	D	B	B	C	C	C	C	B	B
Nordschwarzwald (VR)	PF, CW, FDS	78	B	B	43	B	B	A	A	A	A	D	C	E	E	C	C	B	B	E	D	C	C
Ostwürttemberg (VR)	HDH, AA	74	C	B	35	D	C	C	C	A	A	E	D	C	C	C	C	B	B	B	B	A	A
Schwarzwald-Baar-Heuberg (VR)	RW, VS, TUT	77	B	B	38	C	C	A	A	B	B	B	B	D	C	B	B	D	C	C	C	B	B
Südlicher Oberrhein (VR)	FR, EM, OG	84	A	A	51	A	A	A	B	A	A	A	A	E	E	E	E	B	B	B	B	B	B
Stuttgart (GS)	S	83	A	A	48	A	A	A	A	A	A	D	E	D	E	A	B	C	C	B	C	A	A
Stuttgart östliches Umland (AR)	ES, GP, WN	82	A	A	47	A	A	A	A	B	B	D	E	E	E	A	C	C	C	D	E	A	A
Unterer Neckar (AR)	HD, MA, MOS	78	B	B	40	B	B	B	B	B	B	C	D	C	C	C	D	B	B	C	D	B	B
Bayern																							
Allgäu (LR)	KF, KE, LI, OAL,	79	A	A	45	A	A	A	B	A	A	D	D	C	C	A	A	A	A	D	B	A	B

Rangklassen*

A: Spitzengruppe**
B: Oberes Mittelfeld
C: Mittleres Mittelfeld
D: Unteres Mittelfeld
E: Schlussgruppe***

* Definition von fünf Rangklassen mit jeweils 20% der Perspektive-Deutschland-Regionen
** Wenig Erweiterungs- bzw. Verbesserungsbedarf, hohe Zufriedenheit, gute Zusammenarbeit (oberste 20%)
*** Hoher Erweiterungs- bzw. Verbesserungsbedarf, geringe Zufriedenheit, schlechte Zusammenarbeit (unterste 20%)

Region (RK)	Kfz-Kennzeichen in Region	Regionale Zufriedenheit: Heutige Zufriedenheit (Ø 69%) %	Heutige Zufriedenheit Position in RK	Heutige Zufriedenheit Position in D	Erwartete Zufriedenheit (Ø 37%) %	Erwartete Zufriedenheit Position in RK	Erwartete Zufriedenheit Position in D	Wirtschaft/Arbeitsmarkt: Verbesserungsbedarf **Arbeitsmarkt** Position in RK	in D	**Gute Zusammenarbeit** Politik, Wirtschaft etc. Position in RK	in D	Bildung/Familie: Verbesserungsbedarf **Familienfreundlichkeit** Position in RK	in D	Erweiterungsbedarf **Ganztagsschulen** Position in RK	in D	Öffentliche Infrastruktur: Verbesserungsbedarf **öffentliche Sicherheit** Position in RK	in D	Verbesserungsbedarf **Verwaltungseffizienz** Position in RK	in D	Lebensqualität: Verbesserungsbedarf **Lebensqualität Ältere** Position in RK	in D	Erweiterungsbedarf **Freizeitangebote Jugendliche** Position in RK	in D
Bayern (Forts.)																							
Augsburg (VR)	A, AIC, DLG, DON	76	B	B	40	B	B	B	B	D	D	D	C	B	B	A	B	B	B	E	D	A	A
Bayerischer Untermain (VR)	AB, MIL	82	A	A	47	A	A	A	B	A	A	E	D	C	C	B	B	A	A	D	C	B	B
Donau-Iller (VR)	MM, GZ, NU, MN	78	B	B	43	B	B	B	B	E	E	B	B	B	B	C	C	B	B	E	D	C	B
Donau-Wald (LR)	PA, SR, REG, DEG, FRG	72	B	C	37	B	C	C	D	C	C	C	B	A	A	C	B	B	B	D	B	B	C
Ebersberg/Erding/Freising (AR)	EBE, ED, FS	81	A	A	46	A	A	A	A	A	A	A	A	A:	A	A	A	A	A	A	B	A	A
Industrieregion Mittelfranken (AR)	LAU, ER, FÜ, SC, ERH, RH	80	B	A	42	B	B	B	B	B	B	B	B	C	C	A	A	B	B	B	D	A	A
Ingolstadt (VR)	IN, EI, ND, PAF	81	A	A	43	B	B	A	A	A	A	E	D	A	A	B	B	A	A	C	C	A	A
Landshut (LR)	LA, PAN, DGF	77	A	B	41	A	B	A	B	B	B	A	A	A	A	C	B	A	A	B	B	A	A
Main-Rhön (LR)	SW, KG, NES, HAS	69	C	D	31	C	D	D	E	E	E	C	C	B	B	E	C	C	C	E	D	C	C
München (GS)	M (Stadt)	82	A	A	51	A	A	A	A	A	A	E	E	E	E	A	A	A	A	E	E	A	A
München nordwestliches Umland (AR)	DAH, FFB, LL	81	A	A	49	A	A	A	A	A	A	A	B	C	C	A	A	A	B	B	C	A	A
Nürnberg (GS)	N	74	C	B	35	D	C	D	D	D	E	B	C	B	D	B	C	C	C	C	E	A	A
Oberfranken-West (VR)	BA, CO, FO, KC, LIF	71	C	C	39	C	B	D	D	C	C	D	C	B	A	A	A	C	C	A	A	B	B
Oberfranken-Ost (LR)	BT, HO, KU, WUN	57	D	D	26	D	E	D	E	C	C	B	A	E	D	D	B	D	D	A	A	B	B
Oberland (LR)	TÖL, GAP, MB, WM	84	A	A	51	A	A	A	A	A	A	D	D	B	B	A	A	A	A	D	C	A	A
Oberpfalz-Nord (LR)	AM, WEN, AS, NEW, SAD, TIR	66	D	D	31	C	D	C	D	D	D	C	C	A	A	B	A	C	B	E	C	C	D
Regensburg (VR)	KEH, R, CHA, NM	79	A	A	43	B	B	B	B	A	A	C	C	A	A	A	B	A	A	C	C	B	B

Region (RK)	Kfz-Kennzeichen in Region	Regionale Zufriedenheit						Wirtschaft/ Arbeitsmarkt				Bildung/Familie				Öffentliche Infrastruktur				Lebensqualität			
		Heutige Zufriedenheit (ø 69%)			Erwartete Zufriedenheit (ø 37%)			Verbesserungsbedarf **Arbeitsmarkt**		**Gute Zusammenarbeit** Politik, Wirtschaft etc.		Verbesserungsbedarf **Familienfreundlichkeit**		Erweiterungsbedarf **Ganztagsschulen**		Verbesserungsbedarf **öffentliche Sicherheit**		Verbesserungsbedarf **Verwaltungseffizienz**		Verbesserungsbedarf **Lebensqualität Ältere**		Erweiterungsbedarf **Freizeitangebote Jugendliche**	
			Position			Position		Position		Position		Position		Position		Position		Position		Position		Position	
		%	in RK	in D	%	in RK	in D	in RK	in D	in RK	in D	in RK	in D	in RK	in D	in RK	in D	in RK	in D	in RK	in D	in RK	in D
Bayern (Forts.)																							
Starnberg/Landkreis München (AR)	M (Landkreis), STA	82	A	A	48	A	A	A	A	A:	A	C	C	A	B	A	A	A	A	E	E	A	A
Südostoberbayern (LR)	RO, AÖ, BGL, MÜ, TS	80	A	A	49	A	A	A	B	A	B	B	A	A	A	C	B	A	A	D	B	A	A
Westmittelfranken (LR)	AN, NEA, WUG	72	B	C	35	C	C	A	C	C	C	B	A	B	A	B	A	B	B	D	B	A	B
Würzburg (VR)	WO, KT, MSP	77	B	B	42	B	B	B	B	B	B	D	D	C	B	A	A	D	C	E	D	A	A
Berlin (GS)	B	61	E	D	32	D	D	C	C	E	E	C	D	C	E	E	E	D	E	D	E	D	D
Brandenburg																							
Havelland-Fläming (AR)	BRB, P, TF, HVL, PM	60	E	D	34	D	D	D	D	E	E	B	B	D	D	B	C	E	E	A	B	E	E
Lausitz-Spreewald (VR)	CB, LDS, EE, OSL, SPN	38	E	E	21	E	E	E	E	D	D	D	D	C	B	A	B	E	E	B	B	E	E
Oderland-Spree (AR)	FF, MOL, LOS	53	E	E	26	E	E	E	D	A	A	D	E	C	C	D	D	E	D	C	D	E	E
Prignitz-Oberhavel (AR)	OHV, OPR, PR	56	E	E	32	D	D	E	E	E	E	A	A	C	C	C	D	E	E	A	A	E	E
Uckermark-Barnim (AR)	BAR, UM	47	E	E	24	E	E	E	E	E	E	B	B	A	B	B	C	E	E	A	A	E	E
Bremen																							
Bremen (GS)	HB	68	D	D	33	D	D	D	D	A.	A	C	D	D	E	D	E	D	D	A	B	D	D
Bremerhaven (VR)	CUX, BRA, HB (Bremerhaven)	55	E	E	29	D	E	E	E	E	E	B	B	E	D	E	D	E	E	A	A	D	E
Hamburg (GS)	HH	78	A	B	45	A	A	B	A	C	B	C	E	D	E	E	E	C	D	B	D	B	C

Region (RK)	Kfz-Kennzeichen in Region	Regionale Zufriedenheit: Heutige Zufriedenheit (ø 69%)			Regionale Zufriedenheit: Erwartete Zufriedenheit (ø 37%)			Wirtschaft/Arbeitsmarkt: Verbesserungsbedarf **Arbeitsmarkt**		Wirtschaft/Arbeitsmarkt: **Gute Zusammenarbeit** Politik, Wirtschaft etc.		Bildung/Familie: Verbesserungsbedarf **Familienfreundlichkeit**		Bildung/Familie: Erweiterungsbedarf **Ganztagsschulen**		Öffentliche Infrastruktur: Verbesserungsbedarf **öffentliche Sicherheit**		Öffentliche Infrastruktur: Verbesserungsbedarf **Verwaltungseffizienz**		Lebensqualität: Verbesserungsbedarf **Lebensqualität Ältere**		Lebensqualität: Erweiterungsbedarf **Freizeitangebote Jugendliche**	
			Position			Position		Position		Position		Position		Position		Position		Position		Position		Position	
		%	in RK	in D	%	in RK	in D	in RK	in D	in RK	in D	in RK	in D	in RK	in D	in RK	in D	in RK	in D	in RK	in D	in RK	in D
Hessen																							
Frankfurt am Main (GS)	F	75	B	B	42	B	B	A	A	B	B	A	B	E	E	E	E	D	D	E	E	B	B
Mittelhessen (VR)	GI, LDK, LM, MR, VB	69	D	D	34	D	D	C	C	D	D	C	C	E	E	D	D	B	B	E	D	C	B
Nordhessen (VR)	KS, HR, KB, ESW	61	D	D	30	D	D	D	D	D	D	A	A	B	B	E	D	D	D	E	E	C	B
Offenbach/Hanau (AR)	FB, HU, OF	71	C	C	37	C	C	B	A	C:	C	B	C	E	E	E	E	B	B	D	E	B	B
Osthessen (LR)	FD, HEF	71	B	C	37	B	C	B	B	B:	C	B	B	E	D	D	C	B	A	A	A	B	C
Wiesbaden/Taunus (AR)	HG, MTK, RÜD, WI	81	A	A	46	A	A	A	A	B	B	C	C	E	E	E	E	B	B	E	E	B	B
Starkenburg (AR)	DA, HP, GG, ERB	73	C	C	39	B	B	B	B	B	B	B	B	E	E	D	D	B	B	C	D	B	B
Mecklenburg-Vorpommern																							
Meckl. Seenplatte (LR)	NB, DM, MST, MÜR	47	D	E	21	E	E	E	E	D	D	E	D	D	C	A	A	E	E	B	A	E	E
Mittl. Meckl./ Rostock (VR)	HRO, DBR, GÜ	55	E.	E	29	D	E	E	E	D	D	E	E	E	D	D	C	E	E	A	A	E	E
Vorpommern (LR)	HGW, HST, NVP, OVP, RÜG, UER	43	E	E	25	D	E	E	E	E	E	E	E	E	E	A	A	D	D	B	A	E	E
Westmecklenburg (LR)	SN, HWI, LWL, NWM, PCH	50	D	E	24	D	E	D	E	E	E	C	B	D	C	E	C	E	E	D	C	E	E
Niedersachsen																							
Braunschweig (VR)	BS, SZ, WF, WOB, GF, GS, HE, PE	66	D	D	32	D	D	C	C	C	B	D	C	D	C	D	C	C	C	D	C	C	B
Bremen-Umland (AR)	DH, OHZ, VER, DEL	74	B	B	37	C	C	C	C	C	C	B	C	D	D	D	D	B	B	A	B	C	C
Emsland (LR)	EL, NOH	74	A	B	42	A	B	B	C	B	B	A	A	B	B	D	C	A	A	C	B	B	C

Region (RK)	Kfz-Kennzeichen in Region	Regionale Zufriedenheit: Heutige Zufriedenheit (ø 69%) %	Position in RK	Position in D	Regionale Zufriedenheit: Erwartete Zufriedenheit (ø 37%) %	Position in RK	Position in D	Wirtschaft/Arbeitsmarkt: Verbesserungsbedarf **Arbeitsmarkt** Position in RK	in D	Wirtschaft/Arbeitsmarkt: **Gute Zusammenarbeit** Politik, Wirtschaft etc. Position in RK	in D	Bildung/Familie: Verbesserungsbedarf **Familienfreundlichkeit** Position in RK	in D	Bildung/Familie: Erweiterungsbedarf **Ganztagsschulen** Position in RK	in D	Öffentliche Infrastruktur: Verbesserungsbedarf **öffentliche Sicherheit** Position in RK	in D	Öffentliche Infrastruktur: Verbesserungsbedarf **Verwaltungseffizienz** Position in RK	in D	Lebensqualität: Verbesserungsbedarf **Lebensqualität Ältere** Position in RK	in D	Lebensqualität: Erweiterungsbedarf **Freizeitangebote Jugendliche** Position in RK	in D
Niedersachsen (Forts.)																							
Göttingen (VR)	GÖ, NOM, OHA, HOL	61	D	D	30	D	D	D	E	C	C	D	C	C	C	A	B	D	D	B	B	D	C
Hamburg-Umland-Süd (AR)	WL, ROW, STD	80	B	A	46	A	A	C	B	E	D	A	A	C	C	C	D	A	A	B	D	C	C
Hannover (GS)	H	74	C	B	39	C	B	C	C	D	C	B	C	A	D	B	E	A	B	D	E	A	C
Hildesheim (VR)	HM, HI	70	D	C	34	D	D	C	D	B	B	B	B	C	B	D	C	D	D	D	C	D	C
Lüneburg (LR)	DAN, LG, UE	70	C	C	37	B	C	B	C	A	A	D	C	E	D	E	C	C	B	E	C	B	C
Oldenburg (VR)	OL, WST, CLP	79	A	A	47	A	A	C	C	A	A	A	A	C	B	E	D	D	D	B	B	C	C
Osnabrück (VR)	OS, VEC	78	B	A	46	A	A	B	B	C	C	B	B	A	A	E	E	A	A	C	B	A	A
Ostfriesland (VR)	EMD, WHV, AUR, FRI, LER, WTM	70	D	C	35	D	C	D	E	E	E	A	A	B	B	B	B	D	C	B	B	D	D
Schaumburg/Nienburg (AR)	NI, SHG	70	C	C	32	D	D	D	C	B	B	B	B	A	B	C	D	C	D	C	D	C	C
Südheide (LR)	CE, SFA	69	C	D	36	C	C	C	D	D	D	B	A	E	D	E	D	D	D	D	B	D	D
Nordrhein-Westfalen																							
Aachen (AR)	AC,DN,EU,HS	71	C	C	37	C	C	D	C	A	A	C	C	B	B	E	E	C	C	D	E	D	D
Arnsberg (VR)	HSK, SO	72	C	C	37	C	C	C	C	C	C	B	B	E	D	C	C	C	C	E	D	D	D
Bielefeld (AR)	BI, GT, HF, LIP, MI	74	B	B	37	C	C	C	C	E	E	D	E	B	B	D	D	D	D	B	C	C	D
Bochum/Hagen (AR)	BO, HA, HER, EN, MK	63	D	D	32	D	D	D	C	C	C	C	D	C	C	E	E	E	D	E	E	C	D
Bonn (AR)	BN,SU	81	A	A	46	A	A	A	A	B	A	C	D	D	D	E	E	C	C	D	E	B	C

Region (RK)	Kfz-Kennzeichen in Region	Regionale Zufriedenheit: Heutige Zufriedenheit (ø 69%)			Regionale Zufriedenheit: Erwartete Zufriedenheit (ø 37%)			Wirtschaft/Arbeitsmarkt: Verbesserungsbedarf **Arbeitsmarkt**		Wirtschaft/Arbeitsmarkt: **Gute Zusammenarbeit** Politik, Wirtschaft etc.		Bildung/Familie: Verbesserungsbedarf **Familienfreundlichkeit**		Bildung/Familie: Erweiterungsbedarf **Ganztagsschulen**		Öffentliche Infrastruktur: Verbesserungsbedarf **öffentliche Sicherheit**		Öffentliche Infrastruktur: Verbesserungsbedarf **Verwaltungseffizienz**		Lebensqualität: Verbesserungsbedarf **Lebensqualität Ältere**		Lebensqualität: Erweiterungsbedarf **Freizeitangebote Jugendliche**	
			Position			Position		Position		Position		Position		Position		Position		Position		Position		Position	
		%	in RK	in D	%	in RK	in D	in RK	in D	in RK	in D	in RK	in D	in RK	in D	in RK	in D	in RK	in D	in RK	in D	in RK	in D
Nordrhein-Westfalen (Forts.)																							
Dortmund (GS)	DO	64	E	D	32	D	D	E	D	C	B	A	B	D	E	D	E	B	C	E	E	C	D
Duisburg (GS)	DU	55	E	E	28	E	E	D	D	E	E	D	E	B	D	C	E	E	E	D	E	E	E
Düsseldorf (GS)	D	78	A	B	43	B	B	B	A	B	A	C	E	B	D	C	E	B	C	D	E	C	C
Emscher-Lippe (AR)	BOT, GE, RE	57	E	D	27	E	E	E	D	E	E	E	E	C	C	E	E	E	D	B	D	D	D
Erftkreis (AR)	BM	68	D	D	34	D	D	B	A	E	D	C	D	D	D	D	E	C	D	D	E	D	D
Essen (GS)	E	67	D	D	30	E	D	C	C	E	E	E	E	C	E	B	E	C	D	D	E	E	D
Hamm (AR)	HAM, UN	67	D	D	33	D	D	D	D	C	C	E	E	B	B	D	E	E	D	C	D	C	C
Köln (GS)	K	75	8	B	39	C	B	B	B	D	D	C	D	B	D	E	E	E	E	B	D	B	C
Krefeld/Neuss (AR)	KR, NE	71	C	C	38	C	C	B	B	D	D	B	C	D	D	D	D	C	D	E	E	D	D
Leverkusen/Bergisches Land (AR)	LEV, GM, GL	76	B	B	41	B	B	C	B	D	C	C	C	A	B	C	D	B	B	C	D	D	D
Mönchengladbach/Viersen (AR)	MG, VIE	70	C	C	37	C	C	C	C	D	C	D	D	E	E	C	D	E	E	D	E	D	D
Münster (VR)	MS, BOR, COE, ST, WAF	82	A	A	49	A	A	C	C	B	B	B	B	B	A	D	D	B	B	C	C	C	C
Niederrhein (AR)	KLE, WES	73	C	C	36	C	C	D	C	D	D	D	E	C	C	C	D	C	C	D	E	D	D
Oberhausen/Mülheim (AR)	MH, OB	70	C	C	31	E	D	C	C	D	C	E	E	D	D	E	E	D	D	E	E	D	D
Paderborn (VR)	HX, PB	74	C	B	40	B	B	C	C	D	D	E	D	A	A	E	D	A	A	E	D	A	A
Siegen (VR)	OE, SI	74	C	B	38	C	C	B	B	B	B	B	B	B	A	B	B	C	C	E	D	C	C
Wuppertal (AR)	ME, RS, SG, W	69	D	D	35	D	C	C	C	C	C	D	E	E	E	D	D	E	D	E	E	D	D

Region (RK)	Kfz-Kennzeichen in Region	Regionale Zufriedenheit: Heutige Zufriedenheit (ø 69%) %	Heutige Zufriedenheit Position in RK	Heutige Zufriedenheit Position in D	Erwartete Zufriedenheit (ø 37%) %	Erwartete Zufriedenheit Position in RK	Erwartete Zufriedenheit Position in D	Wirtschaft/Arbeitsmarkt: Verbesserungsbedarf **Arbeitsmarkt** Position in RK	in D	**Gute Zusammenarbeit** Politik, Wirtschaft etc. Position in RK	in D	Bildung/Familie: Verbesserungsbedarf **Familienfreundlichkeit** Position in RK	in D	Erweiterungsbedarf **Ganztagsschulen** Position in RK	in D	Öffentliche Infrastruktur: Verbesserungsbedarf **öffentliche Sicherheit** Position in RK	in D	Verbesserungsbedarf **Verwaltungseffizienz** Position in RK	in D	Lebensqualität: Verbesserungsbedarf **Lebensqualität Ältere** Position in RK	in D	Erweiterungsbedarf **Freizeitangebote Jugendliche** Position in RK	in D
Rheinland-Pfalz																											
Mittelrhein-Westerwald (VR)	KO, AW, AK, COC, MYK, NR, SIM, EMS, WW	71	C	C	37	C	C	C	C	B	B	B	B	B	A	C	C	A	A	E	D	D	C
Rheinhessen-Nahe (VR)	KH, BIR, MZ, WO, AZ	74	C	B	38	C	C	C	C	E	E	B	B	E	D	E	D	B	B	E	E	D	C
Rheinpfalz (AR)	FT, LD, LU, NW, SP, DÜW, GER, SÜW	73	C	C	39	B	B	C	B	B	B	A	B	C	C	C	D	C	C	E	E	A	A
Trier (LR)	TR, WIL, BIT, DAU	68	C	D	37	B	C	B	C	B	C	A	A	E	D	C	B	C	B	E	D	C	D
Westpfalz (VR)	KL, PS, ZW, KIB, KUS	57	D	D	27	E	E	D	D	B	B	E	E	C	B	D	D	C	C	E	D	D	D
Saarland (AR)	SB, NK, VK, MGZ, SLS, HOM, WND, IGB	67	D	D	29	E	E	D	D	C	C	D	D	D	E	C	D	E	E	E	E	C	C
Sachsen																											
Chemnitz-Erzgebirge (AR)	C, GC, FG, MEK, MW, STL, ANA	51	E	E	30	E	D	E	E	D	D	E	E	A	A	A	A	D	D	A	A	E	E
Dresden (GS)	DD	70	C	C	42	B	B	E	D	C	B	E	E	A	B	A	B	E	E	A	B	E	D
Leipzig Stadt (GS)	L (Stadt)	65	D	D	44	B	B	E	E	B	A	E	E	E	E	C	E	C	C	A	B	E	E
Oberes Elbtal/																											

Region (RK)	Kfz-Kennzeichen in Region	Regionale Zufriedenheit: Heutige Zufriedenheit (ø 69%) %	Heutige Zufriedenheit Position in RK	Heutige Zufriedenheit Position in D	Erwartete Zufriedenheit (ø 37%) %	Erwartete Zufriedenheit Position in RK	Erwartete Zufriedenheit Position in D	Wirtschaft/Arbeitsmarkt: Verbesserungsbedarf **Arbeitsmarkt** Position in RK	in D	**Gute Zusammenarbeit** Politik, Wirtschaft etc. Position in RK	in D	Bildung/Familie: Verbesserungsbedarf **Familienfreundlichkeit** Position in RK	in D	Erweiterungsbedarf **Ganztagsschulen** Position in RK	in D	Öffentliche Infrastruktur: Verbesserungsbedarf **öffentliche Sicherheit** Position in RK	in D	Verbesserungsbedarf **Verwaltungseffizienz** Position in RK	in D	Lebensqualität: Verbesserungsbedarf **Lebensqualität Ältere** Position in RK	in D	Erweiterungsbedarf **Freizeitangebote Jugendliche** Position in RK	in D
Sachsen (Forts.)																							
Osterzgebirge (AR)	MEI, RG, PIR, DW	57	E	D	30	E	D	E	E	A	A	D	E	A	A	A	A	C	C	A	A	E	E
Oberlausitz-Niederschlesien (VR)	GR, HY, BZ, NOL, ZI, KM	40	E	E	20	E	E	E	E	E	E	C	C	C	B	C	C	D	D	A	A	E	E
Südwestsachsen (VR)	PL, Z, V, ASZ	47	E	E	23	E	E	E	E	D	D	E	E	A	A	A	A	E	E	A	A	E	E
Westsachsen (AR)	DZ, DL, L (Landkreis), MTL, TO	55	E	E	33	D	D	E	E	E	D	E	E	B	B	A	C	E	D	A	A	E	E
Sachsen-Anhalt																							
Altmark (LR)	SDL, SAW	30	E	E	16	E	E	D	E	E	E	E	E	A	A	D	B	E	E	A	A	E	E
Dessau (LR)	DE, AZE, BBG, BTF, KÖT, WB	38	E	E	23	E	E	E	E	D	D	D	D	B	A	D	B	E	E	B	A	D	E
Halle/S. (VR)	HAL, BLK, ML, MQ, SK, SGH, WSF	35	E	E	21	E	E	E	E	E	E	E	E	A	A	D	D	E	E	A	A	E	E
Magdeburg (VR)	MD, ASL, BÖ, HBS, JL, OK, WR, QLB, SBK	45	E	E	27	E	E	E	E	D	D	E	E	B	A	D	C	E	E	A	A	E	E
Schleswig-Holstein																							
Nord-West (LR)	FL, NF, SL	73	B	C	41	A	B	C	D	C	C	C	B	E	D	C	B	E	E	E	C	D	D
Mitte (VR)	KI, NMS, PLÖ, RD	74	C	B	38	C	C	D	D	C	C	B	B	C	C	E	D	C	C	D	C	C	B
Ost (VR)	HL, OH	73	C	C	40	B	B	D	D	E	E	D	C	E	D	E	D	C	C	C	B	C	B
Süd (AR)	RZ, PI, SE, OD	79	B	A	47	A	A	B	B	C	C	A	A	D	D	D	E	A	B	C	D	B	B
Süd-West (LR)	HEI, IZ	68	C	D	34	C	D	C	D	B	C	A	A	E	E	D	B	B	B	E	D	D	D

Region (RK)	Kfz-Kennzeichen in Region	Regionale Zufriedenheit: Heutige Zufriedenheit (ø 69%)			Regionale Zufriedenheit: Erwartete Zufriedenheit (ø 37%)			Wirtschaft/Arbeitsmarkt: Verbesserungsbedarf **Arbeitsmarkt**		Wirtschaft/Arbeitsmarkt: **Gute Zusammenarbeit** Politik, Wirtschaft etc.		Bildung/Familie: Verbesserungsbedarf **Familienfreundlichkeit**		Bildung/Familie: Erweiterungsbedarf **Ganztagsschulen**		Öffentliche Infrastruktur: Verbesserungsbedarf **öffentliche Sicherheit**		Öffentliche Infrastruktur: Verbesserungsbedarf **Verwaltungseffizienz**		Lebensqualität: Verbesserungsbedarf **Lebensqualität Ältere**		Lebensqualität: Erweiterungsbedarf **Freizeitangebote Jugendliche**	
		%	Position in RK	Position in D	%	Position in RK	Position in D	Position in RK	Position in D	Position in RK	Position in D	Position in RK	Position in D	Position in RK	Position in D	Position in RK	Position in D	Position in RK	Position in D	Position in RK	Position in D	Position in RK	Position in D
Thüringen																							
Mittelthüringen (VR)	EF, WE, IK, GTH, SÖM, AP	54	E	E	27	E	E	E	E	D	D	E	D	D	C	C	C	E	E	C	C	E	E
Nordthüringen (LR)	EIC, NDH, UH, KYF	45	E	E	22	E	E	E	E	D	D	E	D	C	C	C	B	E	E	A	A	E	E
Ostthüringen (VR)	G, J, SLF, SHK, SOK, GRZ, ABG	51	E	E	25	E	E	D	E	C	C	C	C	D	C	A	B	E	E	A	A	E	E
Südthüringen (LR)	SHL, EA, WAK, SM, HBN, SON	46	E	E	23	E	E	D	D	E	E	D	C	D	C	A	A	D	D	A	A	E	E

Anhang

Hinweise zu den verwendeten Methoden

Rahmenbedingungen der Befragung

Von 2001 bis 2006 hat Perspektive-Deutschland in fünf Wellen Menschen zu gesellschaftspolitisch relevanten Themen befragt.

Die einzelnen Umfragewellen erstreckten sich in der Regel über den Jahreswechsel. So begann beispielsweise die fünfte Umfrage am 13. Oktober 2005 und lief bis zum 31. Januar 2006. Aus Gründen der besseren Lesbarkeit werden in diesem Buch die Ergebnisse jedoch immer mit dem Jahr bezeichnet, in dem die Umfrage begann, in diesem Fall also 2005 (anstatt 2005/06).

Die dargestellten Ergebnisse beziehen sich – sofern nicht anders gekennzeichnet – ab der zweiten Welle auf die Gruppe der Befragten zwischen 16 und 69 Jahren, bei der ersten Welle waren es die 16- bis 59-Jährigen.

Zahlreiche Fragen wurden regelmäßig gestellt, allerdings in den einzelnen Jahren leicht modifiziert, um aktuellen Entwicklungen Rechnung zu tragen. Daher sind nicht alle Zeitreihen vollständig.

Neben den jährlich wiederkehrenden Fragen gab es in jeder Welle ein Vertiefungsthema. Von der ersten bis zur fünften Welle waren dies: die Abgrenzung von staatlicher und privater Verantwortung, der Reformbedarf deutscher Institutionen, das gesellschaftliche Leitbild, Deutschlands Regionen, die großen Reformthemen.

Schaffen der Voraussetzungen für repräsentative Aussagen

Online-Umfragen eröffnen der Demoskopie neue Möglichkeiten, denn sie erreichen schnell und direkt eine große Zahl von Personen zu vergleichsweise niedrigen Kosten. Den Einsatz geeigneter statistischer Auswertungsmethoden vorausgesetzt, erlaubt die große Anzahl der Beobachtungen zudem weitaus differenziertere Analysen zu Regionen und Bevölkerungsgruppen als klassische Offline-Umfragen.

Online-Umfragen sind jedoch in der Regel nicht repräsentativ, und zwar aus zwei Gründen:

1. Die Teilnahme setzt einen Internetzugang voraus, über den nicht jeder verfügt (»Internetverzerrung«).
2. Die Teilnahme beruht nicht auf einem kontrollierten Auswahlverfahren: Die Teilnehmer werden nicht ausgesucht, sondern es nehmen nur diejenigen teil, die dies möchten (»Teilnahmeverzerrung«).

Damit Perspektive-Deutschland dennoch zu repräsentativen Ergebnissen kommt, wurde bereits für die erste Umfrage 2001 eine Methode zur Bereinigung dieser Effekte entwickelt; im Laufe der Jahre wurde sie weiter verfeinert. Beides geschah in Zusammenarbeit mit Professor Daniel McFadden von der University of California in Berkeley (USA), Nobelpreisträger für Wirtschaftswissenschaften 2000, und namhaften deutschen Wissenschaftlern aus dem wissenschaftlichen Beirat von Perspektive-Deutschland.

Mit dieser Methode ist es möglich, die nicht repräsentativen Aussagen der Online-Stichprobe so umzugewichten, dass sich die Ergebnisse wie die einer repräsentativen Umfrage in der Altersgruppe der 16- bis 69-Jährigen interpretieren lassen. Die Grundlage hierfür bildet eine parallel zu jeder Welle durchgeführte klassische Offline-Befragung von über 2.400 Personen, im Jahr 2004 sogar von 10.000 Personen aus einer Zufallsstichprobe. Diesen Personen wurden in einem persönlichen Interview dieselben Fragen wie in der Online-Version gestellt.[21]

Mit den so gewonnenen repräsentativen Daten als Referenzwert können die Verzerrungseffekte der Online-Umfrage in zwei Schritten bereinigt werden (Abbildung 38).

– **Bereinigung der Internetverzerrung:** Die Wahrscheinlichkeit der Teilnahme an einer Online-Umfrage ist in solchen Bevölkerungsgruppen höher, in denen es mehr Internetzugänge gibt und das Internet stärker genutzt wird als in anderen Bevölkerungsgruppen. Um diese Verzerrung zu bereinigen, werden anhand sozio-

21 Die CAPI-Interviews wurden von TNS Infratest durchgeführt. CAPI steht für Computer Aided Personal Interviews.

demografischer Variablen Bevölkerungsgruppen gebildet. Für jede dieser Gruppen wird mit Hilfe eines Logit-Modells die Internetzugangswahrscheinlichkeit geschätzt und das Befragungsergebnis entsprechend umgewichtet. Hierbei fließt neben der Zugangswahrscheinlichkeit auch die Häufigkeit der Internetnutzung ein.
- **Bereinigung der Teilnahmeverzerrung:** An Perspektive-Deutschland nehmen beispielsweise überdurchschnittlich viele Menschen teil, die gesellschaftlich engagiert und/oder politisch besonders interessiert sind. Um diese Verzerrung zu bereinigen, werden die soziodemografischen und psychografischen Variablen der Teilnehmer an die in der Bevölkerung vorkommende Verteilung angeglichen (Letztere wird aus Daten des Statistischen Bundesamtes und der Offline-Befragung ermittelt). Wie bei konventionellen Umfragen geschieht dies in einem Randausgleichsverfahren.

Auch nach der Bereinigung der beiden Verzerrungseffekte können Online- und Offline-Ergebnisse noch voneinander abweichen. Als Ursache dafür kommen in erster Linie so genannte Moduseffekte in Betracht. Wie aus der Umfrageforschung bekannt ist, hängt das Antwortverhalten eines Teilnehmers auch von der Art der Befragung ab. So nehmen persönlich Befragte oft Rücksicht darauf, ob ihre Antworten »sozial erwünscht« sind. Ein Abgleich der Online- und Offline-Ergebnisse von Perspektive-Deutschland deutet darauf hin, dass der Effekt der sozialen Erwünschtheit bei der anonymen Online-Teilnahme weniger stark ausgeprägt ist als im persönlichen Offline-Interview – dieser Befund deckt sich mit Ergebnissen der Umfrageforschung. Eine vollständige Angleichung der Online-Ergebnisse an die der Offline-Befragung wäre im Hinblick auf solche Moduseffekte also gar nicht erstrebenswert. Im Übrigen sind die verbleibenden Abweichungen zwischen Online- und Offline-Ergebnissen sehr gering. Bei den Kernaussagen der Untersuchung gibt es keine nennenswerten Abweichungen.

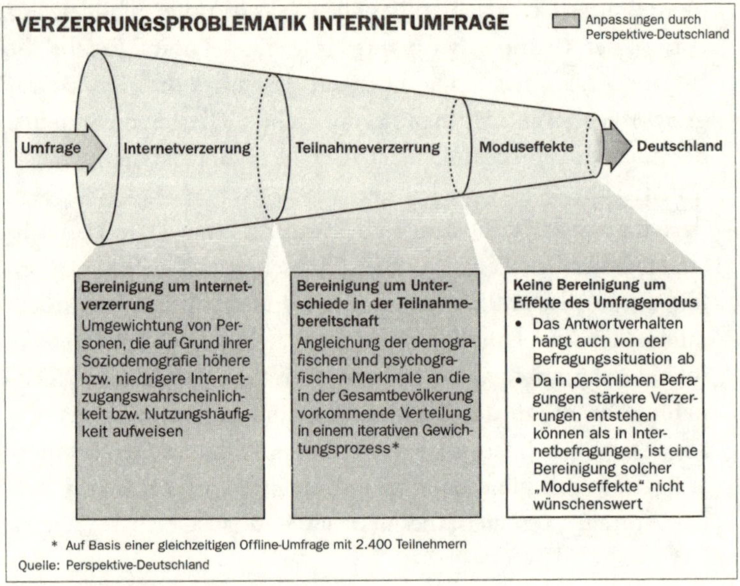

Abb. 38 Verzerrungsproblematik Internetumfrage

Conjoint-Verfahren

Die Conjoint-Analyse wurde im Rahmen von Perspektive-Deutschland erstmals in diesem Umfang bei einer gesellschaftspolitischen Umfrage online eingesetzt.[22]

Ziel war es, durch Verwendung dieser Fragetechnik differenzierte Reformpräferenzen der Bürger in den wichtigen gesellschaftspolitischen Themenfeldern zu ermitteln.

Die Conjoint-Methodik stammt ursprünglich aus dem Marketing, wo sie zur Analyse des Konsumentenverhaltens eingesetzt wird. Dabei interessiert man sich vor allem für Präferenzen der Konsumenten hinsichtlich einzelner Produkteigenschaften und für Marktchancen von Produkten, die derzeit noch nicht angeboten

22 Alle Conjoint-Abfragen im Rahmen von Perspektive-Deutschland wurden in Zusammenarbeit mit einem Conjoint-Expertenkreis der Firma TNS Infratest durchgeführt.

werden. Beim Kauf eines Autos beispielsweise kann die Auswahlentscheidung eines potenziellen Käufers abhängig sein vom Preis, von der Höchstgeschwindigkeit, vom Kraftstoffverbrauch, von der Marke und den Sonderausstattungen. Eindimensional befragt, kann der potenzielle Käufer uneingeschränkt seine Wunschvorstellungen zu jedem dieser Merkmale äußern (Abbildung 39). Für einen Autohersteller, der solche Aussagen potenzieller Käufer bei der Produktkonzeption berücksichtigen will, sind Antworten auf diese klassischen Rating-Fragen (»Wie wichtig ist xy für Sie?«) aber nur von geringem Wert. Über die tatsächliche Kaufentscheidung sagen sie wenig aus, weil sie die Abhängigkeiten zwischen den Merkmalen unberücksichtigt lassen. Der Autokäufer in Abbildung 39 beispielsweise hält zunächst die Höchstgeschwindigkeit für ein sehr wichtiges Kriterium. Vor die Wahl zwischen zwei konkreten Autos gestellt, entscheidet er sich jedoch nicht für das schnellere, sondern für das preiswertere, das zudem noch weniger Kraftstoff verbraucht.

Wie das Beispiel zeigt, sind viele Entscheidungen des täglichen Lebens komplex: Sie betreffen Kombinationen aus verschiedenen miteinander verbundenen Optionen und haben somit mehrdimensionalen Charakter. Bei einer realen Auswahlentscheidung werden bewusst oder unbewusst die subjektiv empfundenen Vor- und Nachteile abgewogen.

Übertragen auf die gesellschaftspolitischen Herausforderungen, mit denen sich Deutschland derzeit konfrontiert sieht, kann die Conjoint-Methodik dabei helfen zu ermitteln, welche Reformalternativen von den Bürgern präferiert werden und inwieweit sie einzelne Reformbausteine befürworten oder ablehnen. Denn Reformen umfassen normalerweise Kombinationen, zu denen einzelne Reformbausteine zusammengefasst werden. Diese Bausteine können in der Regel jedoch nicht unabhängig voneinander gestaltet werden, sondern sind inhaltlich oder auf Grund von Restriktionen eng miteinander verbunden. Im obigen Beispiel gibt es inhaltliche Abhängigkeiten in der Art, dass mehr Sonderausstattungswünsche und eine höhere Höchstgeschwindigkeit zu Lasten des Preises gehen. In der Conjoint-Abfrage zum Gesellschaftsbild der Deutschen

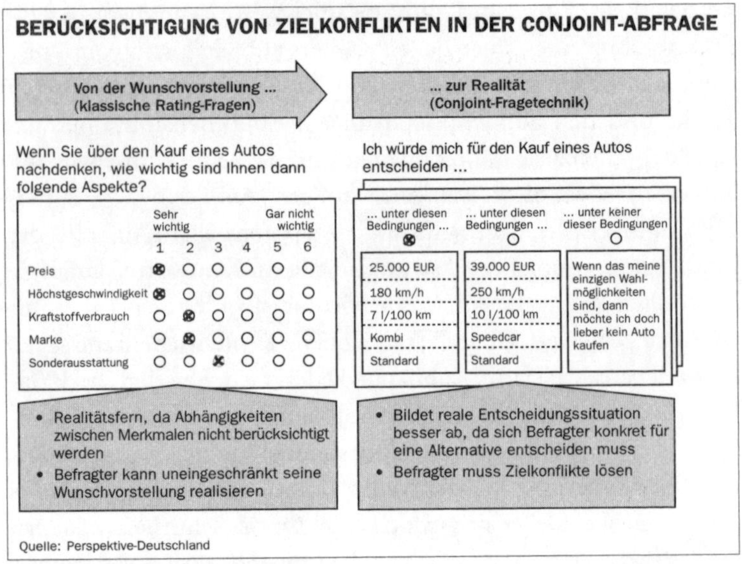

Abb. 39 Berücksichtigung von Zielkonflikten in der Conjoint-Abfrage

ergeben sich Restriktionen aus den zu Grunde liegenden volkswirtschaftlichen Wirkungszusammenhängen. Entscheidend ist nun, dass Reformvorschläge insofern realistisch sind, als sie die sozialen und persönlichen Vor- und Nachteile in unterschiedlichen Zusammenstellungen kombinieren (z.B. mehr Wirtschaftswachstum, schnellerer gesellschaftlicher Wandel und mehr Leistungsbelohnung, aber mehr Eigenverantwortung und größere soziale Unterschiede). Die Ergebnisse der Conjoint-Abfragen geben demnach Hinweise darauf, welche Kombinationen von Reformelementen mehrheitsfähig sind und von welchen individuellen Merkmalen die Zustimmung jeweils abhängt. Die Nachteile, die die Bürger in Kauf nehmen, sind der persönliche Beitrag, den sie zu leisten bereit sind. Es werden also explizit die Kosten der Reformvorschläge benannt. Die Bereitschaft, solche Kosten auf sich zu nehmen, weist auf wichtige Hebel hin. Auf genau diese Hebel sollte sich die Politik konzentrieren, um den »Reformstau« zu durchbrechen.

In den Conjoint-Abfragen von Perspektive-Deutschland wurden

für die einzelnen Themen alle unter den jeweiligen Restriktionen möglichen Profile ermittelt, die sich aus den Kombinationsmöglichkeiten der Merkmalsausprägungen ergeben. Anschließend wurden den Umfrageteilnehmern diese Profile nach dem Zufallsprinzip zugelost. Sie mussten sich dann zwischen mehreren Optionen entscheiden. Die Befragten sahen sich also veranlasst, individuelle Vor- und Nachteile abzuwägen und Zielkonflikte aufzulösen. Sagte ihnen keine der Optionen zu, so konnten sie außerdem alle Optionen ablehnen.

Aus den Wahlergebnissen aller Teilnehmer dieser Befragung wurden dann mit Hilfe eines mathematischen Algorithmus Nutzenwerte für bestimmte Profile errechnet (Choice-based Conjoint). Diese Nutzenwerte gestatten vergleichende Aussagen, welche Optionen (Profile) von der Gesamtheit der Befragten bzw. von einer Gruppe, für die die Befragten repräsentativ stehen, in bestimmten Entscheidungskonstellationen (Szenarien) bevorzugt oder abgelehnt werden. Außerdem erlauben sie Aussagen über die relative Wichtigkeit einzelner Attribute.

Danksagung

Fünf Jahre Perspektive-Deutschland bedeuten fünf Jahre engagierte Mitarbeit aller Beteiligten: von der inhaltlichen Konzeption über den Entwurf der Fragebögen und deren technischer Umsetzung, über die Auswertung samt methodischer Weiterentwicklung bis hin zum Aufbereiten der Ergebnisse für die Öffentlichkeit – viele Menschen in verschiedenen Institutionen haben mitgeholfen, dass Perspektive-Deutschland und schließlich dieses Buch möglich wurde. Ihnen allen sind wir als Autoren zu großem Dank verpflichtet.

Schirmherren

Professor Dr. h. c. Lothar Späth (2001), Dr. Richard von Weizsäcker (seit 2002)

Ratgeber

Professor Dr. Jens Alber, Professorin Jutta Allmendinger, Ph.D, Professor Dr. Klaus Backhaus, Professor Axel Boersch-Supan, Ph. D., Professorin Dr. Nicole Burzan, Hans Otto Eglau, Professor Dr. Thiess Büttner, Klaus Dierkes, Professor Dr. Hans Gersbach, Professor Dr. Wolfgang Glatzer, Dr. Gerhard Langemeyer, Professor Daniel McFadden,, Ph. D., Professor Dr. Klaus Schmidt, Professor Dr. Gerhard Schulze, Dr. Klaus von Dohnanyi, Carl Andreas von Stenglin, Professor Dr. Chris Welzel, Professor Dr. Joachim Winter, Dr. Gottfried Zeitz

McKinsey-Team-Mitglieder

Dr. Olivia Antelmann, Rolf Antrecht, Dr. Alexander Arcache, Josef Arweck, Christof Baumgart, Gwendolyn Beck-Peccoz, Helmut Bernardy, Professor Dr. Axel Born, Kay Bretz, Dr. Thomas Briegel, Dr. Roland Castringius, Dr. Malte Cherdron, Alexander Dahlke, Martin Danz, Dr. Kai Deneke, Hubert Dicks, Dr. Patrick Dieses, Dr. Alexander Edelmann, Dr. Detlev Elsner, Dr. Lothar Essig, Johanna Fehr, Dr. Holger Feist, Dr. Karsten Fieseler,

Christian Fölster, Ralph Fries, Dr. Christel Gade, Lone Gerlach, Konrad Gerszke, Michael Glück, Hendrik Grieshorp, Dr. Cornelius Grupen, Holger Haenecke, Lutz Hager, Dr. Volker Herrmann, Marcel Hoeschler, Antje Hoffmann, Dr. Antje Holzhausen, Kerstin Maria Humberg, Mirjana Jozic, Stephanie Jünger, Dr. Olaf Karitzki, Dr. Titus Kehrmann, Elena Keilmann, Carsten Keller, Ulrike Kempkes, Dr. Rainer Kiefer, Michael Kliger, Michael Köckemann, Dr. Ines Krebs-Zerdick, Andreas Kremer, Stefan Kuppen, Dr. René Langen, Andreas Lemmer, Kristina Leppien, Wolfgang Limbeck, Dr. Gerrit Marx, Dr. Boris Maurer, Dr. Kay-Uwe May, Dr. Ullrich Mitschke, Peter Möllmann, Rainer Mörike, Daniel Münch, Friederike Nagel, Dr. Diana Poensgen, Andrea Purkart, Jürgen Raspel, Dr. Hella Reese, Dr. Andreas Rickert, Katrin Rosendahl, Andreas Rother, Claudia Rubanu, Kilian Sauerwald, Katharina Schaefer, Dr. Martin Schüler, Claudia Stachel, Oliver Strangfeld, Dr. Martin Stuchtey, Alexander Thau, Dr. Thomas Vogel, Dr. Ulrike Vogelgesang, Kristin von Handel, Dr. Thomas von Mitschke, Felix Wadewitz, Dr. Johann Wagner, Dr. Nadine Walter, Dr. Indre Waschkeit, Dr. Florian Weig, Dr. Armin Wiesler, Dr. Heike Willax, Christoph Zipfel

Co-Initiatoren

AOL, Stern, ZDF, T-Online, Web.de

Sponsoren

ADAC, ciao.com, DasÖrtliche, DasTelefonbuch, eCircle AG, e-fellows.net, ePost, First Campus, Gelbe Seiten, GMX, Hotel Reservation Service (HRS), JUVE, LEO, Mapsolute GmbH, meinestadt.de, metropolis.de, ofup, Sport1.de, Vobis, Web.de, wissen.de, ZDNet Deutschland

TNS Infratest

Sabine Geiss, Dr. Thomas Gensicke und Ingo Leven

Prominente Unterstützer

Daniel Bahr, Klaus J. Behrendt, Christine Bergmann, Rainer Brüderle, Stephan Dürr, Petra Gerster, Michael Glos, Stefan Gödde, Gregor Gysi, Maybrit Illner, André Kaden, Dr. Claus Kleber, Kristina Köhler, Anna Lührmann, Peter Meyer, Marius Müller-Westernhagen, Omid Nouripour, Cem Özdemir, Birgit Prinz, PUR, Nina Ruge, Andreas Scheuer, Otto Schily, Ulla Schmidt, Renate Schmidt, Carsten Schneider, Steffen Seibert, Tita von Hardenberg, Markus Wasmeier, Andreas Wecker, Guido Westerwelle, Matthias Wissmann

Abbildungsverzeichnis

Abb. 1: Zukunftserwartungen für einzelne Lebensbereiche 26
Abb. 2: Sorgen der Deutschen um ihre persönliche Situation 27
Abb. 3: Bewertung der Führungselite in Deutschland 28
Abb. 4: Politische Institutionen – Vertrauen und Verbesserungsbedarf 29
Abb. 5: Bewertung von Institutionen 31
Abb. 6: Zufriedenheit mit dem Leben 35
Abb. 7: Zusammenhang zwischen regionaler Zufriedenheit und Arbeitslosenquote, 2005 36
Abb. 8: Stärken Deutschlands 39
Abb. 9: Entwicklung des Gesellschaftsbilds 44
Abb. 10: Vorliebe für Staat oder Markt nach Parteipräferenz 45
Abb. 11: Aufgaben des Staates 49
Abb. 12: Handlungsbedarf nach Politikbereichen 50
Abb. 13: Sorgen der Deutschen um den Arbeitsplatz 54
Abb. 14: Zukunft der Arbeitsplätze 58
Abb. 15: Bereitschaft zu persönlichen Beiträgen 61
Abb. 16: Schritt in die Selbständigkeit 64
Abb. 17: Sorgen der Deutschen um ihren Lebensstandard im Alter 67
Abb. 18: Finanzierung der gesetzlichen Rentenversicherung 75
Abb. 19: Präferenzen der Bürger zum Leistungsangebot und zur Finanzierung der gesetzlichen Krankenversicherung 78
Abb. 20: Geburtenraten im internationalen Vergleich 82
Abb. 21: Elternschaft und Kinderwunsch 85
Abb. 22: Hauptgründe für Verzicht auf ein Kind 87
Abb. 23: Instrumente zur Steigerung des Kinderwunsches 92
Abb. 24: Zusammenhang zwischen wahrgenommenem Verbesserungsbedarf und naturwissenschaftlicher Kompetenz 98
Abb. 25: Verbesserungsbedarf Lehrinhalte der Schulen 101

Abb. 26: Veränderungsbedarf Hochschulen 102
Abb. 27: Ehrenamtliches Engagement in Deutschland 107
Abb. 28: Verbesserungsvorschläge für den Deutschen Bundestag 113
Abb. 29: Regionenklasseneinteilung 118
Abb. 30: Heutige Zufriedenheit nach Regionenklassen (1/2) 119
Abb. 31: Heutige Zufriedenheit nach Regionenklassen (2/2) 120
Abb. 32: Veränderungen der Zufriedenheit am Wohnort 121
Abb. 33: Regionen mit größtem Rangplatzunterschied heutige vs. erwartete Zufriedenheit 123
Abb. 34: Bevölkerungsentwicklung vs. Zufriedenheit in den Regionen 124
Abb. 35: Regionaler Verbesserungsbedarf 127
Abb. 36: Gründe für die Attraktivität einer Region für Investoren 129
Abb. 37: Verbesserungsbedarf soziale Brennpunkte 133
Abb. 38: Verzerrungsproblematik Internetumfrage 242
Abb. 39: Berücksichtigung von Zielkonflikten in der Conjoint-Abfrage 244

Sachregister

Abwärtsspirale 25 f., 28, 32
Adenauer, Konrad 68
Agenda 2010 25, 57
Agglomerationsräume (Regionenklasse) 117 f., 122–123, 133, 138 f., 154 f.
Altersvorsorge 49 f., 73 f.
- kapitalgedeckte 71
Alterung der Gesellschaft 11 f., 66, 69
Arbeitgeberverbände 29 f., 57
Arbeitsethos 38, 57–59
Arbeitslose 20, 24, 35 f., 52, 65, 130, 134, 178, 184
Arbeitslosigkeit 12, 24 f., 45, 53, 55, 60, 63, 66, 68, 73, 125
- Ursachen 57
Arbeitsmarkt 25 f., 30, 35, 37, 50, 52–65, 83, 96 f., 125–128, 134, 136, 139 f., 158, 160, 165, 167, 169, 172 f., 177, 179, 181, 183, 185 f., 197, 200 f., 211, 213, 215–217, 223–235
Arbeitsproduktivität 69
Ausbildungssystem 93, 95 f.

Bevölkerungsentwicklung 124, 135, 138, 141, 143
Beschäftigung, sozialversicherungspflichtige 69
Bildung 20, 25 f., 49 f. 69, 93–103
Bildung, frühkindliche 18, 93, 100, 130
- Lehrinhalte 100 f., 177
Bildungsgefälle, regionales 97
Bildungspolitik 93, 98, 148
Bildungsreform 94
Bildungssystem 13, 17, 93, 99, 103, 172, 175, 187, 190, 195, 218–220
- Verbesserungsbedarf 97–101
Brandt, Willy 52, 114
Brennpunkte, soziale 133 f., 138, 144
Bruttoinlandsprodukt 24, 42, 69
Bundesamt für Bauwesen und Raumordnung 116, 118
Bundesagentur für Arbeit 31, 55, 153
Bundesanstalt für Arbeit 55
Bundesversicherungsanstalt für Angestellte (BfA) 70

Dessau 120, 121, 123, 126
Deutsche Tafel e. V. 109
Deutscher Bundestag 29, 31

Eigeninitiative 43, 105
Eigenverantwortung 21, 41 f., 47 f., 69, 244
Ellenbogengesellschaft 16, 33, 39
Elterngeld 80, 88
Emsland 133, 135, 143–145, 153
Engagement
- ehrenamtliches 105, 107, 109
- gesellschaftliches 104–114
- politisches 21, 106, 110 f., 112
- soziales 17, 39, 105, 112, 148
Erhard, Ludwig 41, 51, 147
Exzellenzinitiative 95

Familie 80–92
- Familienförderung 81, 130

– Familienpolitik 80, 90, 148
Freizeitangebote 127, 133, 134, 140
Geburtenrate 70, 81 f., 85 f. 88, 91, 144
Gesellschaftswandel 47
Gesundheitssystem 71 f.
Gewerkschaften 28–31, 56, 104
Großstädte (Regionenklasse) 116–120, 122–125, 133–136, 154 f.

Handlungsbedarf
– politischer 50,
– regionaler 127, 131, 137, 145, 223
Hartz-Reformen 52, 55, 63
Havelland-Fläming 121, 123, 26, 135, 138–141, 143, 153
Heinemann, Gustav 34
Herkunft, soziale 93 f.
Hochschulen
– Verbesserungsbedarf 18, 95, 97, 100–102
– Hochschul-Ranking 95

karitative Einrichtungen 105, 110
Kinderbetreuung 22, 80, 88, 90, 92, 99, 138, 156, 168, 179, 195, 205, 211, 216, 221 f., 226
Kinderbetreuungseinrichtungen 83, 90, 206
Kinderfreundlichkeit 83, 86, 92, 144
Kindergärten 18, 22, 90, 97, 99, 130, 156–162, 166, 171 f., 175, 177, 181, 184, 186, 190, 193–195, 202, 206, 208 f., 211, 218, 221
Kindergeld 80, 90–92
Kinderkrippen 18, 22, 99, 130 f., 158, 162, 169, 172, 177, 180 f., 183 f., 193, 208 f., 218
Kinderlosigkeit 89
Kinderwunsch 85–87, 89, 90–92
Kirchen 28, 30 f., 106 f., 161, 206, 211
Koalitionsvertrag 25, 63
Krankenkassen 31, 72, 78
Krankenversicherung, gesetzliche 19, 71 f., 76–79
Kriminalität 130 f., 139, 166, 168, 193, 219
Kündigungsschutz 57
– Lockerung 63, 213, 225

ländliche Räume (Regionenklasse) 117 f., 120, 123, 133, 143 f., 154 f.
Lebensarbeitszeit 75
Lebensqualität 127 f., 133 f., 137, 139, 141 f., 158, 160, 162, 165–167, 173 f., 177, 181 f., 196, 199, 201, 204, 207–213, 224, 226–235
Lebensrisiken 41, 43 f., 47, 68, 73, 79, 147
Leipzig 118, 121–123, 129, 133, 135–139, 143, 153, 233
Leistung
– Leistungsbelohnung 44, 47, 244
– Leistungsbereitschaft 37, 40, 52, 58, 129, 147 f., 154, 198, 214
– Leistungsorientierung 33, 39
– Leistungsträger 27
Lohnnebenkosten 20, 25, 42, 57 f., 68
Lohnzusatzkosten 28, 72

Marktmodell 17, 46
Marktwirtschaft 11, 41–46, 49, 51, 67, 79, 147,

Nord-Süd-Gefälle 117

öffentliche Infrastruktur 128 f., 131 f., 227–235
Ost-West-Gefälle 45, 117, 119, 120

Pflegeversicherung 28, 66, 69
PISA-Studie 94, 96–98
Politikinteresse 110, 112, 170, 176, 178, 180–182, 185–187, 199, 206, 221
Politische Führung 24, 28
Politische Institutionen 29

Rente 13, 19, 50, 66, 68, 75, 76 f.
Rentenversicherung, gesetzliche 31, 70 f., 74–76, 80

Selbständigkeit 63 f., 142, 196, 198, 213, 221
– Hindernisse 63 f.
Shell-Jugendstudie 112
Sicherheit
– innere/öffentliche 41, 49–51, 99, 127 f., 143, 166, 168, 170, 173, 183, 185, 187, 193 f., 196, 199 f., 202, 204, 206, 215, 218, 220, 226–235
Sicherung
– soziale 26, 50, 66, 69

Siedlungsstruktur (Regionenklassen) 116
Solidarität 5, 21, 38, 41, 43, 45, 47, 48, 49, 51, 104
Soziale Marktwirtschaft 41 f., 49, 51, 147
Soziale Leistungsgesellschaft 22, 49, 148
Sozialkosten 68
Sozialleistungsquote 69
Sozialstaat 19, 21, 42, 51, 53, 66, 69, 104
– Zukunftsfähigkeit 66, 128, 136, 142, 144
Sozialsysteme 69, 74, 79, 95
– Leistungsumfang 79
Spaßgesellschaft 16, 33, 39
Spendenverhalten 107
Staatsaufgaben 49
Staatsausgaben 42
Studiengebühren 20, 101 f.
Südlicher Oberrhein (Regionenklasse) 130, 141, 153, 227

Tarifverhandlungen 56

Uckermark-Barnim (Regionenklasse) 119, 121, 125, 134, 229
Überalterung, s. Alterung der Gesellschaft
Unterschiede, soziale 41, 44, 48, 244

Verkehrskonzepte, innovative 132
Verstädterte Räume (Regionenklasse) 117, 118, 120, 133, 141, 154 f.,
Verwaltung, öffentliche 22, 129 f., 137, 140, 145, 158, 184, 201, 205, 208, 210, 226
Volkhochschulen 133 f., 159

Wellcome e. V. 109

Wertvorstellungen 38, 82 f., 85, 92, 180, 188

Zufriedenheit 16 f., 34–37, 40, 88, 115 f., 119–128, 132, 134., 139, 141, 143
– am Wohnort 34, 121
– regionale 153 ff.

Zufriedenheitsgefälle 36, 122
Zukunftsangst 40
Zukunftserwartungen 26, 122, 144
Zukunftssorgen 173, 174, 176, 180, 199, 216, 219, 222, 223, 224
Zusatzversicherung 74, 79